Pfitscher Joch
nerpass
93
nsaß
Ahrntal
51
Steinhaus
45
97
Rein
50
23
Lappach
Sand in Taufers
Staller Sattel
ING
Pfunders
79
78
52
94
46
47
99
Vals
53
pptal
98
Gsieser Tal
76
77
Pfalzen
37 42
Mühlbach
PUSTERTAL
24
80
54
Franzensfeste
95
BRUNECK
22
Olang
Welsberg
73
Lüsen
Toblach
38
BRIXEN
90
Zwischenwasser
Prags
Sexten
1
41
55
100
74
Villnöß
Gadertal
96
56
18
Pederü
19
Grödner Tal
48
Drei Zinnen
bian
Seiser Alm
St. Kassian
sacktal
89
49 Corvara
40
Völs 72
Valparolapass
17 71
Campolongopass
Tiers
Sellajoch
39
Karer Pass
Lavazèjoch

D1726741

Meine Lieblingstouren
in den **Südtiroler Bergen**

Herzlichst
für die liebe Heidi!

Rafael, Waltraud,
Martin

Sterzing, Lamm 29.10.15

Hanspaul Menara

Ausgewählte
„Dolomiten"–
Magazin–
Wanderungen
für jede
Jahreszeit

Meine Lieblingstouren
in den Südtiroler Bergen

100 Wandertipps in Südtirol

ATHESIA VERLAG

BIBLIOGRAFISCHE INFORMATION DER DEUTSCHEN NATIONALBIBLIOTHEK
Die Deutsche Nationalbibliothek verzeichnet diese Publikation in der Deutschen Nationalbibliografie; detaillierte bibliografische Daten sind im Internet abrufbar: http://dnb.d-nb.de

2015
Alle Rechte vorbehalten
© by Athesia AG, Bozen
Fotos: Umschlag und Seite 2: Athesia-Tappeiner Verlag;
   alle weiteren Fotos Hanspaul Menara
Wegkarten und Übersichtskarte: Athesia-Tappeiner Verlag
Design & Layout: Athesia-Tappeiner Verlag
Druck: Athesia Druck, Bozen

ISBN 978-88-6839-109-6

www.athesiabuch.it
buchverlag@athesia.it

designed + produced
IN SÜDTIROL

Inhalt

Zum Buch

Wer in unserem Heimatland Südtirol eine Wanderung unternimmt – ob als Südtiroler oder als Feriengast –, kommt an einem Namen ganz sicher nicht vorbei: an Hanspaul Menara. In seinen 70 Lebensjahren hat der Erfolgsautor aus Sterzing fast ebenso viele Südtiroler Wanderbücher verfasst, zahlreiche davon sind in mehreren Auflagen erschienen.

Genauso beliebt sind seit über 30 Jahren Menaras Wandertipps, die von 1982 bis 1985 im Tagblatt „Dolomiten" abgedruckt wurden und seit Herbst 1985 Woche für Woche im „Dolomiten-Magazin" erscheinen. Insgesamt sind so weit mehr als 1700 Wandertipps veröffentlicht worden – eine ganz außergewöhnliche Leistung! Und damals wie heute sind sie ein wesentlicher Bestandteil der Beilage und bei den Lesern äußerst gefragt. Das zeigt sich nicht nur darin, dass die vorgeschlagenen Wege sehr viel begangen werden, uns erreichen auch unzählige Anfragen aus dem ganzen Land, ob nicht diese oder jene Wanderung empfohlen werden könnte.

Dass Menaras Wandertipps so geschätzt werden, liegt auch an seiner großen Sorgfalt, die er bei der Auswahl und Beschreibung der Routen walten lässt, und nicht zuletzt an den „Extras", die er bei jeder Wanderung mitliefert. Diese reichen von Ausflügen in die Südtiroler Sagenwelt über Berichte aus Geschichte, Kultur und Heimatkunde bis hin zu Beiträgen aus der heimischen Tier- und Pflanzenwelt – und immer erweist sich Menara dabei als großer Fachmann.

So ist die Idee gewachsen – und sie wurde von den Lesern auch vielfach angeregt –, anlässlich des 70. Geburtstages von Hanspaul Menara seine 100 Lieblingstouren aus der großen Fülle der „Dolomiten-Magazin"-Wandertipps in einem Buch zu veröffentlichen.

Dieses Buch halten Sie nun in Ihren Händen. Wir wünschen Ihnen viel Freude damit und unvergessliche Erlebnisse in der einzigartigen Bergwelt unseres Landes.

Toni Ebner, Chefredakteur „Dolomiten"
Karl Tschurtschenthaler, Koordinator „Dolomiten-Magazin"

Ausgewählte

„Dolomiten"
Magazin-
Wanderunge

für jede
Jahreszeit

Vorwort

Südtirol mit seinen äußerst vielfältigen, von den Weingärten bis zur Fels- und Eisregion des Hochgebirges reichenden Landschaftsformen, mit seinen günstigen klimatischen Verhältnissen, seinen reichen Kulturzeugnissen und seinem weitverzweigten Wegenetz ist eines der beliebtesten Wandergebiete Europas – und eine Natur- und Kulturlandschaft, die mich von meiner frühesten Jugend an faszinierte.

Diese Faszination führte, verbunden mit vielen Wanderungen, Bergtouren, Fotoexkursionen und landeskundlichen Studien im Laufe der Jahre zu meinen ersten Diavorträgen, Publikationen, Büchern und zu den Wandervorschlägen, die seit 1982 zuerst in der Tageszeitung „Dolomiten" und ab 1985 in deren Beilage, dem „Dolomiten-Magazin" wöchentlich erschienen und immer noch erscheinen. Diese über dreißigjährige Artikelserie umfasst mittlerweile über 1700 bebilderte Beiträge.

Eine Auswahl daraus, vor allem aus den Beiträgen der letzten Jahre, stellt nun das vorliegende, von verschiedenen Seiten angeregte Buch vor. Es umfasst hundert Südtiroler Wanderungen aus allen Teilen des Landes, wobei die Gliederung nach den vier Jahreszeiten und innerhalb derselben von Westen nach Osten erfolgt.

Demnach soll das Buch ein Wanderführer sein, in dem sich die große Vielfalt der Südtiroler Wanderziele und Wandermöglichkeiten widerspiegelt. Es enthält den kurzen Spaziergang im Talbereich ebenso wie die lange Tour im Hochgebirge, den einfachen Wanderweg ebenso wie den steilen Fußpfad, Wanderziele für den ausgesprochenen Naturfreund ebenso wie für den Kunstinteressierten, für den Liebhaber der Kulturlandschaft mit ihren Höfen, Schlössern, Kirchen und Urzeitplätzen ebenso wie für den Freund höher gelegener Regionen mit ihren Almen, Bergseen, Schutzhütten und Gipfeln.

Dass im Buch so manche Wanderung, die ich durchaus auch zu meinen Lieblingstouren zähle, aufgrund der zahlenmäßigen und zeitlichen Begrenzung, aber auch aus Gründen einer gewissen geografischen und jahreszeitlichen Ausgewogenheit unberücksichtigt bleiben musste, liegt in der Natur der Sache. Aber die endgültige Festlegung der ins Buch zu nehmenden Tourenvorschläge fiel mir nicht leicht, und wieder einmal mehr zeigte sich der Wahrheitsgehalt des geflügelten Wortes von der Qual der Wahl. Doch

Meine Wandervorschläge heute; „Dolomiten-Magazin"
17. Juli 2015

darf ich darauf hinweisen, dass in anderen meiner Bücher so manche Tour zu finden ist, die man im vorliegenden Werk vielleicht vermisst.

Wer die Wanderbeiträge des Buches mit jenen im Dolomiten-Magazin vergleicht, wird da und dort kleine Unterschiede feststellen. Wie die aus grafischen Überlegungen heraus vorgenommene Änderung des Layouts weisen auch die Texte da und dort kleine Änderungen auf. Das betrifft notwendig gewordene Aktualisierungen, jahreszeitbezogene Angaben oder Hinweise auf vorhergegangene Beiträge.

So bilden die Wandervorschläge, bei deren Erarbeitung ich stets mit größtmöglicher Sorgfalt zu Werke gegangen bin, einerseits eine Auswahl aus den im Dolomiten-Magazin erschienenen Beiträgen, aber zugleich handelt es sich beim vorliegenden Werk auch um ein selbstständiges, auf den neuesten

Stand gebrachtes Wanderbuch, das zu seiner Benutzung den Besitz oder die Kenntnis der erwähnten Zeitungsbeiträge nicht voraussetzt.

Den Wandervorschlägen stelle ich außerdem einige Gedanken und Hinweise voran, die bei der Planung und Durchführung der Wanderung nützlich sein können, und schließlich darf ich ein paar persönliche Episoden erzählen, um dem Ganzen auch eine kleine heitere Note zu geben.

Und damit wünsche ich mir, dass das Buch nicht nur die Wege zu lohnenden Zielen, sondern vor allem zu schönen Erlebnissen weisen möge – in meiner Heimat Südtirol, deren Schönheit und Vielfalt mich mein ganzes Leben lang in ihren Bann gezogen hat.

Hanspaul Menara

Sterzing, im Sommer 2015

Dolomiten Magazin

Vom Jaufenpaß auf die Jaufenspitze

(2481 m)

Die Jaufenspitze, der nördlichste Gipfel der Sarntaler Alpen, ist eigentlich ein breiter Doppelgipfel, und als solcher zeigt sie sich auch zur Passeirer Seite hin. Vom Sterzinger Jaufenhaus gesehen dagegen sticht sie als hohe, spitze Felsnadel in den Himmel und stellt sich, was Schönheit und Eleganz betrifft, an die Seite so mancher berühmter Hochalpengipfel.

Photos: Hanspaul Menara

Mit ihrem scharfgeschnittenen Nordgrat und vor allem mit ihrer gestuften, plattengepanzerten Nordostkante, die oft auch als Jaufen-Nordgrat bezeichnet wird, und eine prächtige Klettertour mittleren Schwierigkeitsgrades in eisenfestem Gneis bietet, schaut der Gipfel ebenso abweisend und unzugänglich aus, wie er das Herz jedes Bergsteigers, den ein besonders formschöner Berg in seinen Bann zieht, höher schlagen läßt. Gewiß hat die Jaufenspitze schon jene Menschen beeindruckt, welche die Jaufensenke vielleicht schon in grauer Urzeit begangen haben, wie dies der Fund eines prähistorischen Beiles andeutet, und ebenso jene, die den hohen Gebirgsspaß nachweisbar seit dem 11. Jahrhundert auf dem „alten Jaufenweg" von Sterzing nach Meran oder umgekehrt überschritten haben.

Wenn Schneetreiben den Weg verweht hatte, mag sie auch Wegweiser zum Jaufenhaus gewesen sein, zum rettenden Hospiz, das da oben am Fuß des Berges seit bald 1000 Jahren den Menschen Obdach und Schutz vor den Unbilden der Bergnatur bietet.

Wann aber eines Menschen Fuß die stolze Spitze zum allererste Mal betreten hat, wissen wir nicht, doch dürfen wir annehmen, daß es schon früh Gemsenjäger waren, die sich bis zum höchsten Punkt hinaufgewagt haben. Denn so abweisend der Berg auch aussehen mag — über den Nordgrat und die Nordwestflanke ist er ohne nennenswerte Schwierigkeiten zu besteigen. Und wo das Gelände felsig und ein wenig ausgesetzt

ist, bieten heute sogar ein paar gut verankerte Stahlseile Halt und Sicherheit.

So ist die Tour auf die Jaufenspitze, die übrigens nicht nur ein sehr schöner, sondern vor allem mit seiner Schau auf die Ötztaler, Stubaier und Zillertaler Alpen auch ein sehr aussichtsreicher Berg ist, jedem einigermaßen trittsicheren Bergwanderer zu empfehlen; und dies um so mehr, als auch die zu bewältigende Höhenleistung verhältnismäßig gering ist, liegt doch der Ausgangspunkt in über 2000 Meter Höhe.

Wegverlauf: Wer den Jaufenpaß von der Passeirer Seite erreicht, parkt sein Auto genau auf der

Paßhöhe und beginnt hier den Aufstieg; wer dagegen von Sterzing kommt, tut dies bereits vorher bei einer Straßenkehre mit Wegweiser „Jaufenspitze". Die beiden Wege führen nahezu eben zu einem Sattel (2093 m), wo der eigentliche Aufstieg beginnt. Der gut markierte und nicht zu verfehlende Steig umgeht zunächst einen Felskopf des Nordgrates, erreicht dann den Grat, folgt diesem ein Stück (hier befinden sich die erwähnten Drahtseile an einigen plattigen und leicht ausgesetzten Stellen), steigt dann über Schrofen und Schutt in der Nordwestflanke zum Gipfelgrat an und erreicht schließlich das auf der nordöstlichen Gipfelkuppe stehende Kreuz. — Der Abstieg erfolgt auf dem Anstiegsweg.

Höhenunterschied: ca. 400 m.
Gehzeiten: Aufstieg knapp 1½ Std., Abstieg 1 Std. insgesamt 2½ Std.

Orientierung und Schwierigkeit: Für einigermaßen gehsichere Bergwanderer in jeder Hinsicht leicht und problemlos. Der Steig ist gut markiert.

Varianten: Wer sich mit der Besteigung der Jaufenspitze nicht begnügen möchte, kann auf den Almhöhen der Jaufensenke eine beliebige Wanderung anknüpfen (etwa zur Flecknerhütte). Auch der Aufstieg zu Fuß von Gasteig oder St. Leonhard zum Jaufenpaß auf dem „alten Jaufenweg" ist lohnend, wenn auch lang. Alle diese Routen sind den Wanderkarten leicht zu entnehmen.

Wanderkarten: 1:50.000: Freytag-Berndt. Blatt S 4 (Sterzing-Jaufenpaß-Brixen); Kompaß, Blatt 44 (Sterzing).

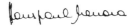

Nützliche Hinweise

Die Wanderungen

Bei den hier vorgestellten Wanderwegen handelt es sich fast ausschließlich um markierte Routen, die ohne besondere Ausrüstung begangen werden können. Das Buch enthält keine Gletschertouren und nur wenige, relativ kurze und leichte Klettersteige. Abgesehen davon habe ich die Wandertipps so auszuwählen versucht, dass für jeden Geschmack etwas dabei ist. Höhenwege, Waalwege oder Promenaden, Wanderungen in der Kulturlandschaft mit dem Besuch von Burgen, Kirchen und Höfen, Aufstiege zu Almen, Schutzhütten und Bergseen, leichte Gipfelbesteigungen und auch den einen oder anderen Fels- oder Hochgipfel, dessen Besteigung zwar nicht als schwierig einzustufen ist, aber doch ein erhöhtes Maß an Trittsicherheit und Bergerfahrung erfordert. Als Beispiele seien Hasenöhrl, Hochfeiler, Peitlerkofel und Eggentaler Rotwand genannt.

Die Jahreszeiten

Da die Wanderungen dieses Buches nach Jahreszeiten geordnet sind, sei kurz darauf eingegangen, was darunter zu verstehen ist. Bekanntlich wird die in unseren Breiten übliche Einteilung des Jahres in vier Jahreszeiten unterschiedlich gehandhabt, und zwar einerseits nach astronomischer Sichtweise, d. h. nach den Sonnenwenden, und andererseits nach der kalendarischen Monatseinteilung mit der Bezeichnung meteorologische Jahreszeiten. Dieser letzteren Sichtweise folgt in etwa die Einteilung des vorliegenden Buches. Demnach umfasst der Wanderfrühling für uns die Monate März bis Mai, der Sommer die Monate Juni bis August, der Herbst September bis November und der Winter die Monate Dezember bis Februar. Dies deshalb, weil man beispielsweise die ersten 20 Märzentage gefühlsmäßig allgemein schon als Frühlingszeit empfindet und nicht mehr der vorangegangenen kalten Jahreszeit zuordnet. Ähnliches gilt für die weiteren Jahreszeiten. Allerdings erfolgt der Übergang von der einen zur anderen Jahreszeit bekanntlich nicht über Nacht, sondern fließend, und dabei spielen in einem Bergland wie Südtirol die Höhenlage, Sonnenexposition und geografische Lage eine wesentliche Rolle. So dauert beispielsweise der Winter im Gebirge und in den nördlichen Landesteilen bedeutend länger als im Tal und im Süden Südtirols. Unterschiede gibt es zudem auch von Jahr zu Jahr. Einmal setzt in höheren Lagen schon im Spätherbst ergiebiger Schneefall ein, ein anderes Mal lässt die weiße Pracht besonders lange auf sich warten oder weicht nur sehr widerwillig dem Frühling oder dem Bergsommer.

▦ Frühlingswanderungen

Je nach Betrachtungsweise fängt der Frühling wie erwähnt schon am 1. März oder erst rund 20 Tage später an. Doch da steht das Land noch nicht über Nacht in voller Blüte. Der Frühling entwickelt sich erst ganz allmählich. Aber ab Ostern ist bereits überall Frühlingsluft zu verspüren und der Mai ist dann ohnehin die schönste Zeit zwischen Winter und Sommer und auch ganz besonders für die in diesem Buch vorgeschlagenen Frühlingswanderungen zu empfehlen.

Auch an sich unschwierige Bergpfade verlangen konzentriertes und vorsichtiges Gehen

■ Sommerwanderungen

Der Sommer ist natürlich die Zeit für Wanderungen und Touren weiter oben im Gebirge. Da ist die Bergwelt größtenteils schneefrei, Almhütten und Schutzhäuser sind bewirtschaftet und die Wege problemlos begehbar. Das vorliegende Buch enthält verschiedene Arten von Sommerwanderungen. Die leichte Wanderung zu einer Alm, zu einem See oder zu einer Schutzhütte, aber auch die etwas schwierigere Besteigung so manches Gipfels, darunter wie bereits erwähnt auch ein paar Dreitausender mit eisfreien Anstiegen und den einen oder anderen Felsgipfel mit gesichertem Klettersteig. Bei all diesen Touren sollte stets im Auge behalten werden, dass der Hochsommer auch die Zeit der gefährlichen Gewitter und des stärksten Besucherzustroms ist.

■ Herbstwanderungen

Im farbenfrohen Herbst sind Wanderungen besonders in tiefer gelegenen Gebieten zu empfehlen. Aber zumindest der September eignet sich auch noch für Bergtouren, da die meisten Schutzhütten bis um den 20. September und manche auch länger geöffnet haben. Problematisch werden dann allerdings die letzten astronomischen Herbstwochen, die erst kurz vor Weihnachten enden. Wanderungen im Dezember können zwar im Süden Südtirols noch herbstlich sein, oft muss aber schon mit winterlichen Verhältnissen gerechnet werden, weshalb man den meteorologischen Winterbeginn – also Anfang Dezember – als Ende der eigentlichen Herbstwanderzeit betrachten sollte.

■ Winterwanderungen

Normalerweise ist der größte Teil Südtirols im Winter mehr oder weniger stark verschneit. Daher bringt das vorliegende Buch nur solche Winterwanderungen, die auf geräumten Wegen durch die Schneelandschaft führen und nicht selten als Ziel auch im Winter bewirtschaftete Almen haben. Ich habe mir noch vor Drucklegung des Buches Gewissheit über die Richtigkeit der angeführten winterlichen Öffnungsverhältnisse der Almschenken verschafft, aber sicherheitshalber sollte man sich vor dem Antritt der Wanderung unbedingt noch über die aktuellen Öffnungszeiten im Internet informieren.

Kein Hochleistungssport

Wandern, gleichgültig in welcher Form, ob als Spaziergang, als Bergsteigen, als Naturerlebnis oder als kulturelle Bereicherung ist gesund, erholsam, erlebnisreich und freudebringend, und es schenkt ein besonderes Gefühl von Freiheit. Allerdings sollte diese Freiheit nicht mit Narrenfreiheit verwechselt werden, Wandern nicht mit Hochleistungssport oder Frohsinn nicht mit Leichtsinn.

Vorbereitung auf die Wanderung

Um festzulegen, welche Wanderung man bei bestimmten Voraussetzungen unternehmen möchte oder kann, sollte man sich anhand von Karte, Wanderführer und Fahrplänen rechtzeitig mit den möglichen Wanderzielen, mit Anfahrt, Wegverlauf, Anforderungen und Gehzeiten vertraut machen und möglichst viele Informationen einholen. Erst mit diesem Wissen kann man dann Bekleidung, Schuhwerk und übrige Ausrüstung auswählen. Man tue dies früh genug und in aller Ruhe. Zur Vorbereitung auf eine größere Wanderung gehören auch eine gut durchschlafene Nacht und ein ordentliches Frühstück. Beides trägt zu gutem Gesamtbefinden bei und beugt unnötiger Nervosität vor.

Kondition und Training

Für eine leichte, relativ kurze Wanderung bedarf es keiner besonderen Kondition, und an diese können sich auch Kinder und Senioren wagen. Ist die Tour aber länger, der Weg steil oder gar etwas heikel, dann ist außer einer allgemein guten Verfassung schon eine gewisse Gehtüchtigkeit und Trittsicherheit sehr wichtig. Die Gehtüchtigkeit kann man sich durch sportliche Betätigung aneignen, die Trittsicherheit aber nur in begrenztem Maße. Die stärksten Beinmuskeln nützen wenig, wenn man das Gehen auf steinigen oder ausgesetzten Bergwegen nicht gewöhnt ist und sich daher unsicher fühlt. Gerade diese Unsicherheit ist sehr oft die Ursache für Unfälle. Hier hilft nur eines: Sich die Trittsicherheit durch wiederholte Wanderungen nach und nach aneignen. Wer einen Bergurlaub antritt und dabei noch nicht über die nötige Trittsicherheit verfügt, sollte sich zunächst bei kleineren Wanderungen an das steile Gelände, an die Tücken schmaler oder beschwerlicher Pfade und an das Gehen mit Bergschuhen gewöhnen. Und man bedenke stets, dass sicheres Gehen nicht nur im Hochgebirge, sondern genauso auf problemlos erscheinenden Wald- und Wiesenwegen die erste Voraussetzung für eine unfallfreie Wanderung ist.

Bekleidung und Ausrüstung

Die Bekleidung muss sich nach der Länge und Schwierigkeit der Wanderung, nach der Höhenlage und geografischen Lage des Wanderzieles und nach der Witterung richten. Genügt im Hochsommer in wärmeren Gebieten bei unsicherer Witterung die Mitnahme eines leichten Regenschutzes, so ist im Frühjahr, Herbst und erst recht im Winter, sowie in hochalpinen oder nordexponierten Zonen auch Kälteschutz (Anorak, Mütze, Handschuhe) mitzunehmen. Auf gut gewarteten Wegen genügen leichte Wander- oder Trekkingschuhe, meist empfiehlt sich aber etwas festeres, wasserdichtes und rutschsicheres Schuhwerk. An Ausrüstungsgegenständen sollten bei keiner Tour eine kleine Rucksackapotheke, Sonnenschutzcreme, ein Taschenmesser und die entsprechende Wanderkarte fehlen. Auf einer Wanderung, bei der man in die Nacht geraten könnte, ist eine funktionierende Taschen- oder Stirnlampe besonders wichtig. Wanderstöcke sind grundsätzlich hilfreich, können manchmal aber, zum Beispiel auf Klettersteigen, auch hinderlich sein.

Der Hochfeiler, einer der unschwierigen Dreitausender in diesem Buch

Bei Schlechtwetter meide man das Gebirge

Schwierigkeit, Anforderung

Der Großteil aller markierten Wege stellt keine besonderen Anforderungen an den gehgewohnten Wanderer. Doch vereinzelt kann eine markierte Route auch verhältnismäßig schwierig sein oder zumindest heikle Stellen aufweisen. Klettersteige, auch nur leichte und kurze, verlangen trotz fix angebrachter Seile und sonstiger Steighilfen ein gewisses Mindestmaß an Felserfahrung. Außerdem können Schneelage, Vereisung, schadhafte Wegabschnitte oder fehlende Brücken eine an sich leichte Route schwierig, gefährlich oder gar unbegehbar machen. Vor dem Antritt besonders einer längeren Tour empfiehlt es sich daher, vor Ort Auskünfte über die augenblicklichen Verhältnisse einzuholen. Die Schwierigkeitsangaben in diesem Wanderbuch gelten jedenfalls nur für normale sommerliche Verhältnisse und gehen von einem guten Zustand der Wege aus.

Wegarten, Seilbahnen und Sessellifte

Wanderrouten können sehr unterschiedlich sein. Neben schönen Fußwegen und gewöhnlichen Fußpfaden gibt es mit Sicherungen versehene Felsrouten (sogenannte Klettersteige), weglose, wenn auch markierte Routen, breite Forst- und Güterwege, oder streckenweise auch geteerte Straßen. Hinsichtlich der öffentlichen Verkehrsmittel (Seilbahnen und Sessellifte) ist zu beachten, dass manche nur während der winterlichen Skisaison in Betrieb sind, manche andere nur im Sommer.

Schutzhütten, Einkehrmöglichkeiten

Gasthäuser, Hofschenken, Almschenken, Buschenschenken, Jausenstationen und Schutzhütten haben nicht einheitliche Öffnungszeiten oder Ruhetage. Die einen sind nur im Sommer, andere im Sommer und Winter, wieder andere nur im Frühjahr und Herbst oder nur an bestimmten Wochentagen geöffnet. Auch das Speiseangebot kann sehr unterschiedlich sein, ebenso die Möglichkeit zum Übernachten. Hinzu kommt, dass ein Gastbetrieb, unabhängig um welche Art es sich dabei handelt, wegen Besitzerwechsel oder aus anderen Gründen vorübergehend oder für immer geschlossen sein kann. Daher sollte man sich vor Antritt jeder Tour über Öffnungszeiten und Angebote erkundigen. Wer in der Hauptreisezeit in einem Schutzhaus zu nächtigen gedenkt, sollte sich unbedingt rechtzeitig anmelden. Die Sommerbewirtschaftung der Schutzhütten dauert je nach Lage, Besucherdichte und Witterung im Allgemeinen von etwa Anfang/Mitte Juli bis Mitte/Ende September. Besonders günstig gelegene Hütten öffnen bei guter Witterung aber auch früher und schließen später.

Wegbeschreibungen, Wegbezeichnungen und Höhenangaben

Die Wegbeschreibungen enthalten in knapper Form möglichst viele Angaben, die bei der Planung und

Durchführung der Tour behilflich sind: Art des Weges und des Geländes, Gehrichtung, Höhenunterschied, Gehzeit, Bewertung usw. Bei den angeführten Gehzeiten handelt es sich selbstverständlich nur um Annäherungswerte, die je nach Kondition, Gehgewohnheit, Witterung und sonstigen Verhältnissen mehr oder weniger stark variieren können. Die Angaben beziehen sich nur auf die reine Gehzeit ohne längere Rastpausen. Die bei den Wegbeschreibungen angeführten Markierungen finden sich größtenteils auch im Gelände wieder, außerdem sind die meisten Wege auch gut ausgeschildert, was die Orientierung sehr erleichtert. Die Höhenangaben im vorliegenden Buch dürfen als verlässlich betrachtet werden. Kleine Unterschiede zu Höhenangaben im Gelände oder in anderen Publikationen fallen für den Wanderer jedenfalls nicht ins Gewicht.

Ein Unfall – was dann?

Unfälle ereignen sich nicht nur bei schwierigen Felstouren, sondern auch bei Wanderungen in leichtem Gelände. Ist nun so ein Unfall geschehen, sollten Wanderbegleiter oder zufällig Dazugekommene möglichst Ruhe bewahren und genau überlegen, was unternommen werden kann und muss. Befindet sich der Verunglückte in schwer zugänglichem Gelände, ist genau zu überlegen, wie und ob er ohne Gefährdung der Hilfeleistenden erreichbar ist; unüberlegtes Zuhilfe-Eilen kann zu einem weiteren Unfall führen! Bei schweren Verletzungen kann der Laie meist nur versuchen, fernmündlich Hilfe herbeizurufen. Die Unfallmeldung erfolgt vorzugsweise an die allgemeine Notrufzentrale. Je ruhiger und präziser die Angaben gemacht werden, desto effizienter ist der Rettungseinsatz möglich. Ist diese Form des Hilfeholens nicht möglich, wird das internationale alpine Notsignal gegeben. Es besteht darin, dass die Hilferufe (richtige Rufe, Tuchschwenken, Lichtsignale) alle zehn Sekunden abgegeben werden. Wer Antwort gibt, tut dies alle 20 Sekunden.

Blitzschlag – eine tödliche Gefahr!

Notruf Bergrettung unter der kostenfreien Nummer **118** (ab 2016 unter der Nummer 112).

Umweltschutz

Wandern ist an sich eine Freizeitbeschäftigung, die der Umwelt und Natur keine ernsten Schäden zufügt, und die meisten Wanderer legen sogar ein sehr ausgeprägtes Umweltbewusstsein an den Tag. Verantwortungsbewusste Wanderer brüllen nicht in den Wäldern herum, zerstampfen den Bauern nicht das Gras, entzünden im Wald keine Feuer, zerstören keine Pilze und Ameisenhaufen, reißen keine Blumen ab, bekritzeln keine Sitzbank oder Kirchenwand, beschädigen keine Zäune und Wegweiser und hinterlassen nicht überall ihren Müll.

Ein paar Episoden zum Schmunzeln

Die Wanderpatschen

Es ist noch stockdunkle Nacht, wie ich im Talschluss aus dem Auto steige und die Bergschuhe anziehen will. Doch oh Schreck, ich habe sie daheim gelassen und im Kofferraum befinden sich nur die leichten Wanderschuhe, die ich wegen der weichen Sohlen gern als „Wanderpatschen" bezeichne. Also was tun? Heimzufahren, um die richtigen Bergschuhe zu holen, ist es zu spät, ich will ja das schöne Wetter nutzen und einen stolzen Gletschergipfel besteigen. Also her mit den Patschen. Der Aufstieg zur Schutzhütte und weiter bis zum Gletscherrand bereitet keine Probleme. Aber dann heißt es die Steigeisen anlegen. Wanderpatschen und Steigeisen? Nie und nimmer. Das ist wie die Faust aufs Auge. Und doch muss es gehen. Zum Glück habe ich noch die Eisen mit den langen Riemen, und so lassen sie sich einigermaßen mit den Patschen verbinden. Und während ich noch mit den langen Riemen herumwerkle, kommen auch schon die perfekt ausgerüsteten Bergsteiger daher und befestigen ruck zuck ihre Steigeisen an den tollen Bergschuhen.

Man kann sich die teils herablassenden, teils belustigten, teils vorwurfsvollen Blicke und Kommentare vorstellen, deren ich mich mit meinen steigeisenbewehrten Patschen erfreuen durfte. Die Besteigung des Gletschergipfels ist mir dann zwar trotz allem gelungen, aber wenn ich es nicht schon vorher gewusst hätte, jetzt wusste ich es endgültig: Wanderpatschen und Steigeisen passen wirklich nicht zusammen, und fortan zwang ich sie auch nie mehr zu dieser unheiligen Allianz.

Die Lärchenäste

Ich besitze zwar handelsübliche Wanderstöcke, aber viel zum Einsatz kommen sie nicht. Denn so nützlich sie manchmal auch sind, irgendwie sind sie mir doch immer im Weg. Sei es beim Fotografieren, sei es beim Überklettern von Felsblöcken, sei es auf dem gesicherten Felspfad. So lasse ich sie meist im Auto. Doch weil eine Gehhilfe, wie es eben Wanderstöcke sind, beim Aufstieg zumindest bis zur Waldgrenze oder noch weiter doch nicht zu verachten ist, benutze ich gern, sofern auffindbar, einen oder zwei herumliegende Baum-Äste, möglichst solche von der Lärche, das sind die besten. Und wenn ich sie dann nicht mehr brauche, lasse ich sie einfach zurück, sie belasten die Umwelt ja nicht. Fragt mich eines Tages ein Freund, der von dieser meiner Eigenheit weiß, er habe unlängst eine kurz vorher von mir durchgeführte Gipfelbesteigung gemacht. Ich frage ihn, wieso er Kenntnis davon habe, und er antwortet, er habe am Gletscherrand zwei zurückgelassene Lärchenäste gesehen, und die konnten nur von mir gewesen sein …

Der Scheintote

Irgendwo an einem steilen Grashang setzt eine schöne Blüte meinen Fotografier-Trieb in Gang. Und weil die Seitenansicht einer Blüte auf dem Bild besser wirkt als der Blick aus der Vogelperspektive, lege ich mich neben die Blüte und will sie auf den Film bannen. Der Wind vereitelt aber mein Vorhaben, und so verharre ich mit schussbereiter Kamera und der Hoffnung auf eine kurze Windstille regungslos am Grashang neben meinem Fotomodell. Der Wind ist mir nicht gewogen und lässt das Modell pausenlos zittern, aber ich lasse nicht locker. Selbst als ich unweit auf der Alm einen Buben rufen höre: „Schau Mama, da oben liegt einer, ich glaube, der ist tot", lasse ich mich nicht aus der Ruhe bringen und warte regungslos mit dem Auge am Sucher auf den windstillen Augenblick. Plötzlich höre ich Stimmen und Schritte in der Nähe, der Bub und seine Mutter kommen um die Ecke, und dann sagt der Bub, mit ganz offensichtlicher Enttäuschung in der Stimme: „Ach je, der ist ja gar nicht tot …" Nichts war's mit den Medienleuten die ihn als Entdecker einer Leiche interviewt hätten, nichts mit dem Hubschrauber, der den Toten abholte, nichts mit der Sensation, die ihn und seine Alm in den Mittelpunkt des allgemeinen Interesses gerückt hätte … Und schuld daran war ich, weil ich nur „scheintot" war.

Die Eisscholle

Anfang Juli am Bergsee. Nach einem schneereichen Winter und einem viel zu kühlen Frühsommer schwimmen am Rand des Bergsees noch große Eisschollen auf der Wasserfläche. Um mehr vom See und weniger von den Eisschollen aufs Bild zu bekommen, stelle ich mich auf eine solche Scholle und knipse drauflos, bis ich mit Schrecken merke, dass sich die Eisplatte vom Ufer gelöst hat und sich anschickt, zwar unmerklich langsam, aber eben doch auf die große Seefläche hinaus zu driften. Ein panikartiger Sprung bringt mich in letzter Sekunde ans Ufer, oder zumindest fast, denn ganz schaffe ich es nicht und lande bis zu den Hüften im eiskalten Nass. Aber ich bin gerettet. Nicht auszudenken, wenn mich das Treibeis mitten auf den See hinausgetragen hätte. Kein Mensch weit und breit, das Wasser eiskalt, ich des Schwimmens damals noch unkundig, der Tag geht zur Neige, es wird Nacht – und ich mitten im See auf der Scholle. Nun ja, es ist gut ausgegangen, auch wenn der Abstieg in den nassen und eiskalten Beinkleidern kein Vergnügen war. Und wenn ich zurückdenke, was geschehen hätte können, fährt mir immer noch ein leiser Schauer über den Rücken …

Aufgebundene Bären

Ich habe im Laufe meines Lebens nicht nur daheim so manche Sage aus Großvaters Zeiten erzählt bekommen, sondern auch sehr vieles gelesen, was diesbezüglich geschrieben worden ist. Und wenn die Gelegenheit besteht, von alten Bauersleuten, Hirten

Erzählfreudiger Almhirte (zur Episode „Aufgebundene Bären")

oder Jägern etwas zu erfragen, bin ich ein aufmerksamer und interessierter Zuhörer – echte alte Sagen interessieren mich eben. Einmal erzählt mir ein bärtiger, etwas schelmisch dreinschauender Hirte etwas Seltsames, das sich nach alter Volksüberlieferung anhört und mir jedenfalls neu ist. Er merkt mein Interesse oder Erstaunen, und erzählt mir gar manche weitere Geschichte, die eine mehr oder weniger glaubhaft, aber manche auch recht haarsträubend und ganz sicher frei erfunden. Alte Volksüberlieferung ist jedenfalls keine dabei. Schließlich bedanke und verabschiede ich mich und jeder geht seiner Wege. Ich etwas enttäuscht, weil ich keine mir noch unbekannte Volkssage in Erfahrung gebracht habe, und er wohl mit heimlicher Freude, einem gutgläubigen Tölpel so manchen Bären aufgebunden zu haben.

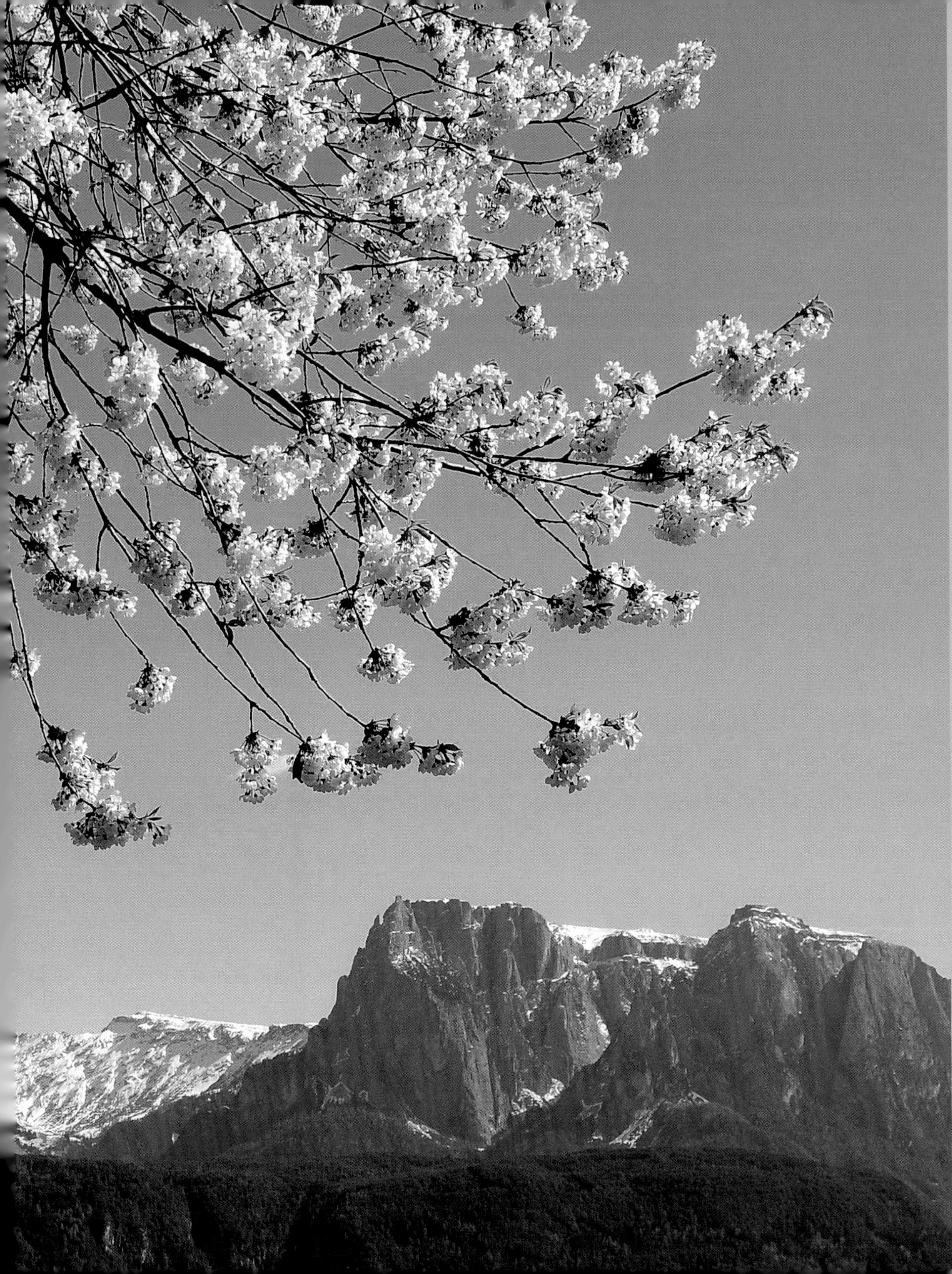

Rund um den Haider See

Gemütliche Wanderung im oberen Vinschgau

Um die hier vorgeschlagene Wanderung zu unternehmen, muss man, wenn man nicht im Vinschgau wohnt, eine relativ lange Anfahrt auf sich nehmen. Aber schon diese Fahrt vermittelt viele interessante Eindrücke, und dies erst recht, wenn man dem einen oder anderen Glanzlicht des Vinschgaus einen Kurzbesuch abstattet – den Fresken von St. Prokulus bei Naturns etwa, dem Tartscher Bühel oder dem karolingischen Heiligtum St. Benedikt in Mals. Dies empfiehlt sich umso mehr, als die Wanderung nicht übermäßig lang ist und somit die Zeit nicht drängt.

In St. Valentin auf der Haide, dem bekannten Fremdenverkehrsort, der aus einem mittelalterlichen, 1140 gegründeten Hospiz für die Reisenden hervorgegangen ist, beginnen wir unsere Wanderung, die uns rund um den Haider See führt und so diese Gegend aus verschiedenen Blickwinkeln kennenlernen und erleben lässt.

Dabei spazieren wir auf dem schönen Weg am Ostufer des Sees durch grüne Wiesen, kommen dann unweit des uralten Langkreuzes zu den sogenannten Fischerhäusern, durchqueren auf einem relativ langen Wandersteg einen Schilfgürtel und kehren schließlich, nach Überquerung der jungen

Der Haider See mit dem Ortler, von St. Valentin auf der Haide aus

Blick zurück auf St. Valentin am Rande des Sees

Etsch, auf der Westseite des Sees nach St. Valentin zurück.

Früher gab es im Passtal des obersten Vinschgaus gleich drei stattliche Naturseen. Doch die beiden nördlichen, der Mitter- und der Obersee, wurden um 1950 zum Reschen-Stausee vereint, und so ist nur noch der Haider See, früher auch Untersee genannt, unverändert erhalten geblieben. Mit einer Breite von 650 Metern und einer Länge von fast 2400 Metern gehört er zu den größten Südtiroler Naturseen, wenn auch nicht zu den tiefsten. Wie Lotungen ergeben haben, beträgt die Tiefe nämlich nur rund sieben Meter.

Dies tut der landschaftlichen Schönheit jedoch keinen Abbruch. Der blaue, meist gekräuselte Wasserspiegel, die grünen Wiesen und Wälder ringsum, im Süden die sich im See spiegelnde Ortlergruppe mit ihrem eisgepanzerten Hauptgipfel, dem 3905 Meter hohen Ortler, im Norden die felsige Klopaierspitze und dazu in Seenähe das Dorf St. Valentin – das ist es im Wesentlichen, was die Landschaftsbilder bestimmt. Und diese Bilder gehören zu den schönsten, die der Alpenbogen zu bieten hat.

Wegverlauf: Von St. Valentin auf der Haide (1470 m) stets auf dem breiten, großteils weit abseits der Straße verlaufenden und nicht zu verfehlenden, mit Sitzbänken ausgestatteten Wanderweg unmittelbar am Ostufer des Sees südwärts bis in die Nähe der Fischerhäuser (unweit davon Gasthaus) und zum südlichen Schilfgürtel des Sees, nun über einen Wandersteg durch das Schilf und auf einer schwimmenden Brücke über die junge Etsch, den Abfluss des Sees. Schließlich auf dem am Westhang verlaufenden, anfangs geteerten, später ungeteerten Sträßchen in ebener Wanderung durch Wald und Wiesen in der Nähe des Seeufers nordwärts und zuletzt, wieder die junge Etsch überquerend, zurück nach St. Valentin auf der Haide.

Höhenunterschied: so gut wie keiner

Gesamtgehzeit: 2 Std.

Orientierung und Schwierigkeit: leicht und problemlos; großteils freies, übersichtliches Gelände.

Wanderkarten: Tappeiner 115, Münstertal und Umgebung, 1:35.000

Tipp

Das Blesshuhn

Wie nicht anders zu erwarten, kann man am Haider See verschiedene Wasservögel sehen. Während nun der Anblick des Haubentauchers oder gar des Kormorans den Fischer die Stirn runzeln lässt, erfreut der Anblick den Naturfreund, für den die „Fischräuber" ja keine Konkurrenten sind. Über das Blesshuhn indes, das im Schilf des Haider Sees auch sein Gelege hat, scheiden sich die Geister nicht. Denn der an Südtirols Talseen zwar nicht gerade seltene, aber doch einzigartige und unverwechselbare Wasservogel ist „Vegetarier" und tut damit den Fischen nichts zu leide, er ärgert die Fischer nicht und er entzückt wohl jeden, der seiner ansichtig wird.

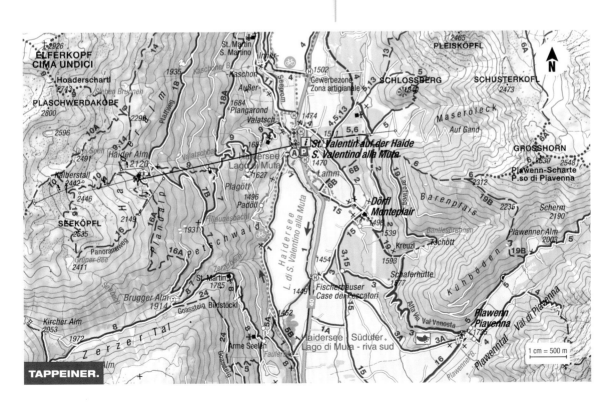

Der Gschneirer Waalweg

Rundwanderung hoch über Schluderns

Der Gschneirer Waal hoch oberhalb Schluderns im Vinschgau; sein markierter Begleitweg bietet sich als lohnende Wandermöglichkeit an

Das Kirchlein im Weiler Gschneir, dem Ausgangs- und Endpunkt unserer Rundwanderung

Diese Wanderung führt uns hinauf zu den höchsten Höfen des Schludernser Sonnenberges. Es ist schlicht und einfach schön, mit dem Blick hinunter auf die Vinschgauer Talsohle und hinüber zum Ortler, durch die herrlichen Wiesen, vorbei an blühenden Sträuchern und entlang des Gschneirer Waales zu wandern, in dem das glasklare Wasser vom weit entfernten Remsbach bis zu den Wiesen des Weilers Gschneir bald recht munter und verhalten rauschend, bald aber auch langsam und lautlos dahinfließt.

Mit einer Gesamtlänge von knapp zehn Kilometern gehört der Gschneirer Waal zu den längsten Vinschgauer Wasserkanälen. Er beginnt am Remsbach auf der Ostseite des Matscher Tales und verläuft großteils durch Waldhänge süd- und ostwärts bis zu den ausgedehnten Wiesen von Gschneir, wo das Wasser für die Beregnung genutzt wird.

Der nördliche Teil des Waales wurde bereits vor Jahrzehnten durch eine Rohrleitung ersetzt, die rund drei Kilometer lange Strecke ab dem Greinhof ist hingegen im ursprünglichen Zustand erhalten und das Wasser fließt großteils offen im naturbelassenen Kanal durch Nadelwald und

kleine Lichtungen mit nur sehr leichtem Gefälle weiter, begleitet von einem schönen Fußweg.

Die Erbauung des Waales geht in die Zeit um 1465 zurück; somit tut er bereits über ein halbes Jahrtausend lang seinen unersetzlichen Dienst. In alten Zeiten trug er die seltsame Bezeichnung Nervenwaal, und für den ersten Abschnitt begegnet uns auch der Name Remswaal. Heute ist aber schon längst die vom Weiler Gschneir abgeleitete Bezeichnung Gschneirer Waal üblich.

Die Begehung des gut instand gehaltenen, beschilderten und markierten Begleitweges, die zusammen mit dem Aufstieg und dem Abstieg eine geschlossene Rundwanderung ergibt, ist in jeder Hinsicht leicht und problemlos, und wo der Waal, zum Teil in sogenannten Kandeln, felsiges Steilgelände quert, wurden Brettersteg mit Holzgeländern angebracht.

Die einstige, weithin hörbare Waalschelle gibt es leider nicht mehr, doch wer sich über das Thema Waale und Bewässerung und die Geschichte des Schludernser Raumes näher interessiert, dem ist der Besuch des „Vintschger Museums" in Schluderns – so wie natürlich auch der berühmten Churburg – sehr zu empfehlen.

Wegverlauf: Vom Weiler Gschneir östlich oberhalb Schluderns (1344 m, Parkplätze) der Waalbeschilderung und der Nr. 19 folgend in etwa 10 Minuten hinauf zum Waal und nun auf dem guten Waalsteig zuerst durch teilweise freie Hänge und dann durch Nadelwald größtenteils eben bis zum Ende des offenen Waales (ca. 1400 m; ab Gschneir knapp 1 ½ Std.). Nun links ab, dem Wegweiser „Schluderns" folgend auf Weg 21 hinunter zum Greinhof, auf der Zufahrtsstraße (nicht auf dem alten Weg) leicht absteigend zum Rungghof und zu einer Rechtskehre, hier wieder links ab, auf schönem Naturweg (stets Nr. 21) leicht absteigend zu der von Schluderns nach Gschneir führenden Straße (ca. 1220 m, unweit davon die Gastschenke Birkenhof) und teilweise auf dem etwas oberhalb der Straße verlaufenden alten Weg (unmarkiert) leicht ansteigend zurück nach Gschneir (ab Waalweg knapp 1 ½ Std.).

Höhenunterschied: ca. 180 m

Gesamtgehzeit: 2 ½ – 3 Std.

Orientierung und Schwierigkeit: für gehgewohnte Wanderer leicht und problemlos

Wanderkarten: Tappeiner 115, Münstertal und Umgebung, 1:35.000

Tipp

Das Tagpfauenauge

Bald auf einem Himbeerblatt, bald auf einem Felsblock ließ er sich von den warmen Sonnenstrahlen bescheinen – der Falter, der wegen seiner außergewöhnlichen Zeichnung den treffenden Namen Tagpfauenauge erhalten hat. Dann und wann schaukelte er auch zu den goldenen Löwenzahnsternen, die den munter dahinfließenden Wasserlauf säumten. Auch einen Mohrenfalter, einen C-Falter und einen Weißling sah ich entlang des Weges, aber das Tagpfauenauge übertrifft an Schönheit und Farbenpracht alle anderen, und die Begegnung mit ihm gehört immer zu den besonderen naturkundlichen Erlebnissen einer Wanderung.

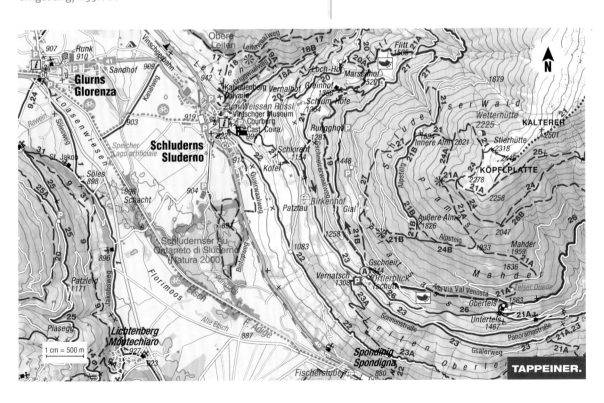

Rundwanderung bei Morter

Über Waalwege zu den Burgen Montani

Bei dieser rund dreistündigen Frühlings-Rundwanderung steigen wir vom Dorf Morter, das unweit von Latsch am Eingang ins Martelltal liegt, zuerst zum Rautwaal auf und wandern auf dessen Begleitweg durch Nadelwald und Laubgehölze durch die westseitigen Hänge hinein bis zur Plima, dem Marteller Talbach. Der drei Kilometer lange Waal bietet aufgrund seiner Naturbelassenheit und wegen der Ausblicke zu den Burgen Montani mit der Stefanskapelle eine lohnende Wandermöglichkeit auf dem ebenen und gut instand gehaltenen Begleitweg.

Am Ende des Waalweges überqueren wir dann den Talbach, kommen zu einer in den 1940er Jahren errichteten Barbarakapelle und folgen dem Begleitweg des ehemaligen Neuwaals, der die ostseitigen Talhänge quert und bis in das Gebiet von Latsch führt. Dieser Bewässerungskanal liegt zwar schon längst trocken, aber auch hier bietet der Begleitweg eine lohnende Wandermöglichkeit.

Man kann dem Neuwaalweg bis zu seinem Ende folgen, wir aber verlassen ihn ungefähr auf halber Strecke und wählen den Abstieg über den Schlosshügel mit den beiden Burgen Ober- und Untermontani. Obermontani, dessen Inneres allerdings nicht zugänglich ist, gehört zu den bedeutendsten Burgen des Vinschgaus. Besonders erwähnt sei, dass in der 1228 von Albert von Tirol erbauten Anlage eine Handschrift des berühmten Nibelungenliedes gefunden wurde. Die aus dem 12. Jahrhundert stammende Burgruine Unter- oder Niedermontani ist kleiner und nur noch in Resten erhalten.

Von Obermontani können wir auf dem direkten Weg absteigen oder den kleinen Umweg über die Stefanskapelle nehmen, deren Inneres mit seinen gotischen Fresken aber nur an bestimmten Tagen zugänglich ist – worüber das Tourismusbüro in Latsch nähere Auskünfte erteilt.

In jedem Fall gelangen wir auf gutem Weg absteigend zum Fuß des teilweise aus gewachsenem Fels, größerenteils aber aus eiszeitlichem Moränenmaterial bestehenden Burghügels, wo eine gedeckte Holzbrücke wieder über die rauschende Plima führt. Und wenig später beenden wir unsere Rundwanderung wieder in Morter.

Wanderweg auf einer unterirdischen Strecke des Rautwaals

Schloss Obermontani im letzten Teil unserer Rundwanderung

Wegverlauf: In Morter (727 m) zuerst auf der Schwaiger Straße in Richtung Putzenhof, vorher bei Wegweisern rechts hinauf und auf links abzweigendem Steig zum Rautwaal (ca. 860 m; ab Morter knapp ½ Std.). Nun immer diesem folgend in ebener Wanderung südwärts und zuletzt kurz hinab zur breiten Brücke über den Talbach (ca. 860 m, ab Waalwegbeginn knapp 1 Std.). Nun die Talstraße überquerend zur nahen Barbarakapelle, auf dem Begleitweg des einstigen Neuwaals hinaus zu Wegteilung und links auf breitem Fahrweg bis unter das Schloss Obermontani. Von da entweder rechts auf dem direkten Fußweg oder mit kurzem Umweg links über die Stefanskapelle hinunter zum Schloss Untermontani und zum Bergfuß; schließlich links auf Holzbrücke über die Plima und durch Obstgüter zurück nach Morter.

Höhenunterschied: ca. 140 m
Gesamtgehzeit: 2 ½ – 3 Std.
Orientierung und Schwierigkeit: für gehgewohnte Wanderer leicht und problemlos
Wanderkarten: Tabacco, Blatt 045 (Latsch – Martell – Schlanders), 1:25.000

Tipp

Osterglocken

Einer der schönsten Frühlingsboten ist die Berg-Küchenschelle oder Berg-Kuhschelle, die auch unter dem passenden Namen „Osterglocke" bekannt ist. Sie kommt auch an unserem Weg vor, und zwar vor allem auf dem Burghügel von Montani, wo ich sie ziemlich zahlreich vorfand. Von den bei uns heimischen Anemonen ist sie diejenige, die als erste den Frühling einläutet und trotz ihres Namens am wenigsten weit den Berg hinaufsteigt. Hinsichtlich ihrer Schönheit steht sie mit ihren „Schwestern", etwa der Frühlings- oder der Schwefelanemone, in edlem Wettstreit, aber sie ist die seltenste und steht daher zu Recht unter strengem Naturschutz.

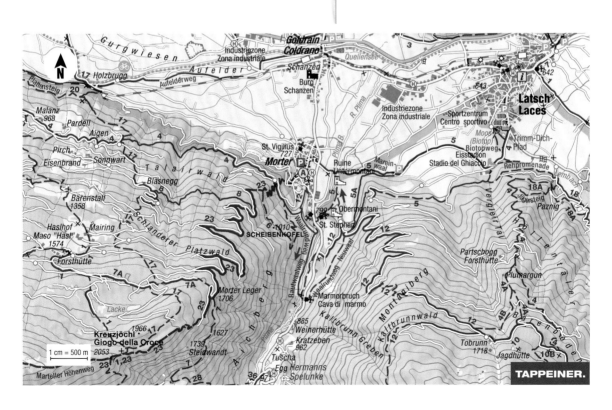

Die Meraner Promenaden

Rundwanderung an den Sonnenhängen der Passer

Passerpromenade, Sommerpromenade, Winterpromenade, Gilfpromenade, Tappeinerpromenade, Sissi-Weg, Brunnen-Weg – Meran ist wahrlich nicht arm an Spazierwegen, und zwar an besonders schönen. Sie hängen alle irgendwie zusammen und sie gehören, zusammen mit den Bozner Promenaden, dem Frühlingstal und so manch anderer sonnseitigen Wanderroute, im Frühling zu den beliebtesten Wandermöglichkeiten Südtirols. Wir beginnen unsere Wanderung im Zentrum Merans und spazieren von der Passerpromenade, am berühmten Kurhaus vorbei, zur sonnigen Winterpromenade, die, im Gegensatz zur schattseitigen Sommerpromenade, trotz des „winterlichen" Namens schon früh im Jahr fast sommerlich wirkt und in der vorwiegend vom Maler Franz Lenhart mit Südtiroler Landschaftsmotiven ausgestatteten „Wandelhalle" zum Verweilen in der Frühlingssonne einlädt.

Am mächtigen, im 14. Jahrhundert erbauten Steinernen Steg vorbei geht es über die Gilfpromenade hinein in die Gilf. Einerseits zwängt sich dort die stürmische Passer gerade unter der Zenoburg durch eine kurze Felsklamm, während sich andererseits dank entsprechender Anpflanzungen am Berghang ein regelrechter Urwald mit Bambus,

Die Tappeiner-promenade mit Blick zu Tschigat und Mutspitze

Die Gilfpromenade mit ihrem „tropischen Urwald"

Hanfpalmen, Zedern, zahlreichen anderen Bäumen und vielen blühenden Sträuchern gebildet hat. Durch diesen Prachtwald, in dem fleißige Hände auch ein paar „Pflanzenwesen" gestaltet haben, führt die Gilfpromenade in Serpentinen hinauf zum weithin sichtbaren Pulverturm, dem Bergfried der einstigen Burg Ortenstein.

Und von da wandern wir auf dem Tappeinerweg, wo man, wie auch schon unten an der Passer, Einkehrmöglichkeiten vorfindet, gemütlich westwärts. Auch hier wieder Pflanzen aller Art, blühende und duftende Sträucher, Blumenbeete, Ruhebänke, sprudelnde Brunnen, ein Gletscherschliff sowie das Denkmal für den Arzt Franz Tappeiner (1816-1902), der 1892 den ersten Teil der Promenade anlegen ließ, und dazu der weite Blick über Meran, über das Etschtal und hinauf zu den Hochgipfeln der Texelgruppe.

Im Westen endet der Tappeinerweg im Gebiet von Gratsch, wo sich der Algunder Waal als weitere Wandermöglichkeit anbietet. Wir aber kehren auf dem Tappeinerweg ein Stück zurück und folgen jenem Teil der Promenade, der uns in gemütlichen Serpentinen wieder nach Meran und zum Ausgangspunkt zurückbringt.

Wegverlauf: Vom Thermenplatz in Meran über die Passer zur Passerpromenade auf der orografisch rechten Bachseite; auf dieser am Kurhaus vorbei zur „Winterpromenade", auf dieser neben der Passer zum „Steinernen Steg" und auf der Gilfpromenade hinein in die Enge der Gilf (Brücke und Aussichtskanzeln über der Passer); nun durch die exotischen Anpflanzungen in Serpentinen hinauf zur schmalen Passeirer Straße und nach deren Überquerung hinauf zum Pulverturm. Nun auf der Tappeinerpromenade in schönem Spaziergang westwärts bis zu ihrem Ende an der Laurinstraße (vorher am Tappeinerweg Einkehrmöglichkeiten). Dann wieder zurück bis zum talseitig abzweigenden breiten „Schledorfsteig" und auf diesem in Serpentinen hinunter nach Meran.

Höhenunterschied: kaum 100 m

Gesamtgehzeit: 2 – 3 Std.

Orientierung und Schwierigkeit: leicht und problemlos, auch für Kinder geeignet

Wanderkarten: Tappeiner 121, Meran und Umgebung, 1:25.000

Tipp

Das Taubenschwänzchen

Meist übersieht man ihn. Farblich unauffällig und damit gut getarnt klebt dieser Nachtfalter regungslos irgendwo an einem Felsen oder Baumstamm. Aber wenn er mit rasend schnellem Flügelschlag wie ein Kolibri vor jeder Blüte in der Luft kurz „stehen" bleibt, um mit seinem langen Saugrüssel den Nektar herauszuholen, da übersieht man ihn nicht mehr. Da werden seine großen Augen und seine roten Hinterflügel sichtbar, da zeigt er sich als tagaktiver Schwärmer und als einer der faszinierendsten Falter überhaupt. Und dies auch an den farbenfrohen Blumenbeeten der Meraner Promenaden.

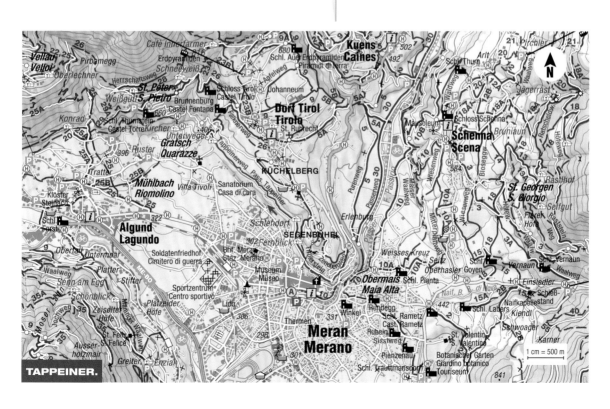

Der Schenner Waalweg

Rundwanderung oberhalb Schenna bei Meran

Wir beginnen und beenden diese Wanderung nordöstlich von Meran im Dorf Schenna, wo der Ortskern von weithin sichtbaren historischen Bauwerken geprägt wird: dem filigranen Mausoleum Erzherzog Johanns, der wuchtigen Pfarrkirche und dem mächtigen, gut erhaltenen und reich ausgestatteten Schloss Schenna.

Für Liebhaber sehenswerter Kunst- und Kulturdenkmäler Grund genug, einen Besuch dieses Bereichs mit der hier vorgeschlagenen Frühjahrstour zu verbinden.

Unsere Wanderung besteht aus der Begehung des Schenner (oder Verdinser) Waalweges, der oberhalb Schenna die Hänge durchquert, sowie aus dem Aufstieg und dem Abstieg – alles zusammen eine schöne Rundwanderung.

Der Schenner Waal, auch Verdinser Waal genannt

Unser Abstiegsweg von St. Georgen nach Schenna

Ein Blick in die Geschichte des Bewässerungswesens zeigt, dass es im Gebiet von Schenna bereits im Mittelalter verschiedene kleinere Waale gab. Der große Schenner oder Verdinser Waal wurde hingegen erst 1733 erbaut, weshalb er auch „Neuwaal" genannt wurde und wird. Er misst von der Fassung im Masultal bis zur Mündung in den Naifbach nahezu acht Kilometer. Streckenweise ist er verrohrt, aber der südliche Teil ist verhält-

nismäßig naturbelassen und bietet dort mit seinem Begleitweg eine schöne Wandermöglichkeit. Das Wasser, das im Frühjahr je nach Bedarf etwas früher oder später eingekehrt wird, fließt entlang unseres Weges teilweise im schönen, von alten Steinmauern gesäumtem Naturkanal, in den Obstgütern freilich auch in Betonrinnen, und den Schnuggenbachgraben überquert der Waal in einer Art „fliegenden Leitung".

Unser Wanderweg führt meist neben dem Wasserlauf teils durch Nadel- und Laubwald, teils durch Kastanienbestände, teils durch Obstgüter. Und unweit des Brunjaunhofs befinden sich die vielen Steinstufen der sogenannten „Katzenleiter".

Schließlich erreichen wir jenen Weg, auf dem wir durch Wiesen und Obstgüter nach St. Georgen absteigen, dem bekannten Weiler mit seiner Rundkirche und mehreren Gastbetrieben, die zu einer letzten Rast einladen, bevor nach Schenna zurückgekehrt wird.

Wegverlauf: In Schenna (640 m) zunächst zum Nordrand des Dorfes und dann der Beschilderung „Zum Waal" folgend zwischen Häusern und durch Obstgüter nordöstlich hinauf zum Gasthaus Moareben und weiter zum Gasthof Pichler an der gleichnamigen Straße (827 m; ab Schenna knapp ¾ Std.). Hier nun rechts ab und auf dem Waalweg (beschildert) südwärts, wobei einmal über die erwähnte „Katzenleiter", eine längere Natursteintreppe, abgestiegen und etwas später der Brunjaunhof mit Einkehrmöglichkeit passiert wird. Schließlich führt der Weg hinunter zum Weiler St. Georgen (Gasthöfe, sehenswerte Kirche) und von dort den Wegweisern „Schenna" folgend teils auf hübschem Fußweg, teils auf schmaler Straße hinunter nach Schenna.

Höhenunterschied: ca. 200 m

Gesamtgehzeit: 2 ½ Std.

Orientierung und Schwierigkeit: für gehgewohnte Wanderer leicht und problemlos; die Runde ist auch in umgekehrter Richtung lohnend

Wanderkarten: Tappeiner 142, Schenna und Umgebung, 1:25.000

Tipp

St. Georgen

Befinden sich in Schenna als außergewöhnliche Sehenswürdigkeiten die Pfarrkirche, das Schloss Schenna und das Mausoleum Erzherzog Johanns, so verdient entlang unserer Wanderrunde die weithin sichtbare Baugruppe von St. Georgen besondere Beachtung, deren Kern aus dem Kirchlein und dem nahen Uhlenturm besteht. Das Gotteshaus ist ein mit Fresken aus dem 14. Jahrhundert ausgemalter, architektonisch interessanter Rundbau, während im Uhlenturm (auch Uolenturm, „Uhl" oder „Uol" steht für Ulrich) ein mittelalterlicher Wohnturm bzw. der Bergfried der einstigen Burg Alt-Schenna steckt – im frühen 13. Jahrhundert Sitz der Herren von Schenna-St. Georgen, die später unten das mächtige Schloss errichteten.

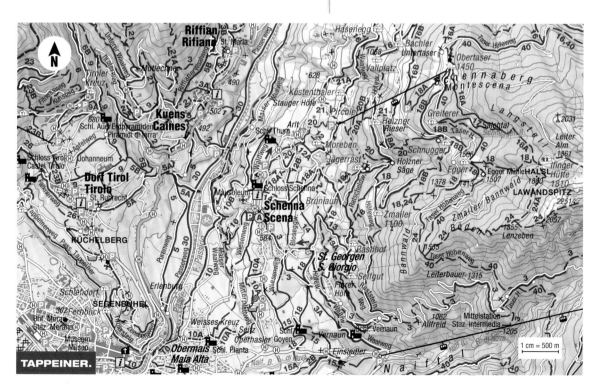

Nach Mörre und Stauden

Rundwanderung auf der Passeirer Ostseite

Blicken wir von St. Martin, dem Ausgangsort unserer Wanderung, hinüber zur Ostseite des äußeren Passeiertales, also zu den gegenüberliegenden Hängen mit ihren verstreuten Berghöfen, haben wir Gemeindegebiet von St. Leonhard vor uns, denn der Talbach bildet hier die Grenze. Und so gehört auch Mörre, unser Wanderziel, nach St. Leonhard hinein, obwohl es dem Dorf St. Martin viel näher liegt.

Mörre zählt zu den stillen Weilern Südtirols und die Lage könnte man fast als etwas einsam bezeichnen. Aber es handelt sich keineswegs um eine Extremsiedlung hoch oben im Gebirge, denn die wenigen Häuser, das Kirchlein, die altbekannte kleine Gaststätte mit ihrem Blumenhang liegen nur gut 200 Höhenmeter über der Talsohle.

Somit ist der Aufstieg kein Gewaltmarsch, auch wenn die Gehzeit etwas länger ist als es der Höhenunterschied allein annehmen lässt. Denn zuerst wandern wir im Talboden ein gutes Stück auf dem schönen Bachdammweg neben der rauschenden Passer talaus, und erst dann geht es, vorbei an den Bucherhöfen, mehr oder weniger stark ansteigend hinauf. Und Kreuzwegstationen weisen uns darauf hin, dass das Marienkirchlein

Der Weg nach Mörre mit dem Blick zurück auf das äußere Passeiertal

Von Blüten umgeben – das Wallfahrtskirchlein von Mörre

von Mörre eine Wallfahrtsstätte ist, die unter anderem auch von der Meraner Gegend herein gern besucht wird.

Die Ursprünge dieser Wallfahrt reichen in das Jahr 1739 zurück. Damals nämlich kaufte der Bauerndoktor Matthias Pichler, genannt „Mörrer Heis", von einem Fremden ein Marienbild. Da sich dieses schon bald allgemeiner Verehrung erfreute, erbaute man um 1750 eine erste Kapelle und 1848 schließlich das heutige Kirchlein mit dem strahlenumkränzten Gnadenbild am barocken Altar, zu dem sich in der Folge zahlreiche Votivbilder gesellten.

Von Mörre könnten wir nach Rast und Einkehr wieder über den Aufstiegsweg absteigen. Doch da wir noch etwas Wanderlust verspüren, queren wir den wildromantischen Prantlbachgraben hinaus zum Weiler Stauden, von wo wir durch Wiesen und Wald zum Schildhof Ebion absteigen und zuletzt wieder neben der Passer nach St. Martin zurückkehren. Dadurch ergibt sich eine abwechslungsreiche Runde durch eine der typischen Passeirer Höfelandschaften.

Wegverlauf: Vom unteren Dorfrand von St. Martin (ca. 590 m, Parkplätze an der Talstraße) auf der Passerpromenade südwärts zur Brücke der Prantacher Straße, auf dieser links kurz zu Straßengabel, rechts auf dem Passerdammweg hinaus und bei Wegweisern hinauf zum Stationenweg (unweit der „Bucherkeller"); auf diesem nun rechts (Mark. 5) durch Wald und Wiesen mittelsteil hinauf nach Mörre (751 m; Gasthaus beim Kirchlein: ab St. Martin knapp 1 ½ Std.). – Abstieg für Gehfreudige: Auf Weg 5 kurz hinauf zu Wegteilung und dann auf Steig 6A rechts durch Steilhänge hinein in den Prantlbachgraben und jenseits hinaus zur Höfegruppe Stauden (864 m; Buschenschank). Von dort kurz auf der Straße talab, dann rechts auf Weg 6A hinunter zu Wegteilung, rechts auf Waldweg 6 zum Schildhof Ebion und über Straße und Bachdammweg zurück zum Ausgangspunkt (ab Mörre 1 ½ – 2 Std.)

Höhenunterschied: 274 m

Gesamtgehzeit: ca. 3 Std.

Orientierung und Schwierigkeit: für gehgewohnte Wanderer leicht und problemlos; nur die Querung von Mörre nach Stauden erheischt etwas Vorsicht

Wanderkarten: Tappeiner 144, Passeiertal, 1:30.000

Tipp

Schildhof Ebion

Im Passeiertal gibt es rund ein Dutzend sogenannte Schildhöfe, und einer davon ist der Hof Ebion an unserem Abstiegsweg. Der ursprüngliche Bau, der 1304 als Besitz des Richters Berchtold von Urbian aufscheint, ist zwar nicht mehr erhalten, aber eine marmorne Fensterrahmung mit der Jahreszahl 1538 und dem Wappen der Herren Fuchs von Fuchsberg, wurde in das heutige, um 1930 erbaute Haus übertragen. Wenn man unter der talseitigen Fassade durchgeht und den Blick nach oben richtet, entdeckt man die schöne, mit einem Floriansbild geschmückte Steinmetzarbeit als Mosaikstein aus der Geschichte des Passeiertales.

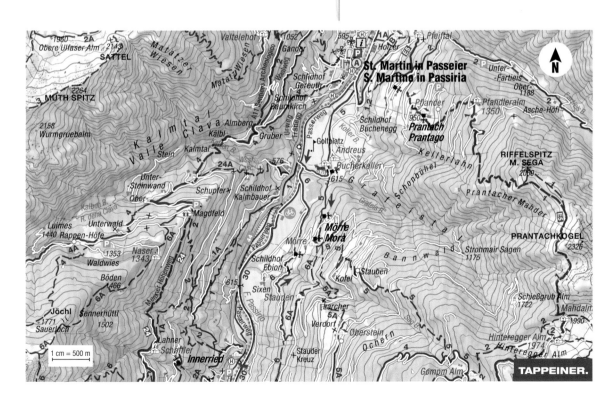

Nach St. Ulrich bei Mölten

Frühlingsrunde am Tschögglberg

*Das Höhenwan-
derziel St. Ulrich in
Gschleier*

*Blick von unserem
Weg auf das
Tschögglberger
Dorf Mölten*

St. Ulrich in Gschleier, wie unser Tschögglberger Wanderziel westlich über Mölten genannt wird, besteht aus einem reizenden romanischen Kirchlein und einem behäbigen Bauernhof mit Gasthaus. Das Ganze krönt einen breiten, sanft ansteigenden, von blühenden Wiesen und dunkelgrünen Nadelwäldern geprägten Hügel mit Ausblicken zum Ifinger, zur Texelgruppe, zu den Dolomiten und hinunter zu den Trentiner Bergen. Breitet sich das bekannte Bergdorf Mölten zusammen mit seinen umliegenden Höfen ostseitig unter dem Hügel in einer weiten grünen Mulde aus, so liegen das kleine Bergdorf Schlaneid mit seinem Valentinskirchlein und der Weiler Gschleier am Südrücken des Hügels inmitten mäßig ansteigender Wiesenhänge. Man könnte St. Ulrich von der Straße, die Mölten mit Vöran verbindet, in kurzem Aufstieg erreichen, man könnte den Aufstieg sowohl in Mölten wie in Schlaneid beginnen; ich schlage hier aber vor, von Vilpian auf der Ostseite des Etschtals mit der Seilbahn zur Höhe zu schweben, dann auf einem außerordentlich schönen Wald- und Wiesenweg gemütlich bis fast nach Mölten zu wandern und dann etwas steiler über den Hof und Buschenschank Warger nach St. Ulrich aufzusteigen.

Das Kirchlein stammt wahrscheinlich aus dem 13. Jahrhundert, innen steht ein einfacher Barockaltar aus dem 17. Jahrhundert, während der heutige Kirchenpatron an das Benediktinerkloster St. Ulrich und Afra in Augsburg erinnert, das im Hochmittelalter auch in diesem Gebiet begütert war. Und der Ulricherhof begegnet uns in einer Urkunde aus dem Jahr 1450, in welcher der „mesner zu s. Ulrich" genannt wird.

Die Geschichte des Hügels reicht aber noch viel weiter zurück. Das beweisen urgeschichtliche Funde, ebenso das ehemalige Kirchenpatrozinium zum hl. Laurentius, und vielleicht stand hier auch das um 590 von den Franken zerstörte Langobardenkastell Maletum, sofern es nicht in Mölten selbst oder bei Verschneid zu suchen ist.

Haben wir für den Aufstieg den längeren Weg über Mölten gewählt, so schlagen wir für den Abstieg den über den erwähnten Südrücken führenden Weg ein, der in Teilen noch in seinem idyllischen Urzustand erhalten ist und uns auch noch so manchen typischen Tschögglberger Bauernhof kennenlernen lässt. Wir durchqueren dabei auch Gschleier und Schlaneid und gelangen so wieder zur Bergstation der Seilbahn, die uns nach Vilpian zurückbringt.

Wegverlauf: Von Vilpian mit der Möltner Seilbahn hinauf zur Bergstation (1026 m). Nun stets der Beschilderung „Mölten" auf dem guten Wanderweg mit der Markierung 1 folgen, zuerst kurz ansteigend und dann größtenteils eben bis zur Einmündung des Weges in die Autostraße unweit von Mölten. Dann der Beschilderung „St. Ulrich" folgend auf Wiesensteig (Mark. 13) empor zum War- gerhof (Buschenschank), und teils auf Höfestraße, teils auf Fußweg empor zum Kirchlein und Gasthaus St. Ulrich (1344 m; ab Ausgangspunkt gut 1 ½ Std.). – Abstieg: Stets der Beschilderung „Schlaneid" bzw. „Seilbahn" folgend westwärts durch die Wiesen hinunter zum Wald, dann links abdrehend auf Weg 15 eben und abwärts zum Wei- ler Gschleier, durch Wiesen hinunter nach Schlaneid und weiter zur Bergstation der Seilbahn (ab St. Ulrich ¾ Std.).

Höhenunterschied: 318 m

Gesamtgehzeit: 2 ½ – 3 Std.

Orientierung und Schwierigkeit: für gehgewohnte Wanderer leicht und problemlos

Wanderkarten: Tappeiner 156, Tschögglberg – Salten, 1:25.000

Tipp

Der Rauhaarige Zwergginster

Diese Pflanze – die Zwergginster bilden eine eigene Gattung in der Familie der Schmetterlingsblüt- ler – begegnet uns an sonnigen Stellen mehrmals entlang unserer Wanderung, besonders schön im Bereich des „Hohlweges", wo der Schlussanstieg zum Ulrichshügel beginnt. Mit seinen leuchtend gelben, wie Fackeln von den bodennahen Zwei- gen aufragenden Blüten und der hellen Behaarung handelt es sich um einen ebenso schönen wie un- gewöhnlichen Zwergstrauch. In den südlicheren Gebieten Südtirols treffen wir ihn an verschiedenen Orten an, doch in weiten Teilen des Landes fehlt er – und genießt daher, wie übrigens auch das oft mit ihm vergesellschaftete Weiße Fingerkraut, unsere verstärkte Aufmerksamkeit.

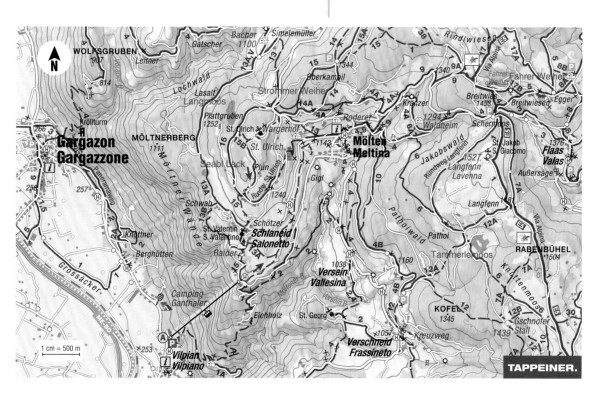

Der Marlinger Waalweg

Rundwanderung mit Schlossbesuch bei Meran

Der Marlinger Waalweg

Apfelblüten am Marlinger Waal, im Hintergrund der noch verschneite Hirzer

Der Marlinger Waal beginnt westlich von Meran auf der Töll und verläuft auf der Westseite des Etschtales bis in die Gegend von Tscherms und Lana.

Mit zwölf Kilometern handelt es sich um den längsten Waal Südtirols, und sein Begleitweg gehört mit jenen des ebenfalls auf der Töll beginnenden Algunder Waales und des Maiser Waales zu den bekanntesten und beliebtesten Wanderwegen Südtirols.

Die Geschichte des Marlinger Waales reicht fast drei Jahrhunderte zurück. Es war in der Zeit um 1730, als der Laienbruder Thomas des einstigen, an der Stelle des heutigen Dorfes Karthaus im Schnalstal gelegenen Kartäuserklosters Allerengelberg zum Waalbau anregte. Denn die Mönche besaßen in der Marlinger Gegend den prächtigen Maierhof, der schon 1285 als „Hof ze Gajen" aufscheint, und dazu ausgedehnte Weingüter, die dringend der künstlichen Bewässerung bedurften. Der zwanzig Jahre dauernde Bau erfolgte dann in Zusammenarbeit des genannten Klosters mit den Marlinger Bauern. Bei unserer Wanderung auf dem mit Informationstafeln und Sitzbänken versehenen, sehr beliebten Waalweges durchqueren wir schöne Mischwälder sowie blühende Wiesen, Obstgüter und Wein-

berge. Außerdem kommen wir an verschiedenen Einkehrstätten und Höfen vorbei und erleben weitreichende Ausblicke über das Etschtal.

Wer den gesamten, wie gesagt zwölf Kilometer langen Waalweg begehen möchte, muss mit einer Gehzeit von vier bis fünf Stunden rechnen, und nach der Begehung muss man mit dem Bus oder einer anderen Fahrgelegenheit wieder zum Ausgangspunkt zurückkehren. Das ist zwar durchaus empfehlenswert, für Freunde einer einfachen Runde schlage ich hier jedoch die klassische Wanderung vor, bei der man Marling als Ausgangs- und Endpunkt wählt und damit auch dieses etwas abseits der Hauptverkehrslinien gelegene Dorf kennenlernen, dann nach kurzem Aufstieg den mittleren und südlichen Waalabschnitt begeht, und schließlich wieder nach Marling zurückkehrt. Dabei lohnt sich auch ein Abstecher zum bestens erhaltenen, reich ausgestatteten Schloss Lebenberg, das vom Waalweg aus in kurzem Aufstieg problemlos erreicht werden kann und schon vom äußeren Gesamtbild und von der aussichtsreichen Lage her besticht. Und wer nicht an einem Sonntag kommt, kann im Rahmen von regelmäßigen Führungen auch das sehenswerte Innere des Schlosses kennenlernen.

Wegverlauf: Von der Kirche in Marling (356 m, in der Nähe Parkplätze) auf der Anselm-Pattis-Straße kurz westwärts zu Straßengabel, hier rechts weiter und zunächst auf schmaler Straße und dann auf mittelsteilem Feldweg in 20 Minuten hinauf zum Waal (ca. 500 m, etwas weiter nördlich Einkehrmöglichkeiten). Nun links abdrehend auf dem ebenen Waalweg durch Wald, Obst- und Weingüter zum Gasthaus Waalheim und zur querenden Mitterterzer Straße (461 m), über die in wenigen Minuten zum Schloss Lebenberg aufgestiegen werden kann (sonntags geschlossen). Vor oder nach dem Schlossbesuch lohnt es sich, dem Waal bis zu seinem begehbaren Ende des Begleitweges zu folgen. Dann wieder zurück bis fast zum erwähnten Gasthaus Waalheim und rechts in wenigen Minuten hinunter nach Marling.

Höhenunterschied: 150 m

Gesamtgehzeit: 2 ½ Std.

Orientierung und Schwierigkeit: in jeder Hinsicht leicht und problemlos

Wanderkarten: Tappeiner 121, Meran und Umgebung, 1:25.000

Tipp

Schloss Lebenberg

Das Schloss Lebenberg, ein Stück über unserem Waalweg und hoch über Tscherms gelegen, besteht einerseits aus dem Bergfried und der alten Ritterburg, die im späten 13. Jahrhundert von den Herren von Marling, den nachmaligen Herren von Lebenberg, erbaut wurde. Der andere Teil umfasst die sogenannte untere Burg, die ab dem späten 15. Jahrhundert von den Herren Fuchs von Fuchsberg errichtet und kostbar ausgestattet wurde und seit 1925 von der Besitzerfamilie van Rossem mustergültig instand gehalten wird. Besondere Hervorhebung verdienen die Schlosskapelle, der Spiegelsaal, das Empirezimmer, prachtvolle Stuckdecken und sehenswerte Einrichtungsgegenstände.

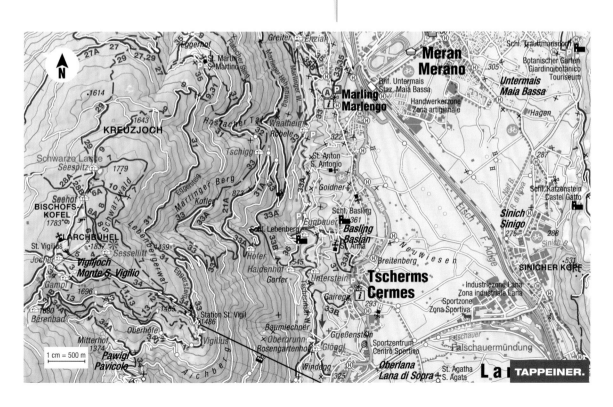

9

Von Tisens nach St. Hippolyt

Klassische Frühlingswanderung im Etschtal

Der ebenso schöne wie interessante Hügel von St. Hippolyt mit seinem Kirchlein

Der idyllische Narauner Weiher am Fuß des Hügels

Es gibt gleich mehrere Wege, über die man nach St. Hippolyt wandern könnte; so zum Beispiel jene von der Talsohle herauf oder von Völlan her, wir aber wählen dennoch den klassischen Wanderweg vom sonnigen Höhendorf Tisens her, der sich allgemeiner Beliebtheit erfreut.

Diese Route folgt zwar auch ein Stück der Straße, aber sonst führt sie größtenteils als schöner Wanderweg durch die freundliche Landschaft der Terrasse von Tisens, und auf dem Rückweg kommen wir auch am idyllischen Narauner Weiher vorbei. Dabei wechseln Grasinseln, Wiesen und von den Eiszeitgletschern gerundete Felspartien mit schattigen Waldbereichen und artenreichen Laubgehölzen.

Das Höhenkirchlein, das unseren eigentlichen Zielpunkt darstellt, wird 1286 erstmals urkundlich erwähnt und gehört teils noch der romanischen, teils der gotischen Bauepoche an. Das Innere des hübschen Sakralbaus ist allerdings weitgehend leer und bietet auch sonst keine Sehenswürdigkeiten, wie etwa Fresken oder besonders herausragende Bauelemente.

Aber dafür ist der Standort überaus schön und aussichtsreich, und außerdem auch von großer kulturgeschichtlicher Bedeutung. Denn durch zahlreiche archäologische Funde ist belegt, dass der ausgedehnte Hügel bereits seit der Jungsteinzeit mehr oder weniger kontinuierlich besiedelt war, und möglicherweise stand hier auch das Langobardenkastell Tesana, das bekanntlich im Jahre 590 von den Franken zerstört wurde.

Baulichkeiten aus grauer Vorzeit haben sich zwar nicht erhalten, wohl aber so manches sicherlich uralte Wegstück, an verschiedenen Stellen des Hügels teils kleine, teils recht ansehnliche Schalensteine sowie das nebenan vorgestellte Felsbild. Wer nicht nur Interesse an kulturgeschichtlichen Zeugnissen hat, findet auch in der weitgehend intakt gebliebenen Natur eine reiche und bunte Vielfalt an Sehenswertem, und das alles bedeutet, dass auch für diese Wanderung mehr an Gesamtzeit eingeplant werden sollte als nur die in der Wegbeschreibung angeführte reine Gehzeit.

Wegverlauf: Von Tisens (631 m) stets der Beschilderung „St. Hippolyt" folgend zunächst entweder auf dem Gehsteig der Hauptstraße oder auf einem etwas höher verlaufenden Parallelsträßchen nordwärts, dann am Dorfende rechts ab, auf breitem Weg zum „Gruberkeller", hier links auf dem alten Weg zuerst kurz ansteigend und dann nahezu eben bis fast zur Bogenbrücke der Gampenstraße. Nun kurz rechts hinauf zur Straße und nach deren Überquerung auf dem breiten Weg 5 teils eben, teils leicht ansteigend zur Kirche St. Hippolyt (758 m; ab Tisens gut 1 Std.). – Empfohlener Rückweg: Von der Kirche auf Weg 7 zunächst über Felsstufen und Gletscherschliffe westseitig hinab ins „Sautalele", hier links ab, am Narauner Weiher vorbei zur Bogenbrücke der Gampenstraße und auf dem beschriebenen Zugangsweg wieder zurück nach Tisens. Ab St. Hippolyt 1 Stunde.

Höhenunterschied: 140 m
Gesamtgehzeit: 2 Std.
Orientierung und Schwierigkeit: leicht und problemlos, der Abstieg ins Sautalele aber etwas steil und felsig
Wanderkarten: Tappeiner 107, Lana und Umgebung, 1:35.000

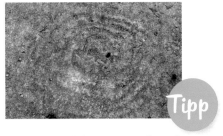

Tipp

Das Felsbild von St. Hippolyt

Am Weg zwischen dem Narauner Weiher und dem Kirchlein St. Hippolyt ist in den vom Eiszeitgletscher glattgescheuerten Felsboden eine leider kaum auffallende, aber dennoch bedeutende Felszeichnung eingetieft. Es handelt sich um eine ziemlich große, spiralförmige Zeichnung, deren Ausführung zwar an manche Felsbilder bei den untersten Sproser Seen oder auf dem Bildstein von Elvas erinnert und deren Form an verschiedenen prähistorischen Schlüsselstellen Europas wiederkehrt, aber in Südtirol doch einmalig ist und daher mehr Schutz und Beachtung verdienen würde, als ihr entgegengebracht wird.

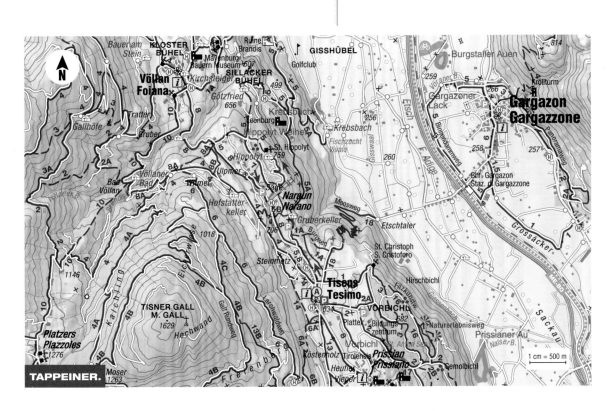

10

Ins zauberhafte Frühlingstal
Von Kaltern über Montiggl zum Kalterer See

Diese Wanderung führt uns in ein Gebiet, wo der Frühling besonders früh seine floristischen Schönheiten zur Schau stellt und wo dies auch in der schon längst eingebürgerten Gebietsbezeichnung zum Ausdruck kommt – nämlich im Frühlingstal, das wir von Kaltern her besuchen; wobei zu sagen ist, dass die hier vorgeschlagene Rundwanderung auch in Montiggl, am Kalterer See oder an der von Kaltern zum Kreithsattel führenden Straße angetreten werden kann.

Das Frühlingstal, dessen ursprünglicher Name Favion- oder Fabiontal lautet, zieht sich von Montiggl gegen den Kalterer See hinab und wird vom kleinen Angelbach durchflossen, dem Abfluss der Montiggler Seen.

Beiderseits des Wasserlaufs breiten sich Mischwälder aus mit Akazien, Rotbuchen, Fichten, Föhren, Weißtannen, Edelkastanien und artenreichem Gebüsch – ergänzt durch den immergrünen Mäusedorn mit seinen roten Beeren und durch die aus Amerika stammende Douglasie mit ihren tannenähnlichen, nach Orange duftenden Zweigen. Das alles macht das Frühlingstal zu einem der lieblichsten Naturbiotope Südtirols und zu einem der meistbesuchten, ganz besonders im Frühling.

Denn die Südexposition und die windgeschützte Lage bedingen ein besonders mildes Kleinklima, und so setzt hier die Blüte früher ein als im übrigen Land; und dies mit einer geradezu unglaublichen Intensität.

So verwandeln sich die Hänge unter den noch kahlen Laubbäumen bereits ab Ende Februar in wahre Blumenteppiche aus ungezählten Leberblümchen und Frühlingsknotenblumen, und schon bald darauf gesellen sich Primeln, Veilchen, Lungenkraut und die gelben Sterne des Scharbockskrautes hinzu.

Nach der Durchwanderung des eigentlichen Frühlingstales nehmen wir einen kleinen Umweg auf uns und machen einen Abstecher hinunter zum Kalterer See, dem größten See Südtirols, um schließlich über den „Seewanderweg" großteils durch Rebanlagen nach Kaltern zurückzukehren. Abschließend sei noch darauf hingewiesen, dass das Frühlingstal an schönen Sonntagen sehr stark besucht wird, weshalb man die Wanderung wenn möglich an einem Werktag unternehmen sollte.

Der idyllische Wanderweg durch das Frühlingstal

Ein Abstecher führt uns auch zum Kalterer See, dem größten Natursee Südtirols

Wegverlauf: Von der Kalterer Ortsmitte (426 m) zuerst kurz hinab zur Weinstraße und zum „Ritterhof", mit Markierung 5 („Mazzoner Wanderweg") auf dem Fahrweg hinüber zum Weinhügel „Mazzon"; nun auf dem Steig hinab in ein Tälchen, jenseits durch Wald mäßig steil hinauf, dann auf schmaler Straße nach Montiggl (494 m; ab Kaltem 1 ½ Std.) und weiterhin mit Nr. 5 kurz ostwärts zum Beginn des Frühlingstales. Nun auf dem Weg 20 in schöner Wanderung durch das kleine Waldtal leicht absteigend bis zu seinem Ende und der Beschilderung „Kalterer See" folgend auf breitem Forstweg und zuletzt teilweise kurz auf einer Straße zum Kalterer See (216 m). Schließlich der Beschilderung „Kaltern" und der Markierung 3 folgend teils auf schmaler Straße, teils abseits davon mäßig ansteigend zurück nach Kaltern.

Höhenunterschied: 210 m
Gesamtgehzeit: 3 – 4 Std.
Orientierung und Schwierigkeit: in jeder Hinsicht leicht und problemlos
Wanderkarten: Tappeiner 108, Weinstraße, 1:30.000

Tipp

Die Frühlingsknotenblume

Im Frühlingstal steht keine Blume so im Vordergrund wie die Frühlingsknotenblume. Diese zu den Amaryllisgewächsen gehörende Pflanze wird im Volksmund manchmal auch einfach Schneeglöckchen genannt. Doch von dieser nahen Verwandten unterscheidet sie sich durch die breitere Glockenform und die knötchenartigen grünen Spitzen an den weißen Blütenblättern. Wie der Name schon sagt, läutet die Frühlingsknotenblume den Frühling ein und bildet hier – zusammen mit den blauen Leberblümchen und den gelben Primeln – die einzigartigen Blumenteppiche, die das kleine Waldtal so berühmt gemacht haben.

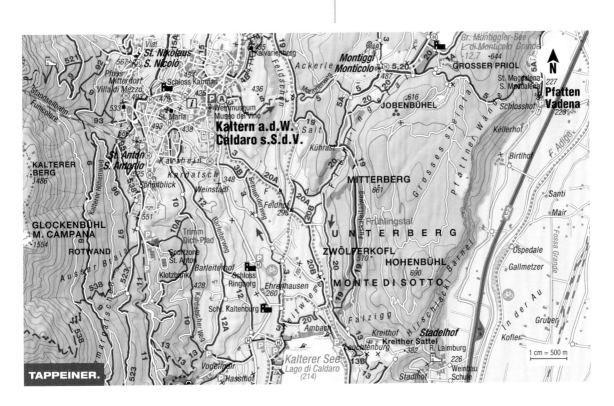

11

Der Eppaner Höhenweg

Beliebte Rundwanderung im Überetsch

Der Eppaner Höhenweg durchquert die zum Mendelkamm ansteigenden Mischwälder

Blick von Buchwald über Bozen hinweg zum Schlern

Ursprünglich bezeichnete der Begriff „Höhenweg" fast nur Verbindungswege zwischen Schutzhütten oben im Gebirge. Doch deren Beliebtheit hatte zur Folge, dass nach und nach auch Verbindungswege zwischen Almen und schließlich derartige, mehr oder weniger horizontal verlaufende Routen auch in noch tieferer Lage die Bezeichnung „Höhenweg" erhielten.

Eine dieser letztgenannten Routen ist der um 1957 angelegte Eppaner Höhenweg, der oberhalb des ausgedehnten Gemeindegebietes von Eppan in rund 1100 Meter Höhe durch Waldhänge, aber auch über Lichtungen und Wiesen führt und damit durch ein Gebiet, das seine Natürlichkeit und Ursprünglichkeit noch weitestgehend bewahrt hat. Er beginnt im Gebiet Matschatsch im Süden und endet bei Perdonig im Norden. Wir aber begnügen uns mit dem Südteil des Gesamtweges und treten bereits beim Gasthaus Buchwald die Rückkehr zum Ausgangspunkt an. Das ergibt eine immerhin gut vierstündige Runde.

Wir beginnen die Tour beim bekannten Gasthof Steinegger, der ein Stück oberhalb St. Michael liegt und von einem prächtigen Blauglockenbaum überragt wird. Von dort wandern wir hinauf ins erwähnte Gebiet von Matschatsch, wo uns der beliebte Eppaner Höhenweg aufnimmt und durch die von der Überetscher Kulturlandschaft zu den Dolomitfelsen des Mendelkammes ansteigenden Mischwälder führt. Am Wegrand blühen im Frühling neben Maiglöckchen auch Storchschnabel, Orchideen und manch andere Vertreter der artenreichen Überetscher Flora, weithin sichtbar blühen auch die Mannaesche und vor allem der herrliche Goldregen.

Unser Weg quert den steilen Furglauer Graben, wo die Dunkle Akelei wächst, wir folgen ein Stück einem Güterweg, durchqueren eine größere Lichtung, kommen an so manchem Aussichtspunkt mit Rastbank vorbei und beenden die Höhenwanderung schließlich beim erwähnten, inmitten blühender Wiesen liegenden Gasthaus Buchwald, wo sich eine umfassende Aussicht über das Bozner Becken hinweg bis zu den Dolomiten bietet.

Der Abstieg führt uns dann, an den unteren Buchwaldhöfen vorbei, durch die Mischwälder ziemlich gerade hinab, und schließlich kehren wir nach einer gut halbstündigen Querung auf breitem Wanderweg mit weitem Blick über das Eppaner Gebiet wieder zum Steinegger zurück.

Wegverlauf: Anfahrt von St. Michael/Eppan über den Ortsteil Pigeno hinauf zum Gasthof Steinegger (614 m; Parkmöglichkeiten). Von da nun zu Fuß auf dem Waldweg 7 hinauf in Richtung Matschatsch und zuletzt rechts auf Steig 9 empor zur sechsten Kehre („Micheler Kehre") der Mendelstraße (910 m; ab Steinegger knapp 1 Std.). Nun auf dem Eppaner Höhenweg (stets Nr. 9) die Waldhänge querend nordwärts zum Furglauer Graben, auf dem Höhenweg weiterhin durch Waldhänge zu den Wiesen von Buchwald und zum gleichnamigen Gasthaus (950 m; ab Höhenwegbeginn knapp 2 Std.). – Abstieg: Auf Weg 536 hinab zu den unteren Buchwaldhöfen, durch Wald etwas steil hinab bis zum breiten Weg 8 B (ab Buchwald ¾ Std.) und auf diesem in längerer Hangquerung südwärts zurück zum Gasthof Steinegger (ab Buchwald knapp 1 ½ Std.).

Höhenunterschied: ca. 350 m
Gesamtgehzeit: 4 – 4 ½ Std.
Orientierung und Schwierigkeit: für Gehgewohnte leicht und problemlos
Wanderkarten: Tappeiner 108, Weinstraße, 1:30.000

Tipp

Das Maiglöckchen

Entsprechend seinem Namen entfaltet das Maiglöckchen im Spätfrühling inmitten seiner großen, üppig wuchernden Blätter die zarten, schneeweißen, fein duftenden Blütenglöckchen. Es ist zwar nur eine der Blumenarten entlang des Eppaner Höhenweges, aber eine der hübschesten. Überdies ist sie nicht die einzige, die durch ihre Anmut besticht, aber gleichzeitig auch zu den besonders giftigen Pflanzen gehört (das gilt für die ganze Pflanze und auch später für die kleinen roten Beeren). Das sollte vor allem beachten, wer kleine Kinder bei sich hat. Ansonsten aber braucht es uns nicht weiter zu kümmern, denn wir pflücken die Blume nicht, und essen wollen wir sie schon gar nicht – der Anblick genügt und erfreut uns vollauf.

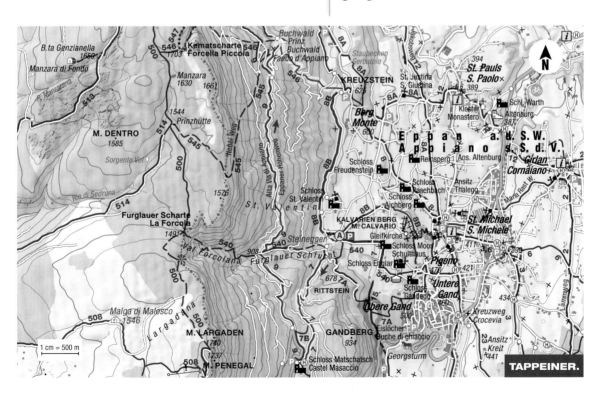

12

Zur Haderburg

Kurzwanderung zum Wahrzeichen von Salurn

Sie ist die südlichste Burg des Landes, die Haderburg bei Salurn, die seit etlichen Jahren einen neuen breiten Zugangsweg und im Innenhof auch eine von Mittwoch bis Sonntag geöffnete Burgschenke erhalten hat.

Wenn im Titel vom Wahrzeichen Salurns die Rede ist, so könnte man auch den Kirchturm mit dem Treppengiebel oder den nahen Wasserfall als solche bezeichnen, aber die so abenteuerlich in die Steilfelsen hinaufgebaute Burganlage ist halt doch die eindrucksvollste Sehenswürdigkeit von Salurn.

Dass wir mit der Wanderung angesichts ihrer Kürze auch einen Bummel durch die malerischen und baulich zum Teil sehr sehenswerten Gassen von Salurn verbinden, versteht sich von selbst. Von der stattlichen Ortschaft spazieren wir jedenfalls ein Stück südwärts und kommen schon bald zum genannten breiten, mit Holzgeländern versehene Weg, der die Burg von Norden her erschließt und fast den Charakter einer Promenade aufweist. Er ersetzt den einstigen abschüssigen Pfad auf der Südseite.

So wandern wir, die leichte Steigung kaum wahrnehmend, in weit ausholenden Serpentinen durch dichten Laubwald, dessen Blätterdach angenehmen Schatten spendet. Doch dann und wann öffnet sich auch ein „Laubfenster" und wir blicken hinauf zu unserem Ziel, das wir nach kaum halbstündigem Aufstieg denn auch schließlich erreichen.

Die bereits 1222 als tirolisches Lehen der Edlen von Salurn erstmals urkundlich erwähnte, im 16. Jahrhundert stark erweiterte, aber seit dem 17. Jahrhundert zur Ruine gewordene Haderburg krönt weithin sichtbar einen mächtigen Felspfeiler, der den aus Mendeldolomit aufgebauten Ostwänden der Salurner Klause vorgelagert ist.

Unser Weg führt zum oberen Bereich der Burg, von wo man über Treppen einerseits zur Gastschenke im Burghof absteigen kann und andererseits hinauf zur eigentlichen Hochburg gelangt, wo der mächtige Bergfried aufragt.

Dabei beeindrucken die Rondelle ebenso wie die großen Fensteröffnungen des einstigen Rittersaales und die schlanken Schwalbenschwanzzinnen. Und wir blicken nicht nur aus der Vogelperspektive hinunter auf Salurn, sondern überschauen auch das gesamte Südtiroler Unterland.

Die Haderburg von unserem Weg aus

Der Bergfried der Haderburg

Wegverlauf: Von Salurn (224 m) durch die Trientstraße oder, vom oberen Dorfbereich aus durch die Mozart- und die Gelministraße südwärts, bis kurz vor dem Festplatz linker Hand am Nordende eines Hauses bei entsprechenden Wegweisern der mit Holzgeländern versehene, promenadenartige Wander- und Zubringerweg abzweigt; auf diesem nun durchwegs nur leicht ansteigend in Serpentinen durch Buschwerk hinauf zur Burg (ca. 350 m; die Burgschenke ist von Mittwoch bis Sonntag geöffnet; ab Salurn ca. ¾ Std.) – Der Abstieg und die Rückkehr nach Salurn erfolgen auf der beschriebenen Route.

Höhenunterschied: ca. 125 m
Gesamtgehzeit: 1 – 1 ½ Std.
Orientierung und Schwierigkeit: in jeder Hinsicht leicht und problemlos
Wanderkarten: Tappeiner 108, Weinstraße, 1:30.000

Tipp

Die Dunkle Akelei

Da ihre Blüten nicht leuchtend rot, gelb, weiß oder blau sind, fällt die Dunkle Akelei – der wissenschaftliche Name lautet *Aquilegia atrata* – zwar weniger auf als andere Blumen, aber sie gehört dennoch zu den schönsten Arten unserer Flora. Am Aufstieg zur Haderburg blüht sie im Frühjahr so zahlreich, dass man sie als Charakterblume dieses Weges bezeichnen kann. Selbstverständlich kennt man sie auch drüben am Mendelkamm und in den Dolomiten, doch in jenen weiten Teilen Südtirols, wo das sogenannte Urgestein vorherrscht, ist sie eine große Seltenheit und damit auch weitgehend unbekannt.

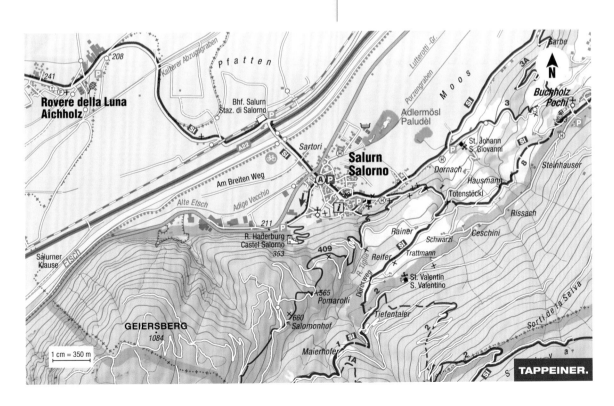

13

Kastelazweg und St. Jakob

Rundwanderung mit Kunstgenuss bei Tramin

Diese Rundwanderung, die im bekannten Weindorf Tramin ihren Ausgangs- und Endpunkt hat, führt durch eine naturnahe Landschaft, aber auch durch Weingüter und an einem weithin sichtbaren sakralen Kulturdenkmal vorbei.

Nachdem wir von Tramin, dessen freskenreiche Pfarrkirche mit ihrem fialenbesetzten, gut 80 Meter hohen Glockenturm zu den prächtigsten gotischen Sakralbauten Südtirols zählt, in kaum halbstündigem Aufstieg die Häusergruppe St. Jakob auf Kastelaz erreicht haben, betreten wir das aus einem gotischen und einem romanischen Teil bestehende Kirchlein und haben hier einen in mehrfacher Hinsicht bedeutenden Freskenschmuck vor uns. Dabei versetzen uns schon die gotischen, um 1440 geschaffenen Wandmalereien bei eingehender Betrachtung in fast ehrfurchtsvolles Staunen, aber noch mehr gilt dies beim Betrachten der weit über die Landesgrenzen hinaus berühmten romanischen Fresken (siehe dazu Tipp zu den sogenannten „Bestiarien").

Nach diesem Kunsterlebnis umrunden wir den Kastelazbühel, der ebenfalls unsere Aufmerksamkeit verdient. Heute steht auf dem malerischen, von Zypressen und Rebanlagen beherrschten

Hügel ein Wohnhaus, doch wie wir aus einer Urkunde aus dem fernen Jahr 1214 wissen, besaßen die Einwohner von Tramin dort eine eigene Burganlage. Allerdings wurde sie um 1350 im Rahmen kriegerischer Auseinandersetzungen gebrochen und verschwand im Lauf der Zeit von der Bildfläche – nur die auffallenden Buckelquadern, die den Sockel des mächtigen Traminer Pfarrturms bilden, sollen noch von der einstigen Burg stammen.

Vom Sattel, der den Kastelazhügel mit dem Hinterland verbindet, setzen wir unsere Wanderung fort und folgen der schönen Kastelazpromenade quer durch die Wald- und Gebüschhänge südwärts bis zur Kreuzung mit dem sogenannten Lochweg, einer uralten Verbindung zwischen Tramin und Graun. Der Weg ist nach dem „Grauner Loch" benannt, einer kleinen Schlucht hoch oben am Berg, die den Durchstieg zur Grauner Hochebene vermittelt.

Bei der erwähnten Kreuzung verlassen wir die Kastelazpromenade und folgen beim Abstieg dem unteren Teil des besagten Lochweges. Dabei treten wir schon bald vom Wald hinaus in das offene Gelände der Reben, um dann mit dem Blick auf Tramin und über das Etschtal neben Trockenmauern wieder nach Tramin zurückzukehren.

Blick von unserem Weg auf Tramin; im Hintergrund die schneebedeckte Sarner Scharte

Der malerische Kastelazhügel, der einst eine Burg trug

44

Wegverlauf: Von den Parkplätzen in Tramin (ca. 260 m) kurz hinauf zum Hauptplatz, von dort rechts durch die Hans-Feur-Straße bis zum Café Obermaier, links abzweigend durch die Julittagasse ein Stück hinauf und dann wieder links auf dem Kirchsteig über viele Stufen hinauf nach St. Jakob (350 m; ab Ausgangspunkt gut ½ Std.; Gaststätte; die Jakobskirche ist meist tagsüber geöffnet). − Dann der Beschilderung „Spazierweg Kastelaz" folgend auf breitem Weg leicht ansteigend zum Sattel hinter dem Kastelazhügel (390 m), auf der breiten Kastelazpromenade teils eben, teils leicht auf und ab in schöner Wanderung bis zum querenden Lochweg (verschiedene Wegweiser), auf diesem links ab, durch Buschwald und Rebanlagen hinab zum Südrand von Tramin und durch das Dorf zurück zum Ausgangspunkt.

Höhenunterschied: ca. 150 m
Gesamtgehzeit: 2 ½ Std.
Orientierung und Schwierigkeit: leicht und problemlos
Wanderkarten: Tappeiner 108, Weinstraße, 1:30.000

Tipp

Die Fresken von St. Jakob

Das schlichte Äußere des Jakobskirchleins könnte dazu verleiten, achtlos daran vorbeizugehen, doch das sollte man nicht. Denn ähnlich wie die Traminer Pfarrkirche birgt auch St. Jakob reichen Freskenschmuck, der keineswegs nur den Kunstinteressierten beeindruckt. Von diesem sind in erster Linie die romanischen, aus dem frühen 13. Jahrhundert stammenden Wandgemälde zu nennen, wobei die sogenannten Bestiarien mit rätselhaften Fabelwesen wegen ihrer Einzigartigkeit weit über die Landesgrenzen hinaus berühmt sind. Beachtung verdienen aber auch die gotischen Fresken und hier insbesondere die von einem gewissen Ambrosius, einem Gehilfen des Meisters Hans von Bruneck, um 1440 geschaffenen Prachtgemälde.

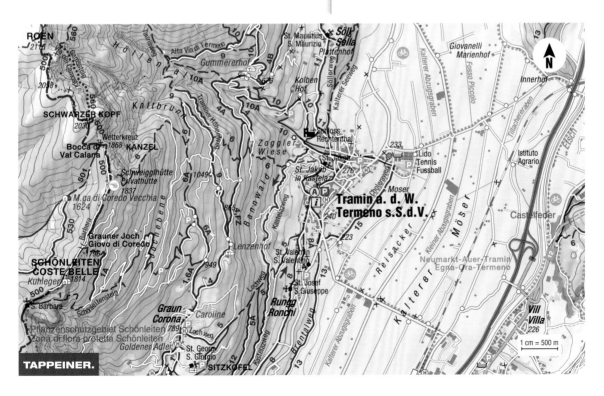

14

Von Altrei zur Krabesalm

Rundwanderung im Naturpark Trudner Horn

Um die Krabesalm zu besuchen, muss man nicht erst den Sommer abwarten, es kann ohne weiteres bereits ein schöner Tag im Mai sein. Mag auf den Bergen noch Schnee liegen, auf der Krabesalm und auf dem Weg dorthin erleben wir bereits einen herrlichen Bergfrühling. Denn diese Alm liegt nur 1540 Meter hoch und damit im Vergleich zu den meisten anderen Südtiroler Almen recht niedrig, außerdem sind ihre Wiesenhänge südexponiert und damit sehr sonnig. Und schließlich liegt unsere Alm nicht irgendwo im rauen Norden Südtirols, sondern ganz im Süden, nämlich bereits auf der Sonnenseite des Cembratales.

So grünt es hier oben schon früh, und Schwefelanemonen, Schlüsselblumen, Enziane, Orchideen und andere farbige Wunder blühen um die Wette vor den noch tief verschneiten Gipfeln der Lagoraikette auf der gegenüberliegenden Seite des Cembratales.

Hinzu kommt als erfreulicher Umstand, dass die prächtig im oberen Teil einer großen Bergwiese befindliche Almschenke bereits mit dem Beginn des Wonnemonats ihre Tore öffnet – und bis Allerheiligen gastgewerblich bewirtschaftet bleibt – und damit willkommene Einkehrmöglichkeit bietet.

Als Ausgangspunkt für die Wanderung zur Krabesalm könnte man auch das oberhalb Montan gelegene Bergdorf Truden wählen, aber für eine Frühlingswanderung ist der sonnenseitige Weg von Altrei herauf doch empfehlenswerter, auch wenn damit eine etwas längere Anfahrt verbunden ist.

Außerdem bietet sich so die für manche vielleicht seltene Gelegenheit, das zwar ziemlich entlegene, aber sehenswerte, von blühenden Wiesen und Obstbäumen umgebene Dorf Altrei mit seiner malerischen Bausubstanz und der weiten Aussicht einmal näher kennenzulernen.

Unser Wandergebiet liegt im Naturpark Trudner Horn, und das heißt, dass uns viel unberührte Natur umgibt, sei es in Form ausgedehnter Mischwälder, sei es in Form blühender Bergwiesen, Lichtungen und Moore. Es heißt aber auch, dass hier dank der Tätigkeit der Naturparkverwaltung die Wege bestens instandgehalten sind, so dass unsere Rundwanderung zwar etwas Ausdauer, aber sonst keine besonderen alpinistischen Voraussetzungen erfordert.

Die Krabesalm,
unser Wanderziel

Blick auf Altrei,
vom ersten Teil
unseres Weges aus

Wegverlauf: Vom Dorf Altrei (1222 m, Anfahrt hierher von Auer oder Neumarkt über Kaltenbrunn und St. Lugan) der Markierung 5 folgend zuerst kurz durch Wiesen und dann im Wald hinauf zu Wegteilung, hier links weiter und dann stets der Markierung 6 folgend durch die Waldhänge hinauf zur Krabesalm (1540 m; ab Altrei 1 ½ Std.). – Empfohlener Abstieg: Von der Krabesalm auf dem Waldweg 9 nahezu eben, an der Pausa-Alm vorbei, hinüber zum schmalen bewaldeten Ziss-Sattel (1439 m; Wegkreuz und Wegweiser; ab Krabesalm knapp 1 Std.), hier links ab und der Beschilderung „Altrei" folgend auf dem breiten Weg 3 in großteils nur mäßig absteigender Querung der Waldhänge zurück nach Altrei (ab Ziss-Sattel ca. 1 ½ Std.).

Höhenunterschied: 318 m

Gehzeit: ca. 4 Std.

Orientierung und Schwierigkeit: für gehgewohnte Wanderer leicht und problemlos

Wanderkarte: Tappeiner 108, Weinstraße, 1:30.000

Tipp

Die Mönchsgrasmücke

Der zweite Teil des Namens ist irreführend, denn es handelt sich nicht um eine Mücke, sondern um einen Vogel. Der erste Teil hingegen stimmt: Die „Haartracht" erinnert tatsächlich an die eines Mönchs. Es bedarf zwar einiger Geduld, um den kleinen, unruhigen Vogel mit dem wissenschaftlichen Namen *Sylvia atricapilla* zu erspähen, dafür aber ist sein scharfer, schmetternder Gesang nicht zu überhören. Und mag die Mönchsgrasmücke auch nicht nur hier im Naturpark Trudner Horn vorkommen, so gehört sie mit ihren lustigen „Mönchsfrisuren" – beim Männchen schwarz, beim Weibchen rostbraun – und dem markdurchdringenden Gesang zweifellos zu den eigenwilligsten Vertretern unserer Vogelwelt.

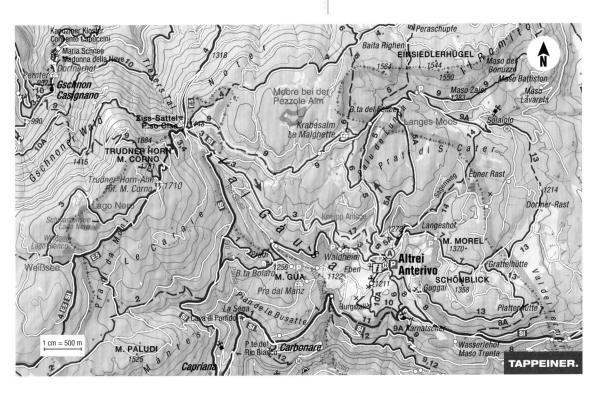

15

Zum Schloss Runkelstein

Bozner Rundwanderung mit Einbeziehung der Oswaldpromenade

Unser Wanderziel am Eingang ins Sarntal: Schloss Runkelstein, die berühmte „Bilderburg" bei Bozen

Der zum Schloss Runkelstein führende Pflasterweg

Das Ziel unserer Wanderung ist Schloss Runkelstein, das nördlich von Bozen auf einem Felssporn aus Porphyr thront und sich als gut erhaltene Ritterburg mit Gastschenke allgemeiner Wertschätzung erfreut, zumal der Zugang nur kurz ist und sich daher auch für weniger Gehtüchtige oder Wanderfreudige eignet. Die Burg wurde um 1237 von den Herren von Wangen erbaut und bestand zunächst nur aus dem Palas, einem Bergfried und dem Mauerbering. Als Besitzer folgten im späten 14. Jahrhundert die Vintler von Bozen, und nach wechselnden Belehnungen schenkte Kaiser Franz Joseph, 1893 schließlich die Burg der Stadt Bozen, die besonders in neuerer Zeit umfangreiche Restaurierungsarbeiten durchführen ließ. Die Hauptattraktion der Burg sind die Wandmalereien auf der Hofseite des sogenannten Sommerhauses und in dessen Innenräumen sowie im langgezogenen Westpalas. Es waren die reichen Brüder Vintler, welche die Burg ab 1385 erweiterten und von verschiedenen Künstlern mit den Wandmalereien versehen ließen. Und Kaiser Maximilian I. ließ die Gemälde um 1510 restaurieren und teilweise ergänzen.

Die Anlage selbst besteht aus dem eindrucksvollen Torwerk, dem stattlichen Westpalas, der auch das Bild zur Sarntaler Straße hinunter bestimmt, dem Sommerhaus im Norden sowie dem Ostflügel mit der Burgschenke; und mittendrin liegt der malerische Innenhof mit dem Gastgarten.

Nach dem Erlebnis, das die Besichtigung der Burg bietet, folgen wir jenem Verbindungsweg, der uns zur bekannten Oswaldpromenade führt, einem der beliebtesten Spazierwege im Bozner Raum. Sie bietet Tiefblicke auf die Bozner Altstadt und schöne Ausblicke zur Rosengarten- und Latemargruppe. Flaumeichen, Zedern, Zypressen, Opuntien und andere Pflanzen säumen den Weg. Die nach dem Bozner Stadtteil St. Oswald benannte Promenade wurde im westlichen Abschnitt 1908 von der Bozner Stadtverwaltung angelegt und 1937 bis nach St. Magdalena verlängert. An den Gönner Carl Ritter von Müller (1821-1909), der den Bau finanziell unterstützt hatte, erinnert ein Gedenkstein.

Über den genannten westlichen Abschnitt – in dem die bekannten „Wilden Männer", zwei bizarre Felsgestalten aus Porphyrkonglomerat stehen – queren wir die Hänge bis zum Müllerdenkmal und steigen schließlich wieder ins Tal ab. So bietet sich die Möglichkeit zu einer schönen Rundwanderung.

Wegverlauf: Anfahrt (oder zu Fuß) von der Bozner Altstadt in Richtung Sarntal bis nach St. Anton und zum Parkplatz am Beginn des Burgweges (ca. 300 m). Nun auf dem mittelsteilen Pflasterweg in ca. 15 Minuten hinauf zur Burg Runkelstein (361 m; Gastschenke). – Rückweg für gehfreudigere Wanderer: Vom Schloss den Wegweisern „St. Oswald" folgend auf breiten Wanderwegen in längerem Auf- und Abstieg (höchste Wegstelle etwa 550 m) quer durch die Hänge hinüber zur Oswaldpromenade (400 m, Müller-Denkmal), auf dieser scharf rechts abbiegend westwärts zu den „Wilden Männern", schließlich in Serpentinen hinunter nach St. Anton, hier dem Wegweiser „Runkelstein" folgend zur St.-Anton-Brücke und nach deren Überquerung auf dem Rad- und Wanderweg talein zum Ausgangspunkt (ab Runkelstein 1 ½ – 2 Std.).

Höhenunterschied: ca. 250 m

Gesamtgehzeit: 2 – 2 ½ Std.

Orientierung und Schwierigkeit: für gehgewohnte Wanderer leicht und problemlos

Wanderkarten: Tappeiner 123, Bozen und Umgebung, 1:25.000

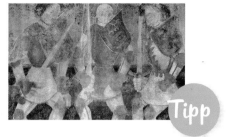

Tipp

Die Runkelsteiner Fresken

Schloss Runkelstein am Eingang ins Sarntal ist nicht nur gut erhalten, sondern gilt vor allem als Burg mit dem größten profanen Freskenschmuck des Mittelalters. Bei Wandmalereien aus dem späten 14. Jahrhundert handelt es sich vorwiegend um Darstellungen aus der deutschen Heldendichtung. Im sogenannten Sommerhaus bestaunen wir die Bildzyklen der Triaden, jene der Garel-Sage sowie des Tristan-Epos – dieser Zyklus führt in 15 Bildern die bekannte Liebesgeschichte von Tristan und Isolde vor Augen –, während Reste aus dem Wigalois-Epos sowie Szenen aus dem höfischen Leben im Westtrakt erhalten sind.

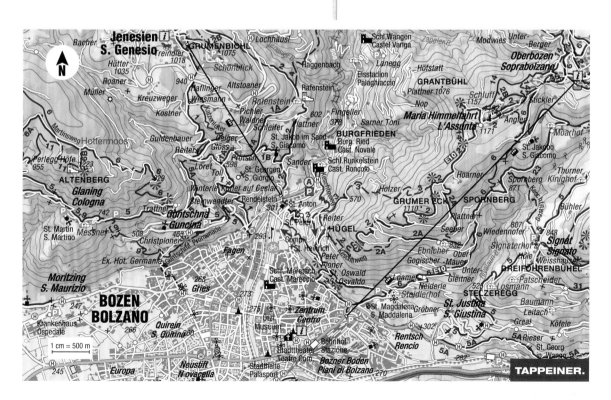

16

Frühlingswanderung im Sarntal

Der Südteil des beliebten Talrundweges

*Der Sarner Tal-
rundweg mit Blick
auf Sarnthein und
seine Umgebung*

*Das ostseitig über
Sarnthein thronen-
de Schloss Reinegg,
von unserem
Talrundweg aus,
der nahe der Burg
vorbeiführt*

Mit dem Sarntaler Hauptort in der Mitte verläuft der vor einigen Jahren geschaffene Sarner Talrundweg zwischen den Bereichen von Bad Schörgau im Süden und Astfeld im Norden. Die dank der einheitlichen Beschilderung und Markierung orientierungsmäßig problemlose Begehung ist eine immerhin rund fünf- bis sechsstündige Tour, die aber auch beliebig abgekürzt werden kann, wobei die Aufteilung gern in den Abschnitt Süd und den Abschnitt Nord erfolgt, da beide Teile jeweils eine in sich geschlossene Rundwanderung ermöglichen. Während wir uns den nördlichen Teil für den Herbst vormerken wollen, wählen wir für unsere Frühlingswanderung den südlichen Teil, wobei die Runde auch Alternativen zulässt. So kann man, um die Rundwanderung noch stärker abzukürzen, von Sarnthein nicht auf dem oberen, eigentlichen Talrundweg, sondern im Talgrund nach Bad Schörgau wandern, und wer sich entlang der Wanderung doch für die Begehung des gesamten Weges entschließen sollte, kann vom Schloss Reinegg anstatt abzusteigen auf dem nördlichen Talrundweg bis nach Astfeld wandern und von dort auf der Westseite des Tales nach Sarnthein zurückkehren.

Wie der Talweg Nord verläuft auch die von uns begangene südliche Runde großteils in geringer Höhe über dem Talboden durch die Hänge, da und dort senkt sich die Route aber auch bis in die Talsohle ab oder steigt etwas höher hinauf. Insgesamt handelt es sich um eine Folge recht unterschiedlicher Wegarten, wobei sich ebene Strecken mit etwas steileren abwechseln. Wir wandern teils durch harzduftenden Nadelwald, teils durch blühende Wiesen mit weit verstreuten Höfen.

So bieten sich Ausblicke über das Tal, man überschaut Sarnthein und die Streuweiler rundherum, auf der einen Seite grüßen die Porphyrwände der Sarner Scharte zu uns herab und auf der anderen die sagenumwobenen Stoanernen Mandln.

Und schließlich kommen wir kurz vor der Rückkehr nach Sarnthein am beherrschenden Schloss Reinegg vorbei. Das Innere der bestens erhaltenen, im 13. Jahrhundert von den Grafen von Eppan erbauten Burg ist zwar nicht zugänglich, aber allein schon ihr Äußeres ist sehr beeindruckend und bezeugt baulich die besondere Bedeutung, welche die Eppaner Grafen als Gegenspieler der Grafen von Tirol einst besaßen.

Wegverlauf: In Sarnthein (961 m) kurz westwärts hinan zu Straßenteilung mit Wegweisern, dann links stets
der Beschilderung „Talrundweg" und der Markierung 18
folgend zum südlichen Dorfrand, nun zuerst auf Höfestraße und dann auf Fußwegen durch Wiesen und Wald
leicht ansteigend zu einer Flachstrecke des Weges und
schließlich hinunter zum Gasthof Bad Schörgau (935 m;
ab Sarnthein gut 1 Std.). Von da weiterhin der genannten
Beschilderung und Markierung folgend hinüber zur Talstraße, auf dieser kurz talaus, nach deren Überquerung
durch Wiesen und Wald nordwärts zum Streuweiler Steet,
auf Höfestraße hinan zum Geländerücken mit der Burg
Reinegg (1098 m) und auf Weg 3 (Wegweiser „Sarnthein")
teilweise über Stufen hinunter nach Sarnthein (ab Bad
Schörgau gut 1 Std.).

Höhenunterschied: knapp 150 m
Gesamtgehzeit: 2 – 2 ½ Std.
Orientierung und Schwierigkeit: für gehgewohnte
Wanderer leicht und problemlos
Wanderkarten: Kartenset Hufeisentour 153, 1:30.000

Tipp

Der Wendehals

Er gehört zu den mancherorts gefährdeten Vogel-
arten, aber hier in Südtirol ist sein unverkennbares
„Guis-Guis-Guis" im Frühling nicht gerade selten
zu hören; und so begegnete er uns auch am Sarner Talrundweg. Oft sitzt er hoch oben auf einem
Laubbaum und ist da kaum auszumachen, aber mit
einigem Glück kann man ihn auch in Bodennähe
erspähen, und da zeigt sich, welch außergewöhn-
licher Vogel er ist – mit seiner schlanken Gestalt,
seiner rindenartigen Zeichnung und seinen Kopf-
drehungen, die ihm den Namen gegeben haben.

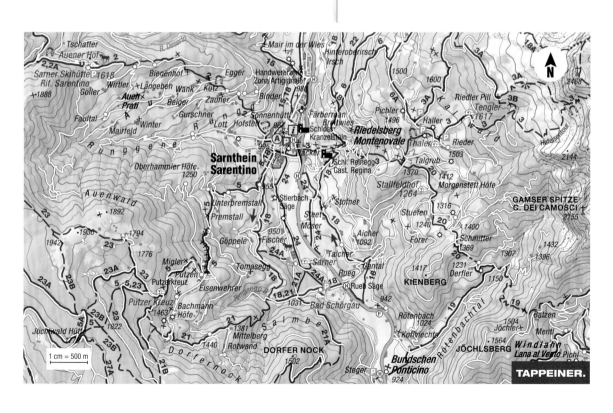

17

Auf den Tschafon

Wanderung im Anblick des Rosengartens

Zwischen der Völser Gegend und dem Tierser Tal erhebt sich der Tschafatschkamm, ein kleiner Bergzug, der im Westen mit dem weithin sichtbaren Tschafon endet, einem markanten, teils bewaldeten, teils felsigen Gipfel.

Man könnte den Tschafon auch von Völs oder Ums sowie vom Dorf Tiers herauf besteigen, der kürzeste und beliebteste Weg aber beginnt unweit des Hotels Weißlahnbad im innersten Tierser Tal. Diesen klassischen Tschafonweg schlage ich hier vor. Er eignet sich auch für nicht übermäßig gehtüchtige Wanderer und bietet sich bereits im Spätfrühling als Bergwanderziel an.

Auf ebener Häuserzufahrt und nur leicht ansteigendem Forstweg wandern wir zunächst zum sogenannten Wunleger, einer ausgedehnten, waldumrahmten Bergwiese, deren Name mit dem Wunhof in Tiers in Zusammenhang steht.

Dann verlassen wir das Gebiet der Wiesen und unser Weg führt durch teils dichten, teils schütteren, aus Fichten, Lärchen, Föhren und Latschen bestehenden Bergwald, in dem kleine felsige Lichtungen ab und zu freie Prachtblicke zu Rosengarten und Latemar bieten. Hier blüht im Frühjahr die Felsenbirne, während im Unterwuchs neben Erika

Blick von der Tschafonhütte zum Rosengarten

Das Wetterkreuz auf der Völsegger Spitze

und Rauschbeere vor allem das Steinrösl mit seinen duftenden Blütenköpfen das Bild beherrscht. Plötzlich betreten wir dann die große Bergwiese mit der Tschafonhütte, die schon früh ihre Tore öffnet. Die bekannte und beliebte Hütte wurde 1912 von einem Franz Pattis erbaut. Doch die ausgiebige Rast hier sparen wir uns auf später auf und streben gleich dem Tschafon zu. Denn von seinem Gipfel trennen uns nur noch rund 20 Gehminuten, die auf einem anfangs flachen und später mittelsteilen, aber unschwierigen Waldweg zurückgelegt werden.

Der Tschafongipfel, der nach der gerade darunter liegenden Hofstätte und einstigen Burg Völsegg auch Völsegg- oder Völsegger Spitze genannt wird, ist zwar großteils bewaldet, aber es gibt im Bereich des flachen Gipfelplateaus auch kleine Lichtungen, und von dort bietet sich eine ganz besonders schöne und weitreichende Aussicht – eine Aussicht, die den Bozner und Völser Raum sowie andere große Teile Südtirols umfasst und die wohl auch schon jene Urzeitmenschen beeindruckt haben dürfte, die – wie Scherbenfunde belegen – bereits vor rund 3000 Jahren den Tschafon besucht haben.

Wegverlauf: Von den Parkplätzen im innersten Tierser Tal (1179 m) der Markierung 4 A folgend zunächst auf ebenem Sträßchen zu letzten Häusern, dann auf breitem Forstweg leicht ansteigend zum erwähnten Wunleger (1402 m) und schließlich auf Weg 4 stärker ansteigend durch Wald und über felsige Blößen hinauf zur Tschafonhütte (1728 m; 1½ Std.). Von dort auf markiertem und beschildertem Fußweg zunächst fast eben oder nur leicht ansteigend durch den Wald westwärts und zuletzt steiler mit ein paar Kehren über felsdurchsetztes Waldgelände empor zum flachen Boden der Völsegger Spitze mit dem vor Jahren anstelle des früheren einfachen Gipfelkreuzes errichteten mehrbalkigen Wetterkreuz (1834 m); ab Hütte 20 Minuten. − Abstieg: über den beschriebenen Anstiegsweg in knapp 1½ Std.

Höhenunterschied: 655 m
Gesamtgehzeit: 3 ½ Std.
Orientierung und Schwierigkeit: für gehgewohnte Wanderer mit festem Schuhwerk und etwas Bergerfahrung leicht und problemlos
Wanderkarten: Tappeiner 120, Rosengarten−Latemar, 1:25.000

Tipp

Die Eulen vom Tschafon

Ob lebend oder als Kunstwerk, ob in Athen oder anderswo − Eulen, und hier insbesondere die Sippe der Käuze, gehören zu jenen Tieren, die wir Menschen als besonders sympathisch empfinden. Leider bekommt man aber nur höchst selten eines der possierlichen Tiere in freier Wildbahn zu Gesicht. Doch wenn man ihnen schon nicht in natura begegnet, dann zumindest als Kunstwerk, hat man sich oben am Tschafon gesagt. Und so hat der Bildhauer Robert Winkler aus Aicha unweit der Tschafonhütte jene reizende, meisterhaft aus einem Baumstamm geschnitzte Käuzchengruppe geschaffen, die Groß und Klein, Jung und Alt in ihren Bann zieht.

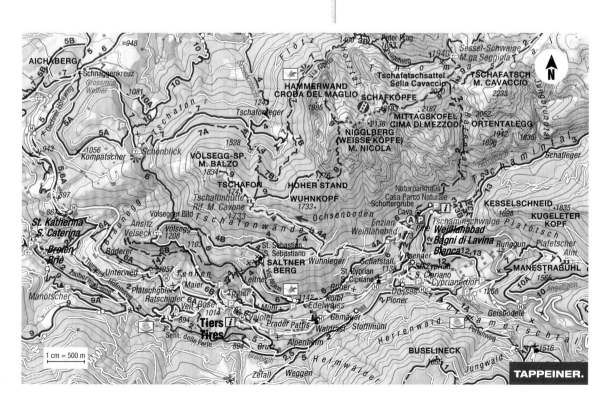

18

Nach Bad Dreikirchen

Rundwanderung durch die Wiesen und Wälder von Barbian

*Bad Dreikirchen,
im Hintergrund das
Gebiet von Lajen
unter der Raschötz*

*Unser Abstieg
mit Blick auf die
Trostburg*

Die drei kleinen Bergkirchen, der gleichnamige Gasthof, der einst auch das Heilbad enthielt, ein Wohnhaus und wenige Schritte entfernt das Gasthaus Messnerhof (ursprünglich Mesnerhof), rundherum ausgedehnte Wiesen und der Blick über das mittlere Eisacktal bis zum Peitler und zum Langkofel – das ist Dreikirchen.

Zu Dreikirchen gehören auch einige zum Teil sehenswerte Sommerfrischhäuser in der Umgebung und natürlich die ausgedehnten Wälder, die das Ganze umrahmen. Und dazu gehören auch die teilweise noch ursprünglich erhaltenen Wege von Barbian und Villanders herauf. Doch das ganz besondere Glanzstück und eine kunsthistorische Sehenswürdigkeit sind die drei Kirchen. Bestechen sie außen durch ihre malerische Architektur und durch ein großes Christophorusbild aus dem 15. Jahrhundert, so sind im Inneren zwei gotische Flügelaltäre (Magdalenenkirche und Nikolauskirche, Letzterer Hans Klocker zugeschriebene), ein reizender Barockaltar sowie reiche gotische Fresken aus der Brixner Schule zu bewundern. Die Wandmalereien stammen aus dem frühen und späten 15. Jahrhundert, die gotischen Schnitzaltäre wurden um 1500 geschaffen.

Dreikirchen war früher vor allem als Heilbad bekannt. Das Wissen um die Heilkraft der beiden alkalisch-salinischen und einer radioaktiven Quelle scheint sehr alt zu sein, jedenfalls ist hier schon 1315 ein Hospiz für Reisende und Pilger schriftlich erwähnt. Noch früher allerdings, 1237, ist die der hl. Gertraud geweihte Kirche urkundlich fassbar, während die anderen beiden Kirchen 1315 bzw. 1422 erstmals genannt werden.

Wir wählen Barbian mit seinem „schiefen Turm" als Ausgangspunkt und folgen einem Weg, der schon bald durch aussichtsreiche Wiesen ansteigt und auch noch ein Stück weit die alte Steinpflasterung aufweist. Und dann geht es lange durch den Nadelwald, dem eingestreute Kastanien, Eichen und andere Laubgehölze sein freundliches Gepräge verleihen, in großteils nur mäßigem Anstieg und manchmal sogar eben hinauf nach Dreikirchen.

Für den Abstieg bietet sich ein überaus hübscher Höhenweg an, dem eine Höfezufahrt und schließlich wieder der im Aufstieg benützte Weg folgen. So wird aus unserem Besuch von Dreikirchen eine geschlossene, zwei- bis dreistündige Rundwanderung für Alt und Jung, die man wohl zu den lohnendsten Routen des Eisacktals zählen darf.

Wegverlauf: In Barbian (830 m; Straße von Waidbruck herauf) gleich oberhalb der Kirche ein Stück der Rosengartenstraße folgend zu links abzweigendem Sträßchen (Wegweiser), auf diesem mit Markierung 3 hinauf zum Dorfrand und durch Wiesen weiter ansteigend zu Wegkreuzung. Ab nun der Markierung 11 folgend (Beschilderung „Dreikirchen") auf gutem Waldweg zum Sportplatz, weiter zu ersten Wiesen und Häusern und zu den drei Kirchen (1123 m; zwei Gastbetriebe; beim nahen Gasthaus Messnerhof die Schlüssel für die Kirchen erhältlich; ab Barbian knapp 1 ½ Std.). – Abstieg: Ganz kurz zurück zu Weggabel, rechts auf Weg 4 kurz hinüber zum Weg 6, nun stets auf diesem durch Wald und Lichtungen zum Weg 3 und auf diesem (teilweise Höfestraße, zuletzt wie im Aufstieg) hinunter nach Barbian (ab Dreikirchen ca. 1 ½ Std.).

Höhenunterschied: 477 m
Gesamtgehzeit: ca. 3 Std.
Orientierung und Schwierigkeit: für gehgewohnte Wanderer leicht und problemlos
Wanderkarten: Tappeiner 132, Ritten und Umgebung, 1:25.000

Das Innere von Dreikirchen

Wenn man das Innere der kleinen, ins Hochmittelalter oder in ihren Ursprüngen noch weiter zurückreichenden, der heiligen Magdalena, der heiligen Gertraud und dem heiligen Nikolaus geweihten Gebetsstätten betritt und die Fresken sowie die beiden gotischen und einen barocken Altar auf sich wirken lässt (im Bild St. Nikolaus), wird einem bewusst, um welch kostbare Kleinode es sich dabei handelt. Hier umweht uns der Hauch vieler Jahrhunderte, und man erahnt – auch im Hinblick auf das Heilwasser und die nahe Einsiedelquelle –, welche Bedeutung diesem Ort wohl schon seit grauer Vorzeit beigemessen wurde.

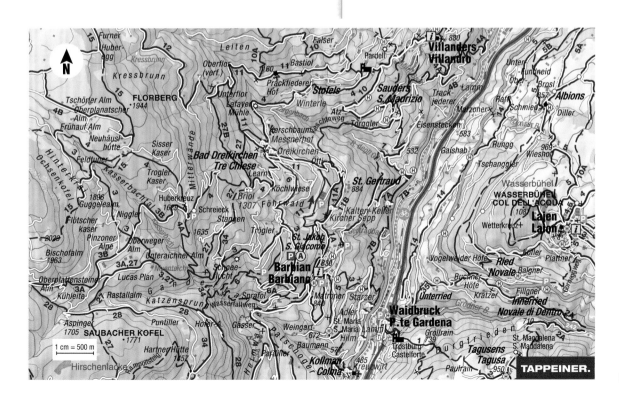

19

Von St. Ulrich zur Jakobskirche

Frühlingsrunde auf der Grödner Sonnenseite

Durch Wiesen und Wald führt unser Weg von St. Ulrich zur Jakobskirche

Das Höhenheiligtum St. Jakob in Gröden – unser Wanderziel

Bei dieser Rundwanderung besuchen wir die Höhenkirche St. Jakob, die auf der Sonnenseite des Grödentales zwischen St. Ulrich und St. Christina einsam und hoch über dem Tal auf einer kleinen Waldlichtung steht, mit dem berühmten Blick zur Langkofelgruppe. Den Auftakt der Wanderung bildet die hübsche Luis-Trenker-Promenade, die gleich hinter der stattlichen Pfarrkirche von St. Ulrich beginnt und auf der Trasse der ehemaligen Grödner Schmalspurbahn durch die Hänge taleinwärts führt. Der beliebte Spazierweg kreuzt die zur Secedabahn führenden Rolltreppen, und wenig später befinden sich am Weg ein Kinderspielplatz, eine echte Lokomotive der einstigen Grödner Schmalspurbahn sowie ein Denkmal für Luis Trenker, den großen Sohn Grödens, der in Bronze gegossen auf einem Felsblock sitzt und zum Langkofel weist. Und wenig später beginnt unser eigentlicher Aufstieg. Großteils als einfacher Fußweg führt er uns zuerst zwischen Häusern und dann durch Wald und Wiesen hinauf zum ebenso ausgedehnten wie aussichtsreichen Streuweiler Sacun mit seinen weiten Wiesen, Bauernhöfen und Gastbetrieben. Und dann geht es wieder durch Wiesen und Wald hinauf zur sagenumwobenen Jakobskirche, einem

1283 urkundlich erwähnten Höhenheiligtum, das als älteste Kirche Grödens angesehen wird. Zwei große gotische Wandgemälde – der hl. Christophorus mit dem Jesuskind sowie der Schmerzensmann – schmücken das von einem gepflegten kleinen Friedhof umgebene Langhaus.

Mögen Sellastock und Langkofel im Frühling auch noch tief verschneit sein, so entfalten sich auf den Wiesen der Bauernhöfe und auch oben bei der Jakobskirche bereits verschiedene erste Blumen. Für den Abstieg könnten wir den Weg durch das bewaldete Annatal wählen, zu dieser Jahreszeit eignet sich aber vielleicht doch besser der beliebte Weg, der über den Col de Flam absteigt, wo sich der bekannte „Gekreuzigte vom Col de Flam" befindet, eine überlebensgroße geschnitzte Christusfigur.

Hier beginnt als letzter Teil der Wanderung eine bequeme Serpentinenpromenade, die uns nicht nur wieder nach St. Ulrich zurückbringt, sondern durch ein für die Geschichte Grödens bedeutendes Gebiet führt. Denn der Col de Flam trug, wie reiche archäologische Funde belegen, bereits in der Eisenzeit eine ausgedehnte Siedlung.

Wegverlauf: Von der Pfarrkirche in St. Ulrich (1265 m) der Beschilderung „Luis Trenker" folgend kurz ostwärts zum Beginn der Promenade, auf dieser zu einem ersten Kinderspielplatz (hier Lokomotive und Trenker-Denkmal) und weiter zu einem zweiten Spielplatz (ab Pfarrkirche 20 Min.). Nun stets der Beschilderung „St. Jakob" und der Markierung 6B folgend kurz auf einem Sträßchen und dann auf Fußweg hinauf zum Weiler Sacun, kurz rechts auf der Straße weiter und dann bald auf Fußweg hinauf zur Jakobskirche (1565 m; ab St. Ulrich knapp 1 ½ Std.). – Abstieg: Von der Kirche auf Weg 6 nahezu eben westwärts bis zur zweiten Wegteilung, weiterhin mit Nr. 6 in Kehren hinunter zum Gekreuzigten vom Col de Flam, dann in Serpentinen hinunter zu der nach Sacun führenden Straße und kurz rechts zurück zum Ausgangspunkt; ab Jakobskirche knapp 1 Std.

Höhenunterschied: 330 m

Gesamtgehzeit: 3 ½ Std.

Orientierung und Schwierigkeit: leicht und problemlos

Wanderkarten: Tappeiner 118, Gröden und Umgebung 1:25.000

Tipp

Das Grohmann-Denkmal

Im Vergleich zur Lokomotive der einstigen Grödner Bahn und zum Luis-Trenker-Denkmal steht der Gedenkstein für Paul Grohmann an unserem Aufstiegsweg etwas versteckt, aber ebenfalls mit dem Blick zum Langkofel. Grohmann war Kaufmann, Schriftsteller und ein tüchtiger Alpinist aus Wien. Ihm gelang um 1865 herum die Erstbesteigung einer ganzen Reihe von Dreitausendern in den Ostalpen und insbesondere in den Dolomiten – so am 10. September 1867 auch die des nach wie vor schwierig zu ersteigenden, 3181 Meter hohen Langkofels. Durch seine Publikationen machte Grohmann die Dolomiten weiten Kreisen bekannt und gilt daher als der bedeutendste Erschließer aus der Pionierzeit dieser einmaligen Bergwelt.

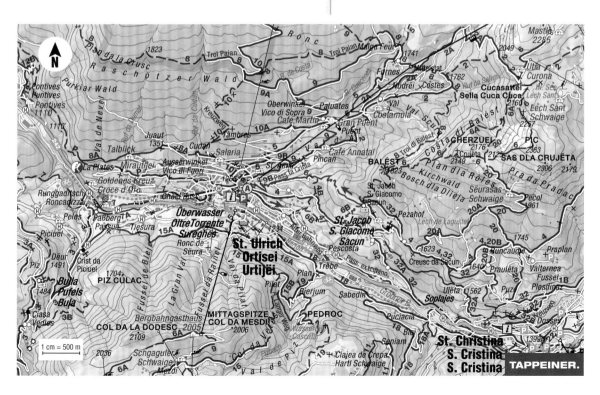

20

Zur Burg Reifenstein bei Sterzing

Wanderung von Stilfes über Elzenbaum zum Prachtschloss

Unser Wanderziel, die Burg Reifenstein über den blühenden Wiesen des „Sterzinger Mooses"; im Hintergrund die Ridnauner Hochgipfel

Der Ansitz Senftenberg in Elzenbaum unweit der Burg Reifenstein

Die Burg Reifenstein befindet sich am Rand des Sterzinger Talbeckens, und ihr Inneres kann während der guten Jahreszeit im Rahmen regelmäßiger Führungen besichtigt werden. Um die Besichtigung mit einer Wanderung zu verbinden, wählen wir den großteils ebenen Weg, der im stattlichen Dorf Stilfes beginnt, das sich mit seinem weithin sichtbaren Kirchturm gegenüber dem Wallfahrtsort Maria Trens auf einer flachen Anhöhe ausbreitet und früher sogar Dekanatssitz war.

Unser Weg führt zunächst durch weite Wiesen und Felder zum Dörfchen Elzenbaum, wo der zinnengekrönte Ansitz Senftenberg (oder auch Senftenburg) mit Burgschenke, aber auch manch anderes historisches Bauwerk sowie die mächtigen „Jahrhundertlinden" Aufmerksamkeit verdienen. Von Elzenbaum ist es nicht mehr weit zum Ostfuß des Reifensteiner Burghügels und von dort hinauf zu der von verschiedenen Sagen und Geschichten umwobenen Burg selbst. Die im Wesentlichen aus romanischer und gotischer Bauperiode stammende Anlage krönt, zusammen mit dem zierlichen, etwas von der Burg entfernt stehenden Zenokirchlein, ein längliches Felsenriff, das – der Burg Sprechenstein gerade gegenüber – aus dem

flachen Talboden, dem sagenumwobenen „Sterzinger Moos", mächtig aufragt.

Die Burg besteht aus dem hohen viereckigen, noch aus dem 12. Jahrhundert stammenden Wehrturm, einem an diesen angebauten, nur wenig jüngeren Wohnturm mit gekuppelten Rundbogenfenstern, aus einer Reihe von weiteren Anbauten, die vorwiegend im 15. und 16. Jahrhundert unter den Komturen des Deutschen Ritterordens errichtet wurden, sowie einem weit ausholenden Mauerbering.

Eine erste Burg, die im Besitz des Brixner Fürstbischofs war, wird bereits um 1110 urkundlich erwähnt. Die in der Folge erbaute heutige Burg gelangte um 1200 in den Besitz des Grafen Albert von Tirol, 1469 in die Hände des Deutschen Ritterordens und im 19. Jahrhundert schließlich an die Grafen Thurn und Taxis, deren Eigentum die Burg auch heute noch ist.

Eine Aufzählung oder gar Beschreibung aller Räumlichkeiten und Sehenswürdigkeiten verbietet sich hier aus Platzgründen, aber wer sich einer der Führungen anschließt, wird dem Urteil der Experten beipflichten, welche die Burg Reifenstein als eines der besterhaltenen und sehenswertesten Schlösser Gesamttirols bezeichnen.

Wegverlauf: Von Stilfes (962 m; hierher in Freienfeld abzweigende Straße) den Wegweisern „Elzenbaum" folgend auf breitem Weg („Sterzinger Rundweg") nahezu eben über das leicht hügelige Wiesengelände nordwärts zu einem Wäldchen (Wegkreuz), kurz hinunter zum Doppelgehöft Weihern und nun durch die Wiesen im Talboden nordwärts weiter (stets breiter, teilweise von Holzzäunen gesäumter Weg) zum Weiler Elzenbaum (975 m; zeitlich begrenzte Einkehrmöglichkeit in der Burgschenke des Ansitzes Senftenberg). Nun rechts auf der schmalen Straße kurz zum Ostfuß des Reifensteiner Burgfelsens und auf breitem Serpentinenweg leicht ansteigend hinauf zur Burg (980 m; ab Stilfes knapp 1 ½ Std.). − Die Rückkehr nach Stilfes erfolgt auf dem beschriebenen Weg.

Höhenunterschied: gering
Gesamtgehzeit: 2 ½ bis 3 Std.
Orientierung und Schwierigkeit: leicht und problemlos
Wanderkarten: Tappeiner 124, Sterzing und Umgebung, 1:35.000

Das Kapellengitter von Reifenstein

Unter den Sehenswürdigkeiten im Inneren der Burg Reifenstein verdient ein filigranes Schnitzwerk besondere Hervorhebung, nämlich das bekannte Gitter, das den Zugang vom sogenannten Grünen Saal zur Burgkapelle vermittelt. Wie sehr dieses gotische Kunstwerk, das natürlich auch im Rahmen der Führungen gezeigt wird, seit eh und je die Menschen beeindruckte, kommt nicht zuletzt auch darin zum Ausdruck, dass es im Jahr 1900 als originalgetreue Nachbildung auf der Pariser Weltausstellung zu bewundern war.

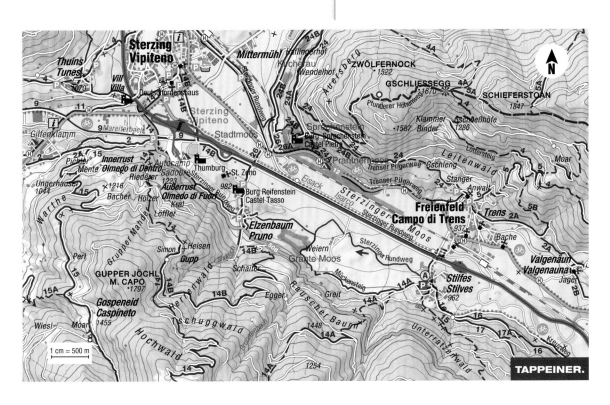

21

Gilfenklamm und Burg Reifenegg

Rundwanderung an der Ratschinger Talmündung

Die berühmte Gilfenklamm bei Stange mit der gut instand gehaltenen Weganlage

Der Bergfried der Burg Reifenegg liegt an unserem Abstiegsweg

Mit der Begehung der Gilfenklamm am Eingang ins Ratschingstal lernen wir die eindrucksvollste Schlucht nicht nur im Sterzinger Raum, sondern auch eine der großartigsten Klammen der Ostalpen kennen. Wir beginnen unsere Rundwanderung, die im Spätfrühling und Frühsommer besonders empfehlenswert ist, in der Ortschaft Stange im äußeren Ridnauntal bzw. am Ausgang des Ratschinger Tales, und auf dem Rückweg kommen wir auch an der Burgruine Reifenegg vorbei. Zunächst ist die Mündungsschlucht des Ratschinger Baches noch recht zahm. Auf einem stimmungsvollen Wanderweg, an dem eine mächtige Fichte als Baumdenkmal steht, geht es zum Mauthäusl und zu einem alten Kalkofen, und schließlich führt die immer enger werdende, hier noch in Schieferfels geschnittene Schlucht zur eigentlichen Gilfenklamm. Inschriftensteine erinnern an die Errichtung der ersten Weganlage durch die Alpenvereinssektion Sterzing um 1895, und eine Aussichtsbrücke bietet einen ersten schwindelerregenden Blick in die nunmehr in den weißen, graugrün anwitternden Ratschinger Marmor geschnittene Klamm, durch die der tosende Wildbach in Kaskaden schäumend und dröhnend talwärts stürzt.

Über Stufen und Brücken, durch eine in den Fels gehauene kleine Galerie und über Hangwege steigen wir durch die Felsklamm höher – während im Bereich der sogenannten „Kirche" ein 15 Meter in die Tiefe stürzender Wasserfall das eindrucksvollste Naturschauspiel bietet.

Am Ende des Weges bietet das sonnig gelegene Gasthaus Jaufensteg Einkehrmöglichkeit im Bereich blühender Wiesen, und man kann von da natürlich wieder durch die Klamm absteigen. Wir aber wandern durch die südseitigen Wiesenhänge ein Stück von Hof zu Hof und schlagen dann den Waldpfad ein, an dem die erwähnte Burgruine Reifenegg liegt.

Die im 13. Jahrhundert vom Brixner Fürstbischof erbaute Burg diente am alten Jaufenweg der Sicherung der Zollstange, woran noch heute der Ortsname Stange erinnert. Später setzte Verfall ein, doch der gut 23 Meter hohe, mit dem Hufeisenwappen der Trautson geschmückte Bergfried bildet noch immer ein beeindruckendes Kulturdenkmal und für uns einen würdigen Schlusspunkt, bevor wir wieder zum Ausgangspunkt zurückkehren.

Wegverlauf: Von der Ortschaft Stange (976 m) auf beschildertem Weg hinein zum Mauthäuschen, dann auf dem guten Fußweg durch Waldhänge teilweise leicht ansteigend hinein zur eigentlichen Gilfenklamm und durch diese auf der ebenfalls guten Weganlage über Brücken und viele Stufen hoch über dem tosenden Bach hinauf zum Ende der Schlucht und kurz weiter zum Gasthaus Jaufensteg an der Ratschinger Straße (1150 m; ab Stange gut 1 Std.). − Von dort auf der Talstraße kurz talein, dann links der Höfestraße nach (zuerst Nr. 11 B, dann 1 A) durch Wiesen hinauf und hinaus, bis bald nach dem letzten Hof (Burghof, 1235 m) der Waldweg 1A abzweigt. Auf diesem nun hinunter bis in die Nähe der Ruine Reifenegg (1151 m, sie liegt einige Schritte vom Hauptweg entfernt) und auf dem Waldweg weiter bergab nach Stange (ab Jaufensteg 1 ½ Std.).

Höhenunterschied: 260 m
Gesamtgehzeit: 2 ½ − 3 Std.
Orientierung und Schwierigkeit: für gehgewohnte Wanderer leicht und problemlos
Wanderkarten: Tappeiner 124, Sterzing und Umgebung, 1:35.000

Tipp

Die Fingerzahnwurz

So reich im Frühling die außerhalb der Klamm liegenden Wiesen mit gelben Schlüsselblumen übersät sind, in der Klamm selbst ist die Vegetation natürlich stark zurückgesetzt, auch wenn manche nässeliebende Kräuter da und dort recht üppig gedeihen. Umso erfreulicher ist die Begegnung mit der Fingerzahnwurz. Diese Blume kommt seltener vor als die Quirlblättrige Zahnwurz, dafür sind die Blüten schöner. Macht schon dies sie zu einer Besonderheit, so kommt hier in der Gilfenklamm natürlich noch der reizvolle Kontrast zwischen dem abweisenden Fels, den beängstigenden Wassermassen und den kräftiggrünen Pflanzen mit den leuchtenden, rosa-violetten Kreuzblüten hinzu.

22

Von St. Georgen nach Pfalzen

Rundwanderung im Nordwesten von Bruneck

St. Valentin in Greinwalden rechts und Pfalzen links – von blühenden Wiesen umgeben

Zwischen Stegen und St. Georgen führt unser Weg nahe an die Ahr heran

Das erste Dorf an der Straße, die von Bruneck nach Sand in Taufers und ins Ahrntal führt, ist St. Georgen, wo behäbige Bauernhäuser, ein paar Adelssitze und die teilweise freskengeschmückte Kirche mit ihrem hohen Spitzturm besonders auffallen. St. Georgen ist der Ausgangs- und Endpunkt unserer Rundwanderung, die uns in nur mäßig steilem Auf- und Abstieg durch Wiesen und Wälder führt. Und zwar geht es zuerst hinauf nach Pfalzen, dann über die bekannte Valentinskirche in Greinwalden hinaus zum weit über das Land schauenden Breitenberghof, von dort hinunter gegen Stegen und im Talboden wieder zurück nach St. Georgen. Dabei bieten die im Frühling prächtig blühenden Wiesen und Sträucher und die frischgrünen Lärchen einen reizvollen Gegensatz zu den schneebedeckten Gipfeln der Rieserfernergruppe und der Dolomiten. Vom stattlichen Dorf St. Georgen wandern wir also bald auf einem breiten Weg, der von Zäunen, Gebüsch, von alten Mauern und anfangs auch von hohen Pappeln gesäumt wird, teils am Rand ausgedehnter Wiesen und Felder, teils im Nadelwald stets nur leicht ansteigend bergan; immer wieder laden Bänke zum Verweilen ein, und es lohnt sich, da oder dort Rast einzulegen und über

das Brunecker Becken und das obere Pustertal bis hinauf zu den Sextner Dolomiten zu schauen. Schließlich erreichen wir das Hochplateau von Pfalzen und bald, vorbei an einem gotischen Bildstock, auch das Dorf selbst, unser Hauptziel. Ähnlich wie in St. Georgen ragt auch hier ein weithin sichtbarer gotischer Kirchturm in den Himmel, das vom Friedhof umgebene Langhaus aber ist schöner Barock, und auch hier prägen ein paar einstige Adelssitze das Gesamtbild des geschlossenen, inmitten ausgedehnter Wiesen und Felder besonders sonnig gelegenen Dorfes, von dem sich die „Sonnenterrasse" des unteren Pustertals westwärts nach Issing und weiter bis nach Terenten erstreckt. Für den Abstieg wählen wir, wie eingangs erwähnt, den Weg, der zuerst zur einsam inmitten von Wiesen und Feldern gelegenen Valentinskirche führt, dann durch Nadelwälder hinüber zum Breitenbergerhof und hinunter in das Gebiet von Stegen, einem bekannten Ortsteil von Bruneck, von wo wir auf breiten Flurwegen ein Stück der ruhig dahinfließenden und von naturbelassenem Auwald gesäumten Ahr folgen und schließlich wieder Wiesen und Felder durchquerend mit dem Blick zur Ahrntaler Bergwelt nach St. Georgen zurückkehren.

Wegverlauf: In St. Georgen (822 m) der Beschilderung „Pfalzen" folgend mit Markierung 17 A zum Dorfrand, dann auf breitem Weg leicht ansteigend zur Hochfläche von Pfalzen und zuletzt neben der Straße (Gehsteig) nach Pfalzen (1022 m; ab St. Georgen knapp 1 ½ Std.). – Abstieg: Auf der Straße einige Minuten zurück, rechts auf Weg 7 (Wegweiser „Stegen") zur nahen Valentinskirche, dann großteils durch Wald hinüber zur Pfalzener Straße, auf Hofzufahrt (stets Nr. 7) nahezu eben zum Breitenberghof und auf breitem Forstweg hinunter zur Pfalzener Straße unweit von Stegen. Nun auf der Straße kurz nordwärts, dann rechts ab (Hinweis „Richtung St. Georgen"), auf breitem ungeteertem Flurweg bald sehr schön neben der Ahr zu ausgedehnten Wiesen und zuletzt auf geteertem Fahrweg zurück nach St. Georgen (ab Pfalzen ca. 2 Std.).

Höhenunterschied: ca. 200 m

Gesamtgehzeit: 3 ½ Std.

Orientierung und Schwierigkeit: für gehgewohnte Wanderer leicht und problemlos; breite gute Wege

Wanderkarten: Tappeiner 130, Bruneck und Umgebung, 1:25.000

Tipp

Das Außenbild von St. Valentin

Auf der Südseite von St. Valentin prangt ein aussagestarkes gotisches Wandgemälde, dessen Schöpfer wir leider nicht kennen. Doch die Fachwelt rühmt die künstlerische Qualität der Darstellungen, und die Stifterinschrift verrät uns, dass es 1434 und damit unmittelbar nach Fertigstellung der Kirche entstanden ist. Das war die Zeit, in der die beiden großen, später in Bruneck wirkenden Meister der Gotik, Michael und Friedrich Pacher (Letzterem werden Innenfresken der Kirche zugeschrieben), geboren wurden. Und so ist wohl anzunehmen, dass sie in ihrer Jugend auch von diesem Bild beeinflusst und zu eigenem Schaffen inspiriert wurden.

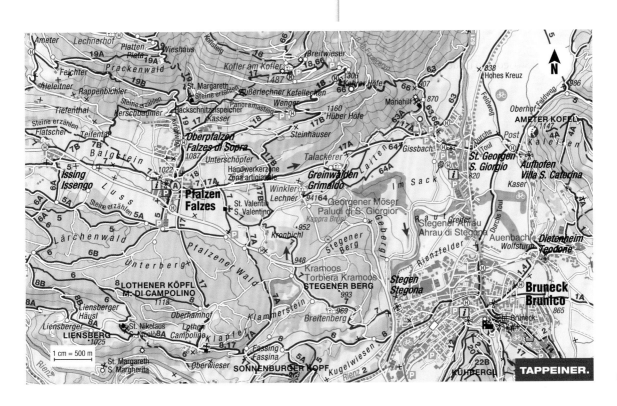

23

Reinbachfälle und Burg Taufers

Rundwanderung im Herzen des Tauferer-Ahrntals

Das mächtige Schloss Taufers, außen wie innen eine der prächtigsten Burgen Südtirols

Der dritte, 42 Meter hohe Wasserfall in der Schlucht des Reinbaches bei Sand in Taufers

Diese Wanderung führt uns zur Burg Taufers, die das Bild der ganzen Ortschaft Sand in Taufers und deren Umgebung beherrscht. Doch wählen wir nicht den kurzen direkten Aufstieg, sondern binden in die Tour auch den Besuch der berühmten Reinbachfälle mit ein. Zunächst wandern wir von Sand in Taufers neben der Ahr zur Häusergruppe Winkel und von dort zum ersten Wasserfall am Fuß der tiefen Schlucht, die der wasserreiche Bach im Laufe von Jahrmillionen in den Fels genagt hat. Und dann geht es auf der Weganlage, die bereits 1885 von der Alpenvereinssektion Taufers angelegt und in jüngster Zeit zu einem „Besinnungsweg" ausgestaltet wurde, durch den Wald in Serpentinen bergan. Dabei bieten sich eindrucksvolle Blicke auf den zweiten, den dritten und auch den vierten Wasserfall, wobei der dritte – er ist mit einer Sturzhöhe von 42 Metern der höchste – nicht vom Hauptbach, sondern von einem Seitenarm gebildet wird.

Nach der schwindelerregenden Brücke beim dritten Wasserfall kann man gleich auf direktem Weg zum Gasthaus Toblhof gelangen, wir aber machen den kleinen Umweg über die nahe Tobl- oder Kofelburg, einer aus mehreren Mauerzügen und einer rekonstruierten Kapelle bestehenden Burgruine, die als Stammburg der Herren von Taufers gilt.

Haben wir dann das erwähnte Gasthaus Toblhof erreicht, wandern wir mit schönen Ausblicken über das weite Tauferer Tal in angenehmer Hangquerung zum einstigen Hauptschloss der Herren von Taufers. Die stolze, mächtige, geradezu herausfordernd das Tal abriegelnde Dynastenburg besteht aus wehrhaften, einst über eine Zugbrücke zugänglichen Torbauten, aus dem sehr hohen Bergfried, dem mächtigen Palas, an dem zahlreiche Biforen besonders auffallen, sowie einer Reihe weiterer, den Burghof umschließender Baulichkeiten teils aus romanischer (13. Jh.), teils aus späterer Zeit.

Aber auch in kunsthistorischer Hinsicht ist die Burg von Bedeutung; hier seien neben einigen meisterhaft gearbeiteten Täfelungen und Holzdecken vor allem die prächtigen gotischen Fresken in der romanischen Burgkapelle hervorgehoben, die 1482 vermutlich von Michael Pacher geschaffen wurden. Die Rückkehr nach Sand in Taufers ist schließlich nur noch ein kurzes Bergabsteigen, das uns aus wilder Naturlandschaft und mittelalterlicher Geschichte wieder in die Welt von heute zurückbringt.

Wegverlauf: Von Sand in Taufers (878 m) stets den Wegweisern „Wasserfälle" folgend zuerst neben der Ahr zur
Häusergruppe Winkel (862 m), dann nahezu eben zum
ersten Wasserfall, auf dem durch Geländer abgesicherten
Waldweg in Serpentinen hinauf zu einer Aussichtskanzel
beim zweiten Wasserfall und weiter ansteigend zur Brücke beim dritten Wasserfall; nach deren Überquerung zur
nahen Wegteilung, rechts hinauf zur Tobl- oder Kofelburg (1172 m; ab Ausgangspunkt ca. 1 ½ Std.) und kurz
hinunter zum Gasthaus Toblhof (1054 m). Hier Straßen-
überquerung und dann mit Markierung 2A die Hänge
querend westwärts zur Burg Taufers (950 m; kurz vorher
das „Burgcafé"; ab Toblhof ca. 1 Std.). Nach der Besichtigung auf dem markierten direkten Abstiegsweg in ca. 15
Minuten hinunter nach Sand in Taufers.

Höhenunterschied: ca. 300 m
Gesamtgehzeit: 3 Std.
Orientierung und Schwierigkeit: für gehgewohnte
Wanderer leicht und problemlos
Wanderkarten: Tabacco, Blatt 036 (Sand in Taufers),
1:25.000

Die Toblburg

Heute zwar durch eine Weganlage erschlossen,
im Übrigen aber nach wie vor im Wald verborgen
befinden sich über der Schlucht des Reinbaches
die Reste der einstigen Tobl- oder Kofelburg. Die
Mauern zeigen die regelmäßige, für das 12. Jahrhundert typische Steinlagerung und lassen unter
anderem einen Mauerbering sowie die Reste eines
Viereckturmes und einer Zugbrücke erkennen; gut
erhalten hat sich überdies die romanische, heute
überdachte Burgkapelle. Die in schriftlichen Quellen erst seit dem 18. Jahrhundert fassbare Anlage
gilt als Stammsitz der Edlen von Taufers, die im
13. Jahrhundert ihre Hauptburg am Eingang ins
Ahrntal errichteten.

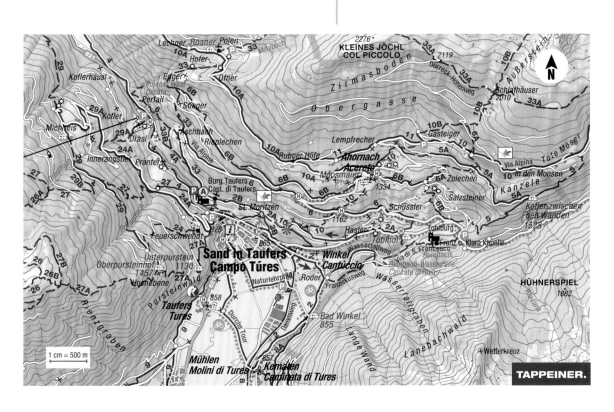

24

Zu den Erdpyramiden von Platten

Naturkundliche Rundwanderung im oberen Pustertal

Ziel dieser Wanderung sind die auf der Sonnenseite des oberen Pustertals in rund 1600 Meter Höhe gelegenen Erdpyramiden von Platten. Es handelt sich um die schönsten derartigen Naturbilde des „grünen Tals", außerdem, neben jenen von Terenten, auch um die einzigen. Benannt sind sie nach dem nahen Bergweiler Platten gerade über Percha. Über die Entstehung dieser Erdpyramiden weiß die Volksüberlieferung Folgendes zu berichten: Vorzeiten rutschte ein Weg, der den Graben des Litschbaches durchquerte, ein Stück ab, die kleine Abbruchstelle wurde aber nicht instand gesetzt, daher vergrößerte sie sich in der Folge immer mehr, und schließlich bildeten sich nach und nach die Erdpyramiden.

Heute sind sie schon längst zu einer viel bestaunten Pustertaler Sehenswürdigkeit geworden, zumal sie sich durch besondere Formenvielfalt auszeichnen. So fallen neben besonders hohen und schlanken auch sehr gedrungene Erdsäulen auf, die von der Erosion bereits so stark zernagt sind, dass jeweils ein ganzes Bündel von kleineren Türmchen entstanden ist. Vom Rand der Pyramidenzone wie auch von den freien Hängen im Bereich der Höfe und des Weilers Platten bieten sich

Blick von den Plattner Erdpyramiden zu den Olanger Dolomiten

Die Erdpyramiden von Platten

Ausblicke zu den Pragser und Olanger Dolomiten, und dank der gut markierten und beschilderten Wege – darunter der von der Naturparkverwaltung des Landes geschaffene „Pyramidenweg" – bilden die aus eiszeitlichem Geschiebe entstandenen, gelegentlich auch „Litschbacher Pyramiden" genannten Erosionstürme ein beliebtes, naturkundlich sehr interessantes Wanderziel.

Wichtigster Ausgangspunkt für die Wanderung ist ein Touristenparkplatz zwischen Oberwielenbach und Platten, und dort beginnt denn auch der erwähnte Pyramidenweg. Auf diesem wandern wir mäßig ansteigend durch Nadelwald zu den Wiesen des geringfügig höher gelegenen Höllerhofes, und von dort bringt eine kurze Waldquerung zum Rand der großen Pyramidenzone, wo man die Naturgebilde gut überblicken kann.

Am Rand dieser Zone könnte man auf einem relativ steilen Waldweg in Richtung Talerhof absteigen und dann auf dessen Zufahrt nach Platten queren, wir aber schlagen den bequemeren und etwas kürzeren Weg über den besonders schön gelegenen Nockerhof ein und gelangen so durch sonnige Wiesen nach Platten, bevor wir in kurzem Spaziergang wieder den Ausgangspunkt erreichen.

Wegverlauf: Anfahrt von Percha hinauf nach Ober-wielenbach und zum großen Parkplatz 1 kurz vor dem Weiler Platten (ca. 1430 m). Von da auf dem beschilderten „Pyramidenweg" in teils ansteigender, teils ebener Waldquerung zu den Wiesen des Höllerhofes und vom kleinen Sattel unterhalb des Hofes auf dem weiterhin ausgeschilderten Weg kurz hinüber zum Rand der Erd-pyramidenzone (ca. 1650 m; ab Ausgangspunkt ¾ Std.). – Abstieg: Zurück zu den Wiesen unter dem Höllerhof, auf der Höfestraße leicht absteigend zum aussichtsreichen Nockerhof und kurz auf Fußweg am Wiesenhang zwischen Zäunen gerade hinunter nach Platten (ca. 1410 m; hier der Gasthof Schönblick); von da schließlich über die Straße kurz zurück zum Ausgangspunkt; ab Erdpyramiden etwa ¾ Std.

Höhenunterschied: 240 m

Gesamtgehzeit: 1 ½ – 2 Std.

Orientierung und Schwierigkeit: leicht und problemlos

Wanderkarten: Tappeiner 130, Bruneck und Umgebung, 1:25.000

Tipp

Der Huflattich

Er gehört zu jenen Blumen, die früher als die meisten anderen Blumen ihre Blütenpracht entfalten. Seit eh und je ist der Huflattich als Heilpflanze bekannt und wird vor allem zur Herstellung von Hustensaft verwendet. Seine Blütezeit währt aber nicht allzu lange, und den so zauberhaften Goldblüten folgen große, weit weniger ansehnliche Blätter. Im Frühling aber leuchten die filigranen, von ersten Schmetterlingen besuchten Sterne neben dem Pyramidenweg und bilden, neben den Blüten der Buchsblättrigen Kreuzblume, hübsche Farbtupfer inmitten der eintönigeren Farben des Waldes.

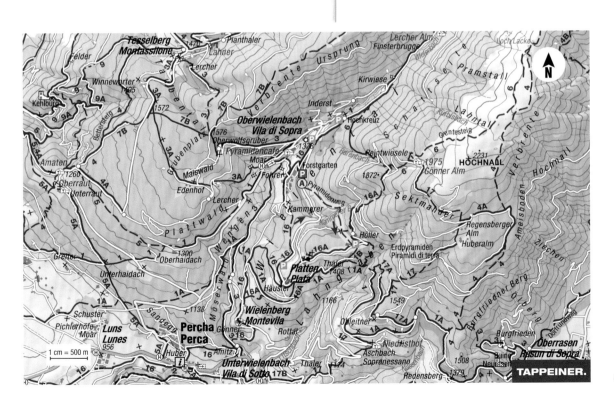

25

Auf den Großen Schafkopf, 3000 m
Verhältnismäßig leichte Hochtour in Langtaufers

Über den unschwierig begehbaren Südwestgrat führt unsere Route zum Gipfel

Der Große Schafkopf über einem der Langtauferer Bergseen

Das Ziel dieser Tour ist ein wuchtiger und freistehender Berg nordseitig hoch über dem Langtauferer Tal, dessen Hauptbach, der Karlinbach, bei Graun in den Reschensee mündet. Zu den südseitig unter ihm liegenden Almen hinunter zeigt sich sein Profil eher rundlich, was ihm den Namen Schafkopf eingebracht hat, von Südwesten, etwa vom Wölfeleskopf her gesehen, erhebt er sich hingegen als steil aufragende Pyramide, die sich, von tiefen Kammscharten begrenzt und markanten Felsgraten getragen, durchaus ebenbürtig in die Reihe anderer Dreitausender der Ötztaler Alpen stellen darf. Was die genaue Höhe betrifft, so habe ich relativ neue Karten vor mir, deren Angaben zwischen 2998, 3000 und 3001 Meter schwanken. So lassen wir den Großen Schafkopf weiterhin einen echten Dreitausender sein, zumal ein, zwei Meter mehr oder weniger auf das Bergerlebnis ohnehin keinen Einfluss haben und uns da oben in jedem Fall echte Hochgebirgsluft umweht.

Trotz der Höhe und ausgeprägten Gestalt ist der Berg auf markierter Route nicht schwierig zu besteigen. Zwar erscheinen die schütter mit Lärchen bestandenen Sonnenhänge des Langtauferer Tales zumindest im unteren Teil geradezu abweisend

steil, doch führt großteils ein relativ breiter, in nur mäßig steilen Serpentinen angelegter Weg durch diese Steilhänge hinauf zu jenen ausgedehnten Hangverflachungen, die sich an der ganzen Nordseite des Tales hinziehen.

So legt sich das Steilgelände nach der Baumgrenze fast unvermittelt zurück, Schafweiden breiten sich aus und so mancher Bergsee, in dem sich unser Schafkopf auf der einen und die Weißkugel mit ihren vergletscherten Trabanten auf der anderen Seite widerspiegeln, liegt in einer der vielen Mulden. Zielstrebig führt nun der breite Weg über den Bergrasen hinan, und nachdem wir den bekannten Langtauferer Höhenweg betreten und ein Stück westwärts verfolgt haben, beginnt nahe dem kleinen Gschweller See der eigentliche Gipfelanstieg. Damit enden zwar die breiten Wege, aber der Pfad ist markiert und weist keine Probleme auf. Über Zwergstrauchheiden geht es hinauf ins Wölfelesjoch, wo sich erstmals der Blick über die Bergwelt des Oberinntals auftut. Hier betritt man nun den Südwestgrat, und fast ehe man sich's versieht, erreicht man über Schieferfels und Gneisblöcke das Gipfelkreuz und damit eine großartige Aussichtswarte.

Wegverlauf: Von der Häusergruppe Gschwell etwas innerhalb von Patscheid im mittleren Langtauferer Tal (1816 m; in der Nähe das Hotel Alpenfriede) auf dem großteils guten Weg 8 bald durch einen Lärchenbestand in Serpentinen hinauf und dann lange über freie Hänge mäßig steil empor zum querenden Langtauferer Höhenweg (2643 m). Nun auf diesem (Mark. 4) links abdrehend westwärts bis zu einem Steinmann nahe dem Gschweller See am Südfuß des Berges (2670 m, Wegweiser), auf markiertem Steig anfangs steil hinauf ins Wölfelesjoch (2842 m) und rechts auf Steig 31 über den felsigen Grat unschwierig empor zum Gipfel (3000 m; ab Gschwell 4 Std.). – Abstieg: am sichersten über die beschriebene Aufstiegsroute (ca. 3 Std.).

Höhenunterschied: 1184 m
Gesamtgehzeit: ca. 7 Std.
Orientierung und Schwierigkeit: für Gehtüchtige und etwas Geübte mit Bergerfahrung unschwierig
Wanderkarten: Tappeiner 115, Münstertal und Umgebung, 1:35.000

Der Gletscher-Hahnenfuß

Er ist in den Westalpen noch in über 4200 Meter Höhe anzutreffen, und der Name lässt erahnen, dass er nicht nur von allen Hahnenfußarten, sondern auch unter jenen Pflanzen, die ebenfalls in großer Höhe anzutreffen sind, der „Hochalpinist" schlechthin ist. Denn wenn Hornkraut und Alpenmargerite zurückbleiben, steigt er, höchstens noch begleitet vom Moos-Steinbrech, bis hinauf, wo nur noch Fels und Eis das Landschaftsbild bestimmen. Und weil sich die Blume nur in beachtlicher Höhe wohlfühlt, ist es fast selbstverständlich, dass wir ihr auch auf unserem Dreitausender in den Ötztaler Alpen begegnen.

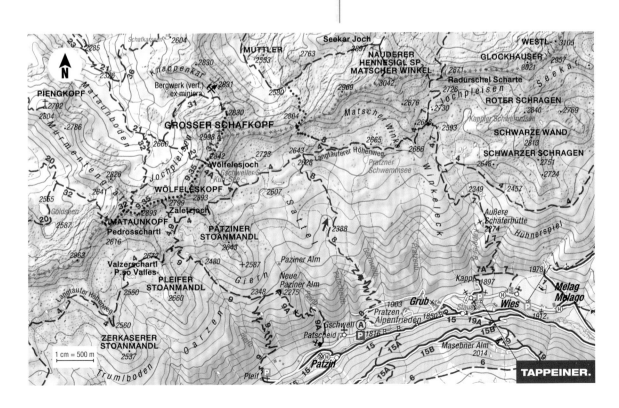

26

Sesvennahütte und Furkelsee

Über dem Talschluss von Schlinig im Vinschgau

*Unser Haupt-
wanderziel, der
Furkelsee gegen
Ötztaler Alpen und
Föllakopf*

*Die Sesvennahütte,
Zwischenziel am
Weg zum Furkelsee;
darüber der 3070
Meter hohe Piz
Rims*

72

Diese Wanderung führt zwar auf keinen Hochgipfel, sondern „nur" zu einer Schutzhütte und zu einem Bergsee, aber sie darf dennoch als ausgesprochene Bergwanderung bezeichnet werden, zumal man sich im Bereich des Furkelsees schon recht nahe der Gletscherwelt des Piz Sesvenna befindet.

Die Tour beginnt in Schlinig, dem malerischen Bergdörfchen im gleichnamigen, bei Burgeis im Obervinschgau westseitig abzweigenden Tal. Zunächst bringt uns der breite Weg in ebener Talwanderung hinein zu den Schliniger Almen, wo bereits erste Einkehrmöglichkeit besteht, dann umgeht der Weg den sprühenden Wasserfall an der Schwarzen Wand und schließlich erreichen wir nach etwas steilem Anstieg die hübschen Almböden, auf denen die aufgelassene Pforzheimer Hütte und die voll bewirtschaftete Sesvennahütte stehen, welch letztere, ein 1981 eröffnetes Schutzhaus des Südtiroler Alpenvereins, unser eigentliches Zwischenziel darstellt.

Selbstverständlich könnte man bereits die Sesvennahütte als Hauptziel wählen, aber wir wollen doch auch hinaufsteigen zum höchsten der zahlreichen Seen des Gebietes, sei es seiner selbst

wegen, aber auch wegen der Aussicht, die vom gezackten Föllakopf beherrscht wird und bis zu den zahlreichen Hochgipfeln der Ötztaler Alpen reicht. Und wer einen etwas beschwerlicheren Umweg auf sich nimmt, kommt auch am größeren, aber landschaftlich weniger reizvollen, weil in einem steilwandigen Becken liegenden Sesvennasee vorbei.

Oben am Furkelsee geben wir uns mit dem Erreichten allerdings noch nicht ganz zufrieden und gehen die wenigen Schritte zu jener flachen Kammsenke, die man Furkel oder Fuorcla Sesvenna nennt. Denn dort öffnet sich auch noch der Blick zum vergletscherten Piz Sesvenna und zu den Engadiner Dolomiten.

Das Gebiet, das wir durchwandern, ist für seine reiche Alpenflora bekannt, und die Tierwelt ist nicht nur mit vielen Murmeltieren, sondern auch mit stattlichen Gämsrudeln und dem prächtigen Steinwild vertreten.

Wegverlauf: Von Schlinig (1738 m) entweder auf dem sonnseitigen geteerten Sträßchen oder – lohnender – auf dem schattseitigen Forstweg in weitgehend ebener Wanderung talein zu den Schliniger Almen (die äußere Alm oder Alp Planbell bietet Einkehrmöglichkeit, 1868 m). Dann auf dem breiten Weg 1 allmählich ansteigend bis unter die Schwarze Wand mit ihrem Wasserfall, diese rechts umgehend steiler hinauf zu den oberen Almböden und nur leicht ansteigend zur alten Pforzheimer Hütte und zur Sesvennahütte (2256 m; Sommerbewirtschaftung; ab Schlinig knapp 2 Std.). Dann auf Steig 5 über Grashänge und Geröll mittelsteil bis steil hinauf zum Furkelsee (2767 m) und zur nahen Furkel (2824 m; ab Sesvennahütte gut 1 ½ Std.). – Der Abstieg erfolgt über den Aufstiegsweg in 2 ½ Std.

Höhenunterschied: 568 m

Gesamtgehzeit: 5 – 6 Std.

Orientierung und Schwierigkeit: für geh- und berggewohnte Wanderer problemlos, nur teilweise steil

Wanderkarten: Tappeiner 115, Münstertal und Umgebung, 1:35.000

Tipp

Blick zum Piz Sesvenna

Da wir schon einmal bis zum Furkelsee heraufgestiegen sind, nehmen wir auch noch die wenigen Schritte auf uns und steigen bis zur nahen Furkel oder Fuorcla Sesvenna an, einem Übergang ins schweizerische Unterengadin. Denn was uns bisher verborgen blieb, zeigt sich nun in aller Pracht: die zentrale Sesvennagruppe mit den Dreitausendern Muntpitschen, Foratrida und Piz Sesvenna (rechts) über dem gleißenden Sesvennagletscher. Über diesen immer noch stattlichen Eispanzer erfolgt der bei Hochalpinisten sehr beliebte Aufstieg auf den 3205 Meter hohen Piz Sesvenna, einen der bedeutendsten Gipfel des Vinschgaus.

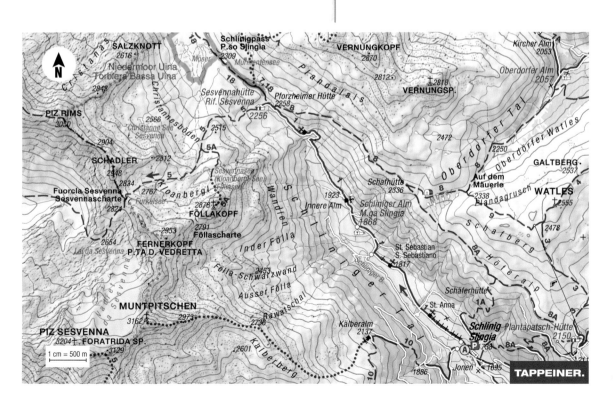

27

Morosiniweg und Hintergrathütte

Rundtour in Sulden unter Ortler und Königsspitze

*Die Königsspitze
über unserem
Höhenweg*

*Die Hintergrat-
hütte mit Blick zum
Suldenferner*

Der rund einstündige Höhenweg, der hoch über Sulden vom Langenstein zur Hintergrathütte führt, wurde nach dem Wiener Bergsteiger Nikolaus Morosini benannt, der sich um 1900 an der Erbauung der neuen Suldner Kirche großzügig beteiligte.

Beim Weg handelt es sich um eine landschaftlich besonders schöne Route, die zuerst die großen Moränen des End-der-Welt-Ferners quert und dann teilweise durch Grasgelände, Zwergstrauchheiden und auch über etwas felsiges und abschüssiges Gelände führt.

Um zum besagten Langenstein zu gelangen, machen wir uns die bequeme Sesselbahn zunutze, auch wenn gehfreudigeren Wanderern der anderthalbstündige Aufstieg zu Fuß über den bestens angelegten, in angenehmen Serpentinen ansteigenden Waldweg durchaus empfohlen werden kann. Haben wir zuerst den gut 3900 Meter hohen Ortler unmittelbar vor und über uns, umfasst der Blick am Ende des Höhenweges den ausgedehnten Suldenferner und vor allem die berühmte Nordwand der 3851 Meter hohen Königsspitze.

Aber eindrucksvoll ist auch die Schau auf die gegenüberliegende Hochgebirgswelt, die mit einer Reihe von Dreitausendern das Suldental westseitig flankiert. Tschenglser Hochwand, Hoher Angelus, Vertainspitzen und Schöntaufspitze sind nur die wichtigsten Namen in dieser Gipfelreihe. An der prächtig gelegenen, 1920 von den Suldner Bergführern erbauten und nach dem „hinteren Grat" des Ortlers benannten Hintergrathütte angelangt, beginnt unser Abstieg. Vorbei an einem kleinen Bergsee und an der Ruine der einstigen Bäckmannhütte – einer von Karl Bäckmann 1892 erbauten kleinen Schutzhütte –, steigen wir über unschwieriges Berggelände bis in die Nähe der Mittelstation der Suldenseilbahn ab, von wo man mühelos ins Tal schweben oder aber zu Fuß auf einem breiten Güterweg absteigen kann.

Wir wählen hingegen den eindrucksvollen, durch steilen Fels absteigenden, jedoch gut abgesicherten und mit Stufen versehen Fußweg – er ist nach Hans Ertl, dem Bezwinger der König- und Ortler-Nordwand benannt –, der uns im Bereich wilder Wasserfälle in den Talschluss hinabbringt, von wo wir in schöner, fast ebener Wanderung wieder nach Sulden zurückkehren.

Wegverlauf: Von Sulden (1844 m) mit dem Sessellift hinauf zur Langensteinhütte an der Sessellift-Bergstation (2330 m; zu Fuß hierher auf Weg 4 und 10 in gut 1 ½ Std.). Nun auf dem Höhenweg mit Markierung 3 teils Moränenschutt, teils begrüntes Gelände querend zu einem Bergrücken, dann durch eine Geröll- und Schrofenflanke (teilweise gesichert) nahezu eben zum Hintergrat und kurz hinab zur Hintergrathütte (2661 m; Sommerbewirtschaftung; ab Langenstein ca. 1 Std.). – Abstieg: Vom Schutzhaus zuerst auf Bergsteig 2 eben und absteigend hinunter zu Weggabel (rechts die Mittelstation der Sulden-Seilbahn), links auf Weg 2 A teilweise durch steiles Felsgelände (Weg gut gesichert) weiter hinab nach Innersulden und zuletzt auf Weg 7 talaus zum Ausgangspunkt (ab Hütte 2 ½ Std.).

Höhenunterschied: 817 m
Gesamtgehzeit: 3 ½ Std.
Orientierung und Schwierigkeit: für gehgewohnte Bergwanderer unschwierig; gute Bergschuhe wichtig!
Wanderkarten: Tabacco, Blatt 08 (Ortlergebiet), 1:25.000

Tipp

Fleischers Weidenröschen

Manche Bergblumen trifft man in ganz Südtirol an, andere wieder weniger. Zu diesen letzteren gehört auch die schöne Blume, die den Namen Fleischers Weidenröschen trägt. Denn das eigentliche Verbreitungsgebiet dieser Pionierpflanze erstreckt sich erst vom mittleren Vinschgau westwärts, mag sie vereinzelt auch weiter östlich vorkommen. Jedenfalls wächst und blüht sie ziemlich zahlreich und üppig entlang unseres Abstiegsweges in Sulden, und damit dort, wo sie der weitgereiste Arzt und Botaniker Franz von Fleischer, nach dem sie benannt ist, vor bald 200 Jahren erstmals angetroffen hat.

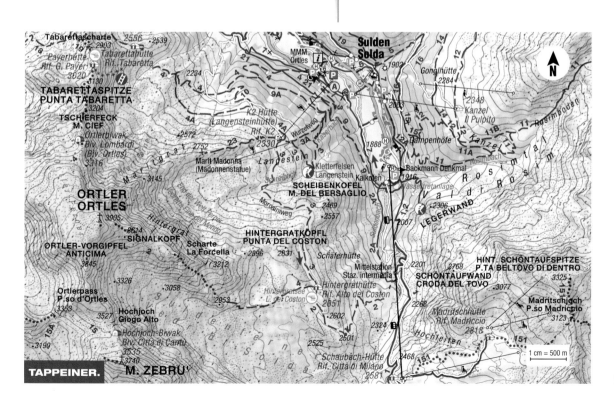

28

Zufallhütte und Marteller Hütte

Leichte Bergwanderung bis in die Gletscherregion

Die Wanderung über die Zufallhütte zur Marteller Hütte – zwei bekannte, bewirtschaftete Schutzhütten – lassen die großartige Bergwelt des innersten Martelltals kennenlernen.

Tüchtige Hochalpinisten zieht es vielleicht auch zu den Veneziaspitzen hinauf, wir bescheiden uns aber mit dem Erreichen der immerhin gut 2600 Meter hoch gelegenen Marteller Hütte.

Doch zunächst führt uns der breite, vorzüglich betreute Wanderweg von den letzten Parkplätzen durch Bergwald und über aussichtsreiche Lichtungen hinauf zur Zufallhütte, einem stattlichen Schutzhaus, das 1882 von der Sektion Dresden des Deutschen und Österreichischen Alpenvereins errichtet und später vergrößert wurde. Damaligen Zeitungsmeldungen entnehmen wir nicht nur Näheres über den Bau der Hütte, sondern auch, dass in deren Nähe ein Braunbär „einige Schafe erdrückt bzw. gefressen" hat. Und während des Ersten Weltkrieges verlief in diesem Gebiet die sogenannte Cevedalefront, an die das nahe Kirchlein erinnert.

Die weit über das Martelltal schauende Zufallhütte liegt noch in der Almregion. So befindet sich in der Nähe denn auch eine Hirtenhütte und ich traf

dort zahlreiches Weidevieh an, das die Freiheit des Bergsommers genoss.

Anders die rund eine Gehstunde höher gelegene Marteller Hütte. Das Schutzhaus des Südtiroler Alpenvereins, das 1981 eröffnet wurde, liegt bereits an der Vegetationsgrenze. Die vergletscherten Zufallspitzen prägen hier oben das Landschaftsbild, und weiter rechts erhebt sich wie eine Pfeilspitze die mächtige Königsspitze.

So ist das Schutzhaus ein gern besuchtes Wanderziel, das sich nicht nur in der Konzenlacke, einem hübschen Moränensee, widerspiegelt und eine prächtige Aussicht bietet, sondern auch einen eindrucksvollen, von reißenden Wildbächen, form- und farbenreichen Felsen und stäubenden Wasserfällen geprägten Zugang besitzt.

Die Zufallhütte mit dem Blick über das Martelltal, von unserem Weg aus

Die Marteller Hütte spiegelt sich in der Konzenlacke, einem kleinen Moränensee

Wegverlauf: Von den Parkplätzen im Marteller Talschluss unweit des Gasthauses Enzianhütte (ca. 2050 m; hierher Asphaltstraße) auf dem Fußweg 150 mäßig steil hinauf zur Zufallhütte (2265 m; knapp ¾ Std.; bewirtschaftetes Schutzhaus). Von da auf dem weiterhin mit 150 markierten Weg hinauf zum großen Steindamm, hier links ab, den Wegweisern „Marteller Hütte" folgend über die Staumauer hinüber auf die andere Talseite, nun auf Weg bzw. Steig 103 ein Stück talein und dann teilweise in Kehren (stets Nr. 103) großteils etwas steil hinauf zur Marteller Hütte (2610 m; ab Zufallhütte 1 – 1½ Std.). – Der Abstieg erfolgt auf dem Anstiegsweg in 1½ Std. (ab Staumauer kann auf etwas kürzerem Weg auch orografisch rechts zum Ausgangspunkt abgestiegen werden).

Höhenunterschied: 560 m

Gesamtgehzeit: 3½ Std.

Orientierung und Schwierigkeit: für berggewohnte Wanderer leicht und problemlos

Wanderkarten: Tabacco, Blatt 045 (Latsch – Martell – Schlanders), 1:25.000

Tipp

Die alte Staumauer

Dieser wuchtige Steindamm riegelt am oberen Zufallboden gerade dort, wo unser Weg zur Marteller Hütte abzweigt, das einsame Hochtal ab. Er wurde in den Jahren 1891 bis 1893 vom Land Tirol im Auftrag des österreichischen Landwirtschaftsministeriums errichtet, nachdem ein von einem Seitengletscher aufgestauter See mehrmals ausgebrochen war und dabei das Martelltal verwüstet hatte. Als der Eissee 1918 zum letzten Mal ausbrach, bewährte sich die Staumauer und verhinderte die Flutkatastrophe. Und danach wurde sie infolge des bis heute anhaltenden Gletscherrückgangs überflüssig.

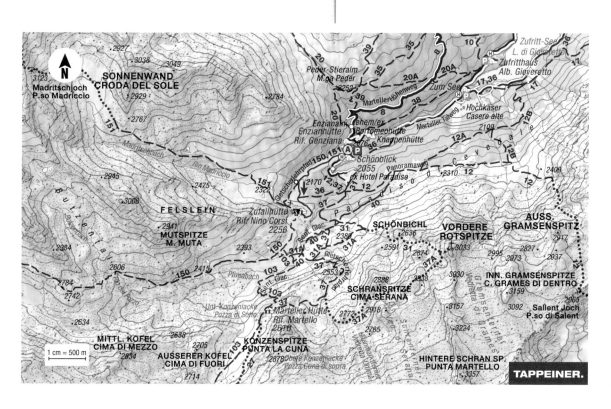

29

Hochtour auf das Hasenöhrl, 3257 m

Von der Kuppelwieser Alm in Ulten zum Gipfel

*Das Hasenöhrl
mit dem Felsgrat,
über den unsere
markierte Route
verläuft*

*Das Gipfelkreuz auf
dem 3257 m hohen
Hasenöhrl*

Ziel dieser Tour ist das zwischen dem Vinschgau und dem Ultental im Zufrittkamm aufragende Hasenöhrl (oder Hasenohr), dessen klassische Felsroute über den Nordostgrat führt. Ein Zugang zu diesem Grat führt von Tarsch über die gleichnamige Alm herauf, wir wählen hingegen als Ausgangspunkt die fast 2000 Meter hoch gelegene Kuppelwieser Alm, die auf der Ultner Seite des Kammes liegt, deren Gastschenke mit dem eigenen Fahrzeug auf schmaler Bergstraße über die Almgaststätte Steinrast erreichbar ist.

Zu Fuß geht es dann die ersten anderthalb Stunden über mehr oder weniger steindurchsetztes Grasgelände hinauf zum Latscher Joch, wo sich die Steinpfeiler des einstigen Tarscher-Joch-Waales und eine einfache Wetterschutzhütte befinden. Was folgt, ist der bald steile, bald flache, bald scharfe und gezackte, bald rundliche, von zwei Gletschern flankierte Nordostgrat des Berges, und das heißt steiniges und felsiges Hochgebirgsgelände. So besteht unser Auf- und Abstieg am langen Grat wiederholt in kurzweiliger Felsturnerei, aber streckenweise folgt man auch einem recht guten Pfad. Die Route ist bis zum Gipfel, auf dem ein großes Kreuz steht, gut markiert und weist

obendrein bald nach der Blauen Schneid ein paar gesicherte Stellen auf.

So kann die Besteigung des östlichsten vergletscherten Hochgipfels der Ortler-Alpen für den hochgebirgserfahrenen Bergsteiger bei der nötigen Umsicht und Vorsicht und dem angemessenen Schuhwerk als unschwierig bezeichnet werden. Doch gilt dies nur bei guten hochsommerlichen Verhältnissen, denn Nässe, Schnee oder vereiste Felsen können den Schwierigkeitsgrad drastisch erhöhen. Höhentauglichkeit, Gehtüchtigkeit, Trittsicherheit und Schwindelfreiheit sind bei einem langen, aus Gneisblöcken und Schieferfels bestehenden Grat und einem Gipfel dieser Höhe ohnehin unerlässlich.

Bezüglich des Ursprungs des seltsamen Namens sei noch erwähnt, dass man bei der Namensform „Hasenohr", die uns in dem 1774 erschienenen Atlas Tyrolensis von Peter Anich und Blasius Hueber erstmals schriftlich begegnet, an ein urkundlich nicht belegtes romanisches „asinara" (Eselweg) dachte, bei der Namensform „Hasenöhrl" hingegen an „Hasen-Erl" (also einen Erlenbestand). Doch mangels beweiskräftiger urkundlicher Belege gibt es nach wie vor kein gesichertes Wissen.

Wegverlauf: Anfahrt von der Ultner Talstraße (Abzweigung zwischen St. Walburg und Kuppelwies) auf schmaler Bergstraße bis hinauf zur Kuppelwieser Alm (1970 m; Einkehrmöglichkeit, Parkplatz). Nun stets der Beschilderung „Hasenohr" und der Markierung folgend durch Grashänge hinauf zum Latscher Joch (2507 m; Aquäduktreste, einfache Wetterschutzhütte). Von dort der Markierung 2 folgend hinauf zu einer ersten Felskuppe und weiter empor auf die Blaue Schneid (3026 m), dann am teilweise scharf gezackten Grat bzw. in dessen Nordseite weiter (hier ein paar Stahlseile und Ketten) und zuletzt unschwierig zum Gipfelkreuz (3257 m; ab Latscher Joch knapp 3 Std., ab Kuppelwieser Alm 4 – 5 Std.) – Der Abstieg (3 Std.) erfolgt über die beschriebene Aufstiegsroute.

Höhenunterschied: 1315 m

Gesamtgehzeit: Aufstieg 7-8 Std.

Orientierung und Schwierigkeit: für hochgebirgserfahrene und trittsichere Geher bei guten Verhältnissen nicht schwierig; da und dort kurze leichte Kletterstellen (teilweise gesichert)

Wanderkarten: Tabacco, Blatt 042 (Ultental), 1:25.000

Tipp

Aquädukt des Tarscher Jochwaals

Am Latscher Joch stehen wir vor einer Reihe von Steinpfeilern mit einigen Holzrinnen neueren Datums. Dabei handelt es sich um die Reste des um die Mitte des 19. Jahrhunderts erbauten Tarscher-Joch-Waales, mit dem das Wasser des Kuppelwieser Baches von der Ultner auf die Vinschgauer Seite und hinab zu den Wiesen von Tarsch geleitet wurde. Der zweieinhalb Kilometer lange, in Resten immer noch erhaltene Waal durchquerte steilste Schutt- und Felshänge, und seine Fassung lag in 2650 Meter Höhe. Damit zählt er zu den höchstgelegenen Bewässerungskanälen der Alpen und bezeugt die gewaltigen Leistungen, die einst für die Flurbewässerung erbracht wurden.

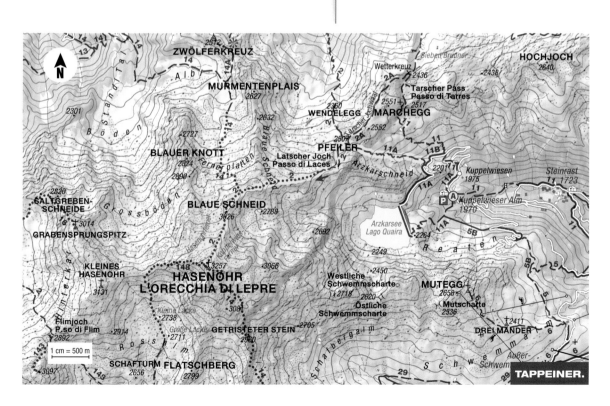

30

Auf die Nockspitze, 2719 m
Lohnende Rundtour bei Vernagt im Schnalstal

*Das Gipfelkreuz
auf der Nockspitze
gegen die Hoch-
gipfel des Ötztaler
Hauptkammes*

*Die Mastaunalm,
willkommene
Rast- und Einkehr-
möglichkeit an un-
serem Abstiegsweg*

Die Nockspitze erhebt sich südlich über dem Vernagter Stausee im inneren Schnalser Tal. Der markante Felsgipfel erfreut sich als Tourenziel allgemeiner Beliebtheit, zumal er mehrere gut markierte Anstiegsmöglichkeiten besitzt, von denen sich zwei zu der hier vorgeschlagenen Rundtour verbinden lassen.

Als Ausgangspunkt für die Tour wählen wir das Dörfchen Vernagt und wandern zuerst über die breite Dammkrone des Stausees zum gegenüberliegenden Bergfuß, wo unser dreistündiger Aufstieg beginnt und der von Unser Frau kommende Fußweg, den wir bei der Rückkehr begehen, einmündet.

Der gute, teilweise mit Stufen versehene Steig führt durch steilen, hochstämmigen Lärchenwald zu einer kleinen Almrodung. Höher steigend erreichen wir dann schon bald die Baumgrenze, und dann geht es über begrastes und steiniges Berggelände bergan. Steig und Markierung weisen weiterhin die Richtung, bei einem großen Steinmann bietet sich ein Vorgeschmack auf die Aussicht, die uns am Gipfel erwarten wird, und schließlich führt der Steig über den hübschen Nordgrat ohne Umschweife zum Gipfelkreuz.

Hier zeigt sich, dass unser Gipfel eine Aussichtswarte ersten Ranges ist. So bekannte Dreitausender wie Lagaunspitze, Schwemserspitze, Weißkugel, Finailspitze, Similaun und Hintere Schwärze liegen im Blickfeld, und kaum weniger eindrucksvoll als der Rundblick ist der Tiefblick auf das tausend Meter unter uns liegende Schnalstal.

Für den Abstieg wählen wir den südseitigen Steig, der uns, vorbei an einer aufgelassenen Alm, durchwegs steil, aber problemlos und auf gut markiertem Steig hinunter ins schöne Mastauntal führt. Hier gelangen wir neben dem rauschenden Bach zur großen Wiese mit den zwei malerischen Blockhütten der Mastaunalm und ein Stück tiefer zum gleichnamigen Hof. Hier wie dort besteht Einkehrmöglichkeit, bevor uns eine schattige Waldquerung zum Damm des Stausees und zum Ausgangspunkt zurückbringt. Bei dieser Querung steigt der Weg zwar stellenweise etwas an, aber das spürt man kaum und soll kein Grund sein, auf den Abstieg über Mastaun zu verzichten.

Wegverlauf: Von Vernagt am gleichnamigen Stausee in Schnals (1698 m) zuerst über den Staudamm zum westseitigen Bergfuß (hier Wegweiser), auf dem Waldsteig 17 in Kehren hinauf zu einer kleinen Almrodung und weiter hinauf zur Waldgrenze; nun mäßig ansteigend über freie Hänge zum Nordgrat der Nockspitze und über ihn auf dem markierten Steig empor zum Gipfel (2719 m; ab Vernagt 3 Std.). – Abstieg: Auf Steig 17 A kurz westwärts hinab in eine Kammsenke, dann südseitig über Blockwerk, Grasgelände und Wald hinunter zum Mastaunbach und talaus zur Mastaunalm (1810 m; Ausschank). Weiter zum Mastaunhof (1643 m), auf dem Zufahrtsweg ein Stück nordwärts und dann links abzweigend auf Steig 15 teils eben, teils ganz leicht ansteigend zurück zum Staudamm und nach Vernagt (ab Gipfel 3 Std.).

Höhenunterschied: 1100 m
Gesamtgehzeit: 5 – 6 Std.
Orientierung und Schwierigkeit: für berg- und gehgewohnte Wanderer unschwierig, teilweise aber steil
Wanderkarten: Tabacco, Blatt 04 (Schnalstal), 1:25.000

Tipp

Das Moosauge

In der Waldregion schenkt man der Alpenflora meist weniger Aufmerksamkeit als in den höheren Lagen, doch wartet sie auch hier mit mancher Besonderheit auf. So an unserem Weg unter anderem mit dem hübschen Moosauge, das auch als Einblütiges Wintergrün bekannt ist. Fällt das helle sternförmige Glöckchen inmitten der dunkleren Umgebung schon von oben gesehen auf, so zeigt sich seine volle Schönheit erst dann, wenn man sich weit genug „herablässt", um es auch aus der Froschperspektive zu betrachten.

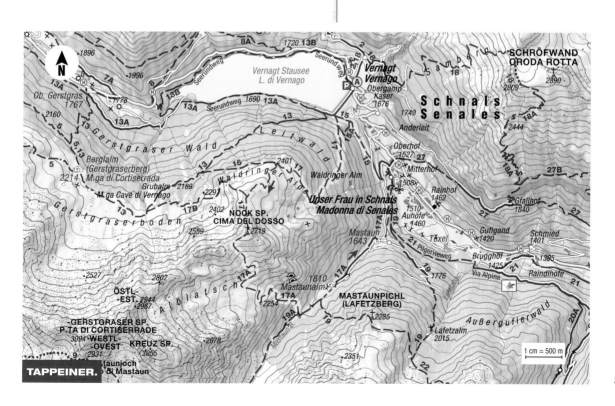

Von Dorf Tirol auf die Mutspitze, 2295 m

Beliebtester Gipfel rund um Meran

Neben Laugenspitze, Tschigat und Ifinger ist die Mutspitze einer der markantesten Gipfel im prächtigen Bergkranz, der das ausgedehnte Meraner Becken umrahmt. Der pyramidenförmige, nach den Muthöfen benannte Berg ragt nördlich über Meran bzw. Dorf Tirol frei und weithin sichtbar als südöstlicher Eckpfeiler der Texelgruppe und damit des gleichnamigen Naturparks auf.

Schon der Inntaler Kartograf Peter Anich verzeichnet unseren Berg in seinem 1774 erschienenen Atlas Tyrolensis, und selbst der Topograf Beda Weber, der in seiner Südtiroler Landesbeschreibung von 1838 mit der Nennung von Berggipfeln eher sparsam umgeht, rühmt ihn in begeisterten Worten und bescheinigt ihm „weitreichenden Ausblick".

Westseitig zieht vom Gipfel ein gezackter Felskamm hinüber bis zum 3000 Meter hohen Tschigat, nordseitig brechen steile Felsflanken gegen das Spronser Tal ab, und auch die Süd- und Ostseite ist sehr steil. Doch hier prägt über der Waldgrenze noch dichter Graswuchs das Bild der Hänge, und hier führt denn auch der unschwierige Fußpfad über den gleichmäßig ansteigenden Ostgrat zum Gipfel mit dem Kreuz.

Dieser Fußweg, der selbst oberhalb der Waldgrenze weit hinauf mit Holzgeländern und Steinpflasterung versehen wurde, beginnt am rund 1350 Meter hoch gelegenen Gasthaus und Bauernhof Hochmuth, das wir von Dorf Tirol herauf bequem mit der Seilbahn erreichen und wo sich bereits ein großartiger Blick über das Etschtal und den Vinschgau auftut.

Dann queren wir die Nadelwälder hinüber bzw. hinauf zum Gasthaus Mutkopf, und bald darauf erreichen wir die Baumgrenze und damit steile, im Sommer besonders schön blühende Grashänge. Und erst ganz oben, wo man dem Gipfelkreuz schon recht nahe ist, verschwindet die Grasnarbe und überlässt das Feld den Felsblöcken, die den markanten Gipfel aufbauen.

Der Aufstieg zur Mutspitze ist insgesamt zwar anstrengend und überdies im oberen Bereich auch ziemlich steil, aber wer einigermaßen gehgewohnt ist, nicht hastet und vielleicht beim erwähnten Gasthaus Mutkopf auch eine Rast einlegt, spürt kaum, dass der gesamte Höhenunterschied doch immerhin fast tausend Meter beträgt.

Die Mutspitze über den gleichnamigen Berghöfen, von Dorf Tirol aus

Die letzten Meter zum Gipfelkreuz

Wegverlauf: Von Dorf Tirol bei Meran mit der Seilbahn hinauf zum Gasthaus Hochmuth (1351 m). Von da in wenigen Minuten auf gutem Weg gerade hinauf zum Gasthaus Steinegg und ostwärts auf dem Waldweg 22 teils ansteigend, teils fast eben hinan zum Gasthaus Mutkopf (1684 m; ab Hochmuth 1 Std.). Nun auf dem Waldweg 22/23 über den Rücken hinauf zu Weggabel und links auf dem Weg bzw. Steig 23 über den steilen Ostgrat unschwierig empor zum Gipfel (2294 m; ab Gasthaus Mutkopf 1 ½ – 2 Std.). – Abstieg: Am besten über den Aufstiegsweg. – Bergerfahrene und tüchtige Geher können vom Gipfel auch zur Taufenscharte queren, um von dort südseitig über die Leiteralm und den Hans-Frieden-Weg zum Ausgangspunkt zurückkehren (Gehzeit ca. 3 Std.).

Höhenunterschied: 944 m
Gesamtgehzeit: ca. 5 Std.
Orientierung und Schwierigkeit: für berggewohnte Geher nicht schwierig
Wanderkarten: Tappeiner 121, Meran und Umgebung 1:25.000

Tipp

Behaarte Primel

Erfreuen an den Grashängen der Mutspitze im Frühsommer der blaue Enzian, die gelbe Schwefelanemone und die rote Alpenrose das Auge, so scheint der felsige Gipfelbereich völlig vegetationslos zu sein. Aber dann entdecken wir in den nordseitigen Schieferfelsen doch jene schöne Primel, die man im Schrifttum bisweilen als Klebrige Felsprimel, meist aber als Behaarte Primel antrifft. Obwohl in tieferen Lagen nicht gerade selten, erscheint sie uns am Gipfel der Mutspitze doch als Rarität – sie, die selbst in noch so lebensfeindlich anmutendem Fels ihre ganze Schönheit entfaltet.

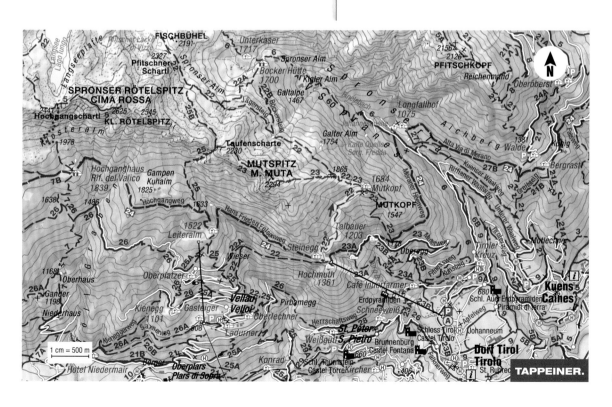

Auf den Hirzer, 2781 m

Gipfeltour im äußeren Passeiertal

Dank der Seilbahn, die von Saltaus über den Weiler Tall nach Klammeben und damit zur Waldgrenze führt, ist der Aufstieg zum Hirzer kein Gewaltmarsch, auch wenn der gut markierte Pfad teilweise steil ist und stellenweise auch etwas felsig und ausgesetzt.

Mit einer Höhe von immerhin fast 2800 Metern ist der zwischen dem äußeren Passeiertal und dem inneren Sarntal aufragende Hirzer der höchste Berg der Sarntaler Alpen. Das bedeutet, dass sich von seinem Gipfel aus eine geradezu grenzenlose Aussicht bietet, und dies umso mehr, als er sich ungefähr in der Mitte der Ostalpen befindet.

So ist der wuchtige Berg zweifellos schon früh bestiegen worden. Jedenfalls rühmt der Topograf Johann Jakob Staffler bereits um 1840 die „bezaubernde Rundsicht, welche auf diesem Punkte den schönsten Theil der tirolischen Bergwelt einschließt, ein Vorzug, der umso höher einzuschätzen ist, als die Prennerspitze einer der wenigen leicht und gefahrlos besteiglichen Bergfirsten des Landes ist".

Staffler, der Verfasser einer mehrbändigen Tiroler Landeskunde, spricht hier von der Prennerspitze (der Name ist nach dem Hof Prenn in Obertall

Blick von Klammeben zum Hirzer

Das Gipfelkreuz auf dem Hirzer

abgeleitet), wie das auch schon vor ihm der Kartograf Peter Anich tat. Doch fügt Staffler hinzu, dass der Berg auch „Hirzer" genannt werde; und diesen Namen gaben 1874 die Meraner Alpenvereinsleute auch der nebenan näher beschriebenen Schutzhütte.

Damals war ein alpiner Stützpunkt für die Besteigung des Berges keineswegs unwichtig, musste man doch schon vom Tal bis zur Almregion einen sehr langen Aufstieg bewältigen. Heute führt hingegen bis in die Nähe der Hirzerhütte die genannte Seilbahn, und von dort ist unser Berg von tüchtigen Gehern in zweieinhalbstündigem Aufstieg zu erklimmen.

Dies macht den Hirzer an schönen Sommertagen zu einem besonders beliebten Tourenziel, sollte aber nicht darüber hinwegtäuschen, dass es sich um keinen Berg für Ungeübte handelt. Steiles Geröll, ausgesetzte Schrofen und auch die eine oder andere etwas heiklere Felsstelle verlangen – wie mancher Unfall gezeigt hat – absolute Trittsicherheit, Bergerfahrung und vorsichtiges, umsichtiges, sicheres Steigen.

Wegverlauf: Von Saltaus im äußeren Passeiertal (490 m) zunächst mit der zweiteiligen Hirzer-Seilbahn hinauf nach Klammeben (1980 m; Gasthaus). Von da auf breitem Weg teils eben, teils kurz ab- und ansteigend in ca. 15 Minuten nordostwärts hinüber zur Hirzerhütte (1983 m; Gasthaus) und von dort der Beschilderung „Hirzer" folgend kurz hinauf zu Almhütten. Dann auf markiertem Steig über Gras- und Alpenrosenhänge und zuletzt über Geröll und Fels empor zur flachen Hirzerscharte (2678 m); nun links auf etwas ausgesetztem Steig leicht absteigend kurz zu dem vom Sarntal heraufkommenden Serpentinensteig und auf diesem (weiterhin markiert) empor zum Gipfel (2781 m; ab Klammeben gut 2 ½ Std.). – Abstieg: über die beschriebene Aufstiegsroute in knapp 2 Std.

Höhenunterschied: ca. 800 m

Gesamtgehzeit: 4 ½ – 5 Std.

Orientierung und Schwierigkeit: nicht wirklich schwierig, aber doch nur bergerfahrenen und absolut trittsicheren Gehern vorbehalten!

Wanderkarten: Tappeiner 142, Schenna und Umgebung, 1:25.000

Tipp

Die Hirzerhütte

Unmittelbar neben der Gaststätte, die den Namen „Hirzerhütte" trägt, steht eine kleinere und weniger beachtete, aber deshalb nicht weniger bedeutsame Hütte. Bei ihr handelt es sich nämlich um die allererste Hirzerhütte. Sie wurde bereits 1874 von der damaligen Alpenvereinssektion Meran errichtet und am 5. Juli jenes Jahres feierlich eingeweiht. Es war dies nicht nur die erste Vereinsschutzhütte Südtirols, sondern, abgesehen von einem 1805 am Ortler errichteten, längst verschwundenen Behelfshüttchen, die erste richtige Bergsteigerunterkunft überhaupt. Und damit kommt ihr eine durchaus nennenswerte alpinhistorische Bedeutung zu.

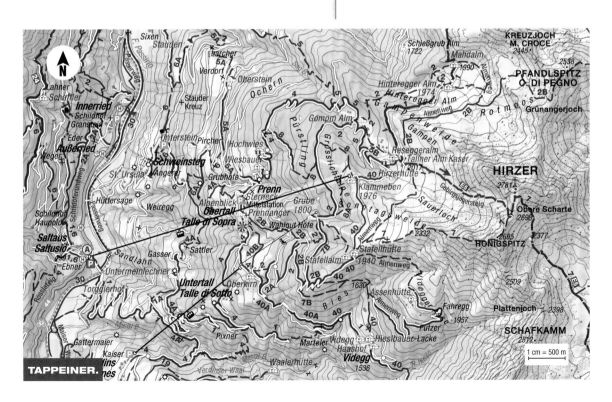

Nach St. Martin am Schneeberg

Zum einstigen Bergwerk in Hinterpasseier

Einst das höchste Knappendorf Europas: St. Martin am Schneeberg im innersten Passeiertal

Wanderziel oberhalb St. Martin: der Schwarzsee gegen die Dreitausender des Gurgler Kammes

Das einstige, im innersten Passeiertal nicht weniger als 2355 Meter hoch gelegene Knappendorf St. Martin am Schneeberg, wo sich heute ein Schutzhaus, ein kleines Museum und verschiedene „Erlebniswege" befinden, ist ein Wanderziel der ganz besonderen Art inmitten einer prächtigen Alm- und Berglandschaft, deren Gipfel teils aus dunklen Silikatgesteinen, teils aus hellem Dolomit aufgebaut werden.

Große Abraumhalden, alte Stolleneingänge, teilweise rekonstruierte Reste der einstigen Förderanlagen, mit denen das Erz über den hohen Kamm ins Ridnauntal und weiter über Sterzing zu den Schmelzhütten im Inntal befördert wurde – all das erzählt von der Zeit, da hier zuerst Silber, das schon im fernen Jahr 1237 erstmals urkundlich erwähnt wird und später zur Meraner Münzprägestätte kam, dann Blei für die Schmelzwerke im Inntal und zuletzt Zinkblende abgebaut wurde. So herrschte hier oben im weltfernen Knappendorf St. Martin lange Zeit reges Treiben – so wie übrigens auch drüben im Ridnauner Pochwerk, wo sich heute ebenfalls ein Museum befindet.

Bis in die 1960er Jahre war das Bergwerk in Betrieb und als höchstgelegener aktiver Bergbau Europas

berühmt, dann wurde es stillgelegt. Aus dem ehemaligen „Herrenhaus" wurde später das erwähnte Schutzhaus, andere Baulichkeiten wurden teils restauriert, teils wegen Baufälligkeit abgerissen, ein kleines Bergwerksmuseum wurde eingerichtet und um 1990 konnte auch das Dorfkirchlein Maria Schnee, das nur noch als Ruine dastand, wiedererrichtet werden.

So besteht St. Martin zwar nicht mehr wie einst aus einem Dutzend Häusern mit Schule, Spital, Metzgerei, Schmiede und was sonst in einem Bergwerksdorf notwendig war, aber das, was übrig ist, vermittelt doch zumindest eine Ahnung vom einstigen Leben hier oben.

Deshalb sollte man sich für die Wanderung und die Besichtigung des Ganzen genügend Zeit nehmen! Und aus diesem Grunde unternehmen wir von St. Martin aus eine hübsche Rundwanderung hinauf zum Schwarzsee, über einen einstigen Waalweg zum Kaindlstollen und von dort wieder zurück nach St. Martin. Diese Runde vermittelt weitere Einblicke und einen guten Gesamtüberblick über das Bergbaugebiet, aber sie ist auch landschaftlich überaus lohnend.

Wegverlauf: Anfahrt von Moos in Passeier über die Timmelsjochstraße bis zur Brücke über den Schneebergbach (1666 m, Wegweiser, Parkplätze). Von da der Markierung 31 folgend teils auf dem Güterweg, teils auf dem alten Fußweg durch Wald und über Almgelände mäßig steil hinauf zum Seemoos (hier ein sogenannter Bremsberg mit „Erlebnispfad") und weiter empor nach St. Martin (2355 m; bewirtschaftetes Schutzhaus; ab Ausgangspunkt gut 2 Std.). – Weiter zum Kleinen Schwarzsee (2609 m): Auf Steig 28 A in 1 Std. nordostwärts hinauf zum See (2628 m), dann auf Steig 28 B nahezu eben zum Weg 28 und wieder hinunter nach St. Martin (Gehzeit der Runde 2 – 2 ½ Std.). – Schließlich wieder über den Aufstiegsweg zum Ausgangspunkt.

Höhenunterschied: 943 m
Gesamtgehzeit: 6 Std.
Orientierung und Schwierigkeit: für Gehgewohnte leicht und problemlos
Wanderkarten: Tappeiner 144, Passeiertal, 1:30.000

Tipp

Der Kaindlstollen

Am Ende des alten Waalweges, der vom Schwarzsee bis unter die Schneebergscharte führt, befindet sich unter einem Eisengitter der Eingang des vielzitierten, 730 Meter langen Kaindlstollens, bei dem es sich aber nicht um einen Erzstollen handelte, sondern um eine Wegverbindung zwischen der Passeirer und der Ridnauner Seite, um den Gang über die hohe Scharte zu vermeiden. Sieben Jahre dauerte der schwierige Durchbruch, wobei einmal mehrere Knappen durch herabgestürzte Steinmassen eingeschlossen wurden und einen schrecklichen Tod fanden. Viele Tage lang soll man ihre verzweifelten Klopfzeichen gehört haben. Heute ist der Stollen schon längst unbegehbar.

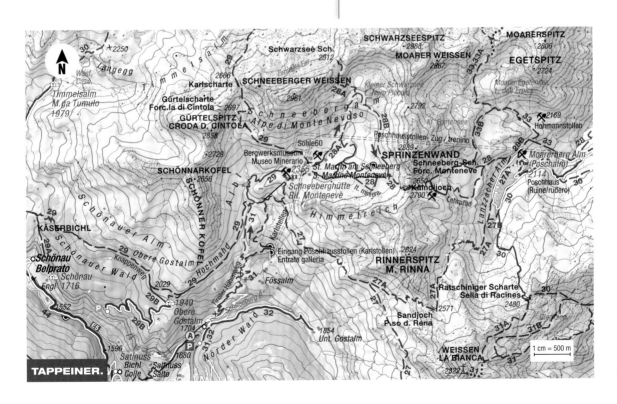

34

Auf den Peilstein, 2542 m
Almen- und Gipfeltour hoch über St. Walburg in Ulten

Die ausgedehnte Marschnellalm oberhalb St. Walburg in Ulten; rechts dahinter der Peilstein, unser Gipfelziel

Erste Raststätte an unserem Weg: die malerische Hütte am Riemer Bergl

Der Peilstein ist ein ausgeprägter und bekannter Gipfel nordwestlich über St. Walburg in Ulten, wohin er sich mit seiner steilen Südflanke als beherrschende Berggestalt zeigt. Er bildet den Eckpunkt eines vom Hauptkamm, der das Ultental vom Vinschgau trennt, südseitig abzweigenden Seitenastes. Dank dieser freien, nach Süden vorgeschobenen Lage bietet er einen besonders eindrucksvollen Blick über das gesamte Ultental. Der Berg besitzt mehrere Zugänge, die allesamt als unschwierig eingestuft werden dürfen – so den langen Anstieg von St. Helena über den Ostkamm oder den ebenfalls ostseitigen Weg über die Innere Falkomaialm herauf.

Aber mindestens ebenso lohnend ist der von uns gewählte Aufstieg von Westen, von der in eine ausgedehnte Bergmulde gebetteten Marschnellalm herauf, die wir vom Parkplatz beim Simianhof auf dem Larcherberg aus anpeilen.

Von dort steigen wir zuerst zur malerischen Riemer-Bergl-Alm an, wo erste Einkehrmöglichkeit besteht, und dann queren wir auf einem aussichtsreichen Höhenweg hinaus zur genannten, ebenfalls Einkehrmöglichkeit bietenden Marschnellalm, deren vor einigen Jahren erneu-

erte Baulichkeiten das schöne traditionelle Legschindeldach tragen.

Hier trennt uns nur noch der teilweise fast gemütliche, nur im mittleren Teil etwas steile Aufstieg zum Peilstein, der schon auf dem besagten Höhensteig das Bild beherrscht und uns die Richtung gewiesen hat. Einer alten Grenzmauer geht es entlang, dann an einem Steilhang und über den kurzen Gipfelgrat hinauf – und schließlich überschreiten wir den höchsten Punkt hin zum hohen Gipfelkreuz, das südseitig etwas tiefer steht, damit es auch vom Tal herauf gesehen werden kann. Wie die vielen anderen ostalpinen Beil- und Peilnamen hat auch der Name unseres Berges nichts mit einer Hacke zu tun, sondern ist, so sagt uns die Namenforschung, ein alter Jagdausdruck für den Ort, wo das Wild gestellt wurde.

Auf den Almhöhen rund um den Peilstein weiden im Sommer zwar hauptsächlich Rinder, Schafe und Pferde, aber hier haben auch Murmeltiere und Gämsen ihre Heimstatt.

Wegverlauf: Anfahrt von St. Walburg in Ulten (1131 m) kurz westwärts zur Abzweigung der Straße zum Larcherberg (Straßenschild) und auf dieser hinauf bis zu einem ungeteerten Parkplatz nahe dem Simian-Hof (1680 m). Von da stets der Markierung 4 folgend teils auf breitem Güterweg, teils auf dem Fußweg großteils durch Wald in 1 Std. hinauf zur Riemer-Bergl-Alm (2049 m, Ausschank), auf Steig 4 hinauf zu Weggabel, rechts auf Steig 4 B zur Waldgrenze und im Almgebiet längere Zeit eben und zuletzt ganz kurz absteigend zur Marschnellalm (2212 m; Gastschenke; ab Riemer Bergl knapp 1 Std.); von da auf Steig 10 teils eben, teils etwas steil hinauf zu einer Senke im Nordgrat des Peilsteins und rechts problemlos über den Grat zum Gipfel (2542 m; ab Marschnellalm 1 Std.). – Abstieg: über den Aufstiegsweg (ca. 2 Std.).

Höhenunterschied: 862 m
Gesamtgehzeit: 5 Std.
Orientierung und Schwierigkeit: für gehgewohnte Bergwanderer leicht und problemlos
Wanderkarten: Tappeiner 107, Lana und Umgebung, 1:35.000

Tipp

Singender Zaunkönig

Es war kurz unterhalb der Waldgrenze recht zeitig am Morgen. Während ich den steilen Weg höher steige, singt irgendwo in der Nähe ein Buchfink – nichts Besonderes. Aber dann erscheint mir der Gesang doch nicht von einem Finken zu stammen, ich suche mit den Augen die Umgebung genauer ab, und plötzlich sehe ich es: Auf einem dürren Lärchenast sitzt kein Fink, sondern ein Zaunkönig! Und der schmettert seine Strophen aus voller Kehle in den neuen Tag hinaus. Sehr lange habe ich ihm zugeschaut und zugehört, bevor ich weiter berg-an stieg. Denn so sangesfreudig erlebt man einen Zaunkönig nicht alle Tage.

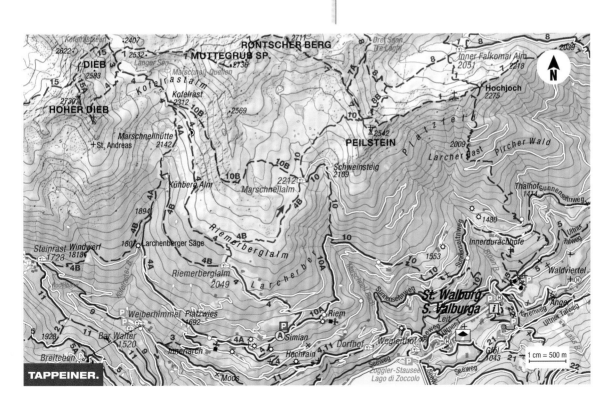

35

Auerberg und Ilmenspitze, 2656 m
Alm-, See- und Gipfeltour in Ulten

Die Auerbergalm liegt noch im Waldbereich an unserem Weg

Gipfelkreuz und Bildstock auf der Ilmenspitze

Südseitig von St. Nikolaus in Ulten, und zwar der von ihrem spitzen Kirchturm geprägten Ortschaft gegenüber, mündet von Süden her das einsame Auerbergtal ins Haupttal ein. Ähnlich wie manches andere der südseitigen Ultner Seitentäler ist auch diese Gebirgsfurche im unteren Abschnitt fast schluchtartig, so dass der alte Almweg hoch über dem rauschenden Auerbergbach verläuft.

Bergwärts ändert sich aber das Bild und in halber Höhe liegen in einer freundlichen Rodung die schindelgedeckten Gebäude der Auerbergalm, die gemütliche Einkehrmöglichkeit bietet.

Oberhalb der Alm riegelt eine felsige, wenn auch bewaldete Steilstufe das Tal ab, an welcher der Auerbergbach eine mehrstufige Kaskade bildet. Doch ein eindrucksvoller, teilweise gepflasterter Weg überwindet die Stufe und führt empor zu den ausgedehnten Grashängen der Seefeldalm. Deren Hütte ist aber nicht durchgehend bewohnt, und deshalb gehen wir gleich weiter bis hinauf zum Seefeldsee, der sich nur wenige Gehminuten höher befindet und von blühenden Weideböden umgeben wird.

Für viele Wanderer ist der See schon ein lohnendes Ziel, aber wer hier noch über genügend Kraft-reserven verfügt, lässt sich die Gelegenheit nicht entgehen, mit dem Besuch der Almen und des Sees auch die Besteigung der Ilmen- oder Ilmspitze zu verbinden, zumal der Steig, der vom See zum Gipfel führt, gut markiert und weder schwierig noch gefährlich ist.

Vom See aus gesehen erscheint die Ilmenspitze, deren Gipfelkreuz nur hinter einer Geländeschulter etwas hervorlugt, zwar nicht als besonders markante Berggestalt, in Wirklichkeit aber handelt es sich um einen der prächtigsten und höchsten Berge des gesamten südlichen Ultner Kammes.

Hinzu kommt, dass der Gipfel, auf dem sich ein stattliches Kreuz und ein Bildstock befinden, eine geradezu einmalige Aussicht nach allen Seiten bietet, die sowohl die Bergwelt Südtirols wie jene des Trentino umfasst.

Für den Abstieg könnte man die Route über die sehr steile Südseite und dann durch das Einertal wählen, aber wegen des leichteren und kürzeren Weges geben wir dem Abstieg über die Aufstiegsroute den Vorrang.

Wegverlauf: Von St. Nikolaus in Ulten bzw. von der Talstraße unterhalb des Dorfes (1266 m) stets der Markierung 18 folgend großteils auf dem alten Almweg, der den Güterweg abkürzt, an den orografisch rechten Hängen des Auerbergtales durch schöne Nadelwälder hinauf zur Auerbergalm (1644 m; Jausenstation; ab St. Nikolaus 1 ½ Std.). Nun auf dem guten, stellenweise aber steilen Weg, der die Steilstufe mit dem Wasserfall links umgeht, hinauf zur Waldgrenze, kurz weiter zur Seefeldalm und zu dem etwas höher liegenden Seefeldsee (2168 m; ab Auerbergalm gut 1 Std.). Schließlich auf dem markierten Bergsteig (Nr. 19) ostwärts über die Hänge großteils mittelsteil zum Gipfel der Ilmenspitze (2656 m; ab Auerbergalm gut 2 Std.). – Der Abstieg erfolgt am besten über die Aufstiegsroute.

Höhenunterschied: 1390 m

Gesamtgehzeit: 5 – 6 Std.

Orientierung und Schwierigkeit: für gehtüchtige und einigermaßen bergerfahrene Wanderer leicht und problemlos

Wanderkarten: Tabacco, Blatt 042 (Ultental), 1:25.000

Der Seefeldsee

Am Weg zur Ilmenspitze ist er das ganz besondere landschaftliche Juwel, der See, der nach dem umliegenden Seefeld benannt ist und zugleich eben diesem Seefeld den Namen gegeben hat. Das Gewässer, in dem sich das über 3250 Meter hohe Hasenöhrl spiegelt, ist rund 120 Meter lang und 60 Meter breit, und mag es auch nicht besonders tief sein, so ist seine Lage inmitten einer von blühenden Grasmatten gebildeten Mulde doch überaus reizvoll. Einstmals gab es in diesem Gebiet sogar drei Seen, zwei von ihnen sind heute jedoch verlandet und zu einsamen Gebirgsmooren geworden. Aber auch nur der eine noch verbliebene See macht der Flurbezeichnung „Seefeld" noch alle Ehre.

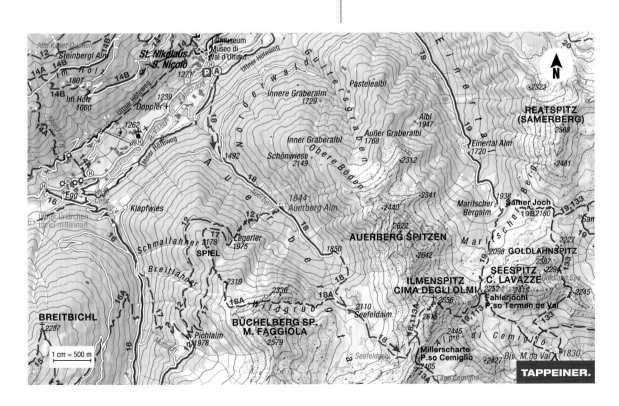

36

Auf die Mandlspitze, 2396 m
Von Proveis über die Stierbergalm zum Gipfel

Das Ziel dieser Wanderung ist die Mandlspitze im Westteil des Deutschnonsberges, der am besten von Ulten über die relativ neue Autostraße zu erreichen ist.

Die nach dem am Gipfel stehenden Steinmann benannte Mandlspitze zeigt sich schon, nachdem man den Hofmahdtunnel hinter sich hat, zur genannten Zufahrt hin als markanter, pyramidenförmiger Gipfel über Proveis. Er ist dem Hauptkamm, der den Deutschnonsberg vom Ultental trennt, südlich vorgelagert und bietet bei klarer Sicht ein umfassendes Panorama über den Nonsberg und die Trentiner Bergwelt, aber auch zu den markanten Gipfeln des erwähnten Ultner Begrenzungskammes.

Man könnte die Südseite des Berges, über die der Aufstieg erfolgt, sowohl von Westen wie von Osten her auf einem hoch oben die Hänge querenden Höhensteig erreichen, wir wählen aber doch den direkten und damit kürzesten Aufstieg, der von Proveis über die schön sonnig gelegene Stierbergalm führt.

Der Aufstieg zur Alm folgt, sofern man nicht teilweise dem alten Fußsteig den Vorzug geben will, stets dem breiten Fahrweg und ist damit eine gemütliche Wanderung, die sich auch schwächere Geher zutrauen dürfen. Daher ist die bereits oberhalb der eigentlichen Waldzone gelegene Alm sommersüber denn auch ein beliebtes Wanderziel. Wer aber höher hinauf will – etwa zum Samerjoch, zu den Gipfeln im Hauptkamm oder eben auf unsere Mandlspitze – für den ist hier das gemütliche Wandern auf breitem Weg allerdings zu Ende.

So folgt auch unser weiterer Aufstieg nur noch einem einfachen, teilweise steilen und steinigen Pfad, der sich zudem streckenweise auch noch verliert. Aber die Route verläuft noch in der Vegetationszone, sie ist markiert, und auch die paar felsigen Stellen im letzten Abschnitt des Aufstiegs sind unschwierig begehbar und führen problemlos zum weithin sichtbaren Holzkreuz am geräumigen Gipfel hoch über Proveis.

Unser Tourenziel: die Mandlspitze bei Proveis

Die Stierbergalm, willkommener Rastpunkt am Weg zur Mandlspitze

Wegverlauf: Anfahrt von Lana im Etschtal ins Ultental und auf der zwischen St. Pankraz und St. Walburg abzweigenden Straße nach Proveis am Deutschnonsberg (1420 m; Gastbetriebe). Von da rechts zum nahen Sportplatz, auf dem Weg 19 (Erlebniswanderweg) kurz nordwärts zum Gamperbach und nach der Brücke weiterhin mit Markierung 19 auf dem breiten Güterweg bzw. teilweise auf dem abkürzenden Steig großteils durch Wald mäßig bis stark ansteigend hinauf zur Stierbergalm (1850 m; Gastschenke; 1 ½ Std.). Nun rechts auf Steig 12 hinauf zum Südwestrücken der Mandlspitze und − weiterhin mit Nr. 12 − über steiniges Grasgelände, Blockwerk und unschwierige Felspassagen empor zum Gipfel (2396 m; ab Stierbergalm 1 ½ − 2 Std.). − Abstieg wie Aufstieg (2 ½ Std.).

Höhenunterschied: 976 m

Gesamtgehzeit: 5 − 6 Std.

Orientierung und Schwierigkeit: für berggewohnte Geher unschwierig, ab der Alm teilweise steil

Wanderkarten: Tabacco, Blatt 042 (Ultental), 1:25.000

Tipp

Der Perlmutterfalter

Während ich beim Aufstieg zur Mandlspitze eine Verschnaufpause einlege, fällt mein Blick auf die schönen Blüten des Deutschen Enzians, und ganz plötzlich sitzt ein Perlmutterfalter auf der Blume und labt sich bald an diesem, bald an jenem der vielen Blütensterne. Und so bietet sich mir in rund 2200 Meter Höhe ein Bild, das mich für eine ganze Weile vergessen lässt, dass ich noch einen langen Weg vor mir habe und die Zeit für Naturbetrachtungen − wie bei manch anderer Tour − leider auch diesmal begrenzt ist.

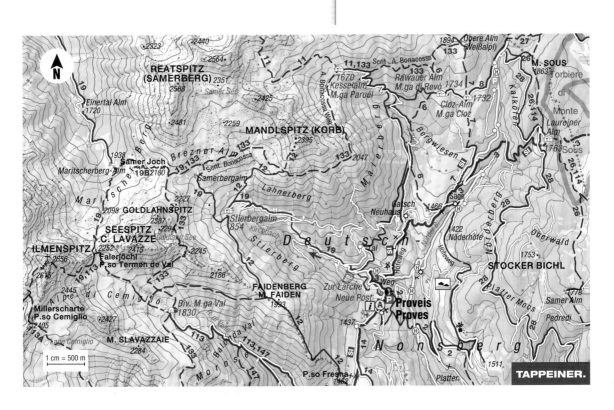

37

Marburger Hütte und Jakobsspitze

Bergwanderung von Durnholz im Sarntal aus

Das Dörfchen Durnholz mit seiner freskenge-
schmückten Kirche und der nahe Durnholzer See,
der zu den schönsten Südtiroler Talseen zählt und
auf guten Wegen umrundet werden kann, gehören
zu den besonderen Glanzpunkten, die das Sarntal
zu bieten hat. Und für uns bildet Durnholz auch
den Ausgangspunkt für die beliebte Wanderung
zur Marburg-Siegener Hütte und zur Jakobsspitze.
Dabei wandern wir zunächst am Ufer des schönen, von Sagen umwobenen Sees zur Mündung
des einsamen Seebbachtales, und durch dieses
ansteigend an der gleichnamigen Alm vorbei.
Dann geht es durch Wald und Lichtungen und
begleitet vom Rauschen des nahen Baches weiter
bergan zur Baumgrenze und hinauf zur schmalen
Flaggerscharte, einem Übergang zwischen dem
Sarntal und dem Eisacktal, von wo der einstündige
Gipfelpfad der Jakobsspitze beginnt.

Wenige Schritte von der Scharte entfernt steht
die Marburg-Siegener Hütte, so benannt nach
den Alpenvereinssektionen, die das Schutzhaus
1914 erbaut haben. Die Hütte, in deren Nähe als
besonderes landschaftliches Juwel der glasklare
Flaggersee liegt, ist ein beliebtes Wanderziel und
ein wichtiger Stützpunkt im Kreuzungspunkt verschiedener Wege, wie beispielsweise der das ganze Sarntal umrundenden Hufeisentour. Und sie ist
ein günstiger Rastort am Weg zu den umliegenden
Gipfeln, von denen neben unserer Jakobsspitze
auch das Tagewaldhorn zu nennen ist.

Von der im Sommer bewirtschafteten Schutzhütte, meist einfach nur Marburger Hütte genannt,
beziehungsweise von der nahen Flaggerscharte
aus besteigen wir also die besagte Jakobsspitze,
die schon um das Jahr 1620 unter dem heutigen
Namen schriftlich belegt ist. Die markierte und
an einer etwas heikleren Felspassage durch ein
Halteseil entschärfte Route führt großteils über
Blockwerk und Schieferfels und darf für berg-
geübte Geher als unschwierig bezeichnet werden.
Und der Gipfel, der auch über den Westgrat herauf ersteigbar ist, darf sich rühmen, die höchste
Erhebung des Sarntaler Ostkammes und eine der
höchsten der gesamten Sarntaler Alpen zu sein.
Dementsprechend handelt es sich um eine ganz
hervorragende Aussichtswarte.

*Flaggersee mit
Marburg-Siegener
Hütte und Jakobs-
spitze*

*Der Durnholzer See
mit dem gleich-
namigen kleinen
Dorf bildet den
Ausgangspunkt für
unsere Tour*

Wegverlauf: Vom Parkplatz nahe dem Durnholzer See (1540 m; hierher Straße von Astfeld herein) kurz hinauf zum See, auf der Uferstraße zu seiner Nordecke, nun auf Höfezufahrt und abzweigendem Forstweg (Mark. 16) nordostwärts mäßig steil durch das Seebbachtal hinein (unweit des Weges die Seebalm, 1803 m), dann auf dem Fußweg (stets Nr. 16) zur Baumgrenze und zuletzt über steinige Hänge stärker ansteigend hinauf zur Flaggerscharte (unweit davon die bewirtschaftete Marburg-Siegener Hütte am Flaggersee, 2481 m; ab Durnholz 2 ½ – 3 Std.). Schließlich auf dem markierten Steig über Blockwerk und Felsschrofen (eine Stelle seilgesichert) südwärts hinauf zum Gipfel (2741 m; ab Scharte knapp 1 Std.). – Der Abstieg erfolgt über die beschriebene Aufstiegsroute.

Höhenunterschied: 1201 m

Gesamtgehzeit: 6 Std.

Orientierung und Schwierigkeit: für gehgewohnte Bergwanderer mit ordentlichem Schuhwerk unschwierig

Wanderkarten: Kartenset Hufeisentour 153, 1:30.000

Tipp

Der Tannenhäher

Wo es Tannen gibt, sieht man ihn oft ganz oben auf deren Wipfeln sitzen; daher der deutsche Artname. Doch weil er in der Bergregion auch Zirbenbestände bewohnt und statt eines Gesangs nur kurze schnarrende Krächzlaute von sich gibt, kennen wir ihn auch als „Zirmgratsche". Mit großer Wahrscheinlichkeit bekommen wir den Vogel auch auf unserem Weg durch das Seebbachtal zu Gesicht und lernen ihn mit seiner stattlichen Gestalt, dem dunklen, weiß gesprenkelten Gefieder und dem kräftigen, nadelspitzen Schnabel, mit dem er aus den Zirbenzapfen die schmackhaften Nüsschen holt, als einen ebenso prächtigen wie unverwechselbaren Bewohner unserer Bergwälder kennen.

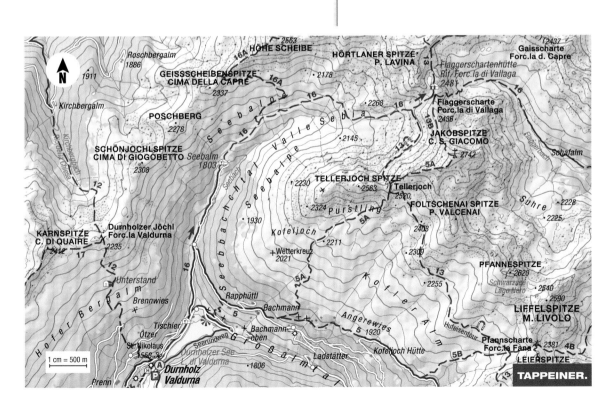

38

Auf die Kassiansspitze, 2581 m
Gipfeltour bei Latzfons im Eisacktal

Die Kassiansspitze bildet den Hauptgipfel eines kleinen Bergmassivs im Sarntaler Ostkamm nordwestlich über dem Klausner Raum.

Benannt ist der Gipfel nach dem hl. Kassian, dem Brixner Diözesanpatron, dessen Verehrung ganz besonders von Fürstbischof Kaspar Ignaz von Künigl (1702 – 1747) gefördert und verbreitet wurde. So wäre es denkbar, dass um jene Zeit, in der auch die Wallfahrt zum Latzfonser Kreuz entstand, der Gipfel seinen Namen erhielt.

Für unsere Tour auf die Kassiansspitze wählen wir die beliebte Route, die am Kühhof oberhalb von Latzfons beginnt und über die Klausner Hütte und das Latzfonser Kreuz zum Gipfel führt. Dies ist ein anfangs geradezu bequemer Weg, der bis zur Klausner Hütte schattige Wälder und sonnige Bergwiesen durchquert. Dann geht es etwas steiler bergan, und nach einer guten Stunde hat man das Bergkirchlein zum Latzfonser Kreuz mit der nahen Schutzhütte erreicht.

Dieses weithin sichtbare Höhenheiligtum mit seinem schlichten Langhaus und dem zierlichen Spitzturm ist vor der Kulisse der Geislerspitzen und Langkofelgruppe ein überaus gefälliger neugotischer Bau, der nach Plänen des Latzfonser Kooperators Johann Krapf um 1868 an der Stelle einer einfachen Kapelle errichtet wurde.

Unweit des Kirchleins, in dessen Nähe schon früh ein erstes Hospiz für die Pilger entstand, befindet sich eine kleine Felshöhle, die zu verschiedenen Vermutungen geführt hat. Harren diesbezügliche Rätsel noch einer Lösung, so belegen nicht allzu weit entfernt gefundene Feuersteingeräte eine mittelsteinzeitliche Begehung des Gebietes.

Am Latzfonser Kreuz beginnt der einstündige Gang zum Gipfel. Der markierte, nur stellenweise ziemlich steile Fußpfad führt über Bergrasen und Blockwerk, wir kommen am hübschen Kassiansee vorbei. Am Gipfelkreuz haben wir dann einen insgesamt mehrstündigen Marsch hinter uns. Aber die Mühe hat sich gelohnt. Denn die Kassiansspitze gehört zu den aussichtsreichsten Gipfeln weitum, und wer den schon 1885 in einer Alpenvereinszeitschrift ausgesprochenen Rat befolgt und den Sonnenuntergang abwartet, dem bieten die Dolomiten im Abendglühen sicher ein Erlebnis von unvergesslicher Schönheit.

Höhenwallfahrt und Rastort Latzfonser Kreuz gegen die Dolomiten

Die Klausner Hütte am Weg zum Latzfonser Kreuz

Wegverlauf 2013: Anfahrt von Feldthurns über Latzfons hinauf zum Parkplatz nahe dem Kühhof (1550 m). Von da der Markierung 1 folgend auf breitem Weg anfangs weitgehend eben und später mäßig bis mittelstark ansteigend durch Wald und Bergwiesen zur Klausner Hütte (1919 m, bewirtschaftete Schutzhütte; ab Kühhof knapp 1 ½ Std.); dann auf dem breiten Weg hinauf zur Saltnerhütte, hinein ins Plankental und mittelsteil hinauf zur Kirche und Schutzhütte Latzfonser Kreuz (2311 m; ab Klausner Hütte gut 1 Std.). – Zur Kassiansspitze (2581 m): Von der nahen Wegteilung auf Steig 17 mit zunehmender Steilheit empor zu einer Gratsenke und rechts über einen begrasten Rücken problemlos zum Gipfelkreuz (ab Latzfonser Kreuz knapp 1 Std.). – Abstieg: wie Aufstieg (2 ½ Std.).

Höhenunterschied: 1031 m

Gesamtgehzeit: ca. 6 Std.

Orientierung und Schwierigkeit: für gehtüchtige Wanderer leicht und problemlos

Wanderkarten: Tappeiner 125, Brixen und Umgebung 1:25.000

Tipp

Der Schwarze Herrgott

Im Hochaltar des legendenumwobenen Bergkirchleins steht sommersüber das Latzfonser Kreuz mit dem verehrten „Schwarzen Herrgott". Der gotische, angeblich mit Ochsenblut und flüssigem Baumharz bemalte Gekreuzigte, der sich Aufhellungsversuchen stets widersetzt haben soll, befand sich ursprünglich in der Totengruft von Latzfons. Im Jahr 1700 wurde er dann hier oben als Wetterkreuz aufgestellt, an einer Stelle, die er selbst bestimmt hatte, wie die Legende weiß. 1743 errichtete man ihm eine Kapelle und schließlich um 1868 das heutige Kirchlein. So wurde aus dem anfänglichen Bergkreuz zur Abwendung der Gewitter die weitum bekannte Höhenwallfahrt.

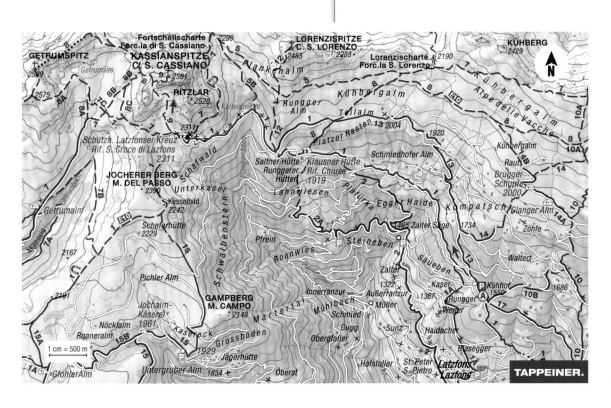

39

Auf die Rotwand im Rosengarten

Klettersteigtour über dem Eggental

Die Rotwand in der südlichen Rosengartengruppe ist einer der schönsten Berge in diesem an prächtigen Felsgestalten gewiss nicht armen Gebirge, der Beherrscher des Karerseegebietes und einer der bekanntesten Berge Südtirols und der Dolomiten.

Mit gut 2800 Metern Höhe gehört die Rotwand zwar nicht zu den besonders hohen Gipfeln des Landes, aber die ebenmäßige Form, die einzigartige Westwand und die weithin sichtbare Lage machen aus ihr eine Art „Berg der Berge", der zudem dank gesicherter Routen nicht allzu schwierig zu besteigen ist.

Für unseren Aufstieg wählen wir den Klettersteig über den Nordrücken. Diese zwar teilweise ausgesetzte, alles in allem aber nicht schwierige Route ist schon lange mit Fixseilen und Seilgeländern versehen. Durch die Schaffung des Klettersteiges ist der alte Normalanstieg sicherer und auch etwas leichter geworden, aber ein „Kuhberg" ist die Rotwand deshalb noch lange nicht, und „leicht" ist der Aufstieg nur für schwindelfreie und einigermaßen klettersteigerfahrene Geher.

Ist dann der Gipfel erreicht und die wirklich einmalige Aussicht gebührend genossen, erfolgt der Abstieg. Wer will, kann natürlich über die Aufstiegsroute absteigen, lohnender aber ist der Abstieg über die nicht übermäßig steile, teilweise begraste, teilweise felsige Südostflanke.

Die Route ist streckenweise ein gutes Steiglein, und wo sie über steilen bis senkrechten Fels führt, bieten eine Eisenleiter und gute Halteseile die nötige Sicherheit und Kletterhilfe.

Dieser Abstieg führt uns zur Ostertaghütte, die heute meist nur als Rotwandhütte aufscheint, und von dort geht es über den Hirzelweg und vorbei am Christomannosdenkmal mit Prachtblick zur Latemargruppe zurück zur Paolinahütte. Hier, wo wir vor etlichen Stunden aufgebrochen sind, beenden wir nicht nur die Besteigung eines der schönsten Berge Südtirols, sondern zugleich auch eine großartige Überschreitung sowie die Umrundung des südlichsten Ausläufers der Rosengartengruppe.

Am Gipfel der Rotwand

Die Nordseite der Rotwand, über die unser Aufstieg verläuft

Wegverlauf: Von der Feriensiedlung Karersee (1600 m)
mit dem Sessellift hinauf zur Paolinahütte (2125 m; Berggaststätte). Von da auf dem zur Kölner Hütte führenden
Höhenweg (Nr. 539) nordwärts bis zum Wegweiser „Vajolonpass" und rechts über Geröll und eine Eisenleiter empor
zum schmalen Vajolonpass (2560 m). Nun rechts den
Stahlseilen folgend teilweise steil und etwas ausgesetzt
in knapp einer Stunde empor zum Gipfel (2806 m; ab
Paolinahütte 2 ½ Std.). – Abstieg: Zuerst auf dem Steig
südostwärts über die Gipfelflanke und dann an Stahlseilen
und über eine Eisenleiter hinab zu Weggabel, links an
Fixseilen und über Geröll hinab zum Höhenweg 556, auf
diesem südwärts zur Rotwandhütte (2280 m) und auf
dem Höhenweg 549 zurück zur Paolinahütte (ab Gipfel
ca. 2 Std.); schließlich mit dem Sessellift zurück zum
Ausgangspunkt.

Höhenunterschied: 681 m

Gesamtgehzeit: 4 – 5 Std.

Orientierung und Schwierigkeit: für bergerfahrene,
trittsichere und etwas felsgeübte Geher bei guten Verhältnissen nicht schwierig

Wanderkarten: Tappeiner 120, Rosengarten–Latemar,
1:25.000

Das Christomannos-Denkmal

Auf dem Rückweg über den Hirzelweg kommen wir
an einem mehr als mannshohen Adler aus Bronze
vorbei, der Latemargruppe gerade gegenüber. Es
ist dies das Denkmal für Theodor Christomannos
(1854–1911), einen gebürtigen Wiener, der seine
eigentliche Heimat in Meran fand und maßgebli-
chen Anteil an der Südtiroler Tourismusentwick-
lung hatte. Sein Einsatz galt unter anderem der
Erbauung der Großen Dolomitenstraße und des
Grandhotels Karersee. Aber er war auch ein tüchtiger Bergsteiger, und als solcher setzte er sich
drüben im Latemar selbst ein Denkmal – den 2800
Meter hohen Christomannos-Turm, den er 1895
zusammen mit zwei Suldner Bergführern erklet-
terte.

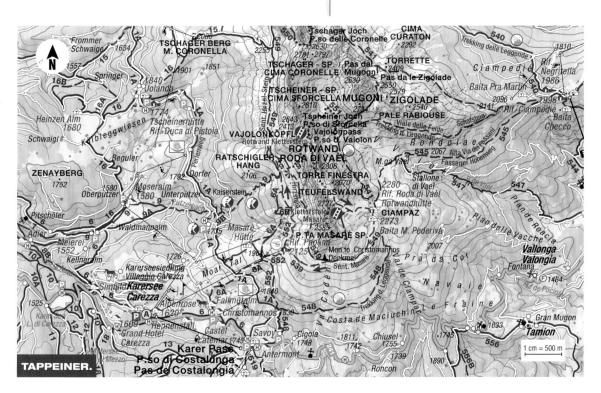

40

Auf den Schlern, 2564 m
Von der Seiser Alm über den Normalweg

Der wuchtige Schlern, ein zentral gelegener Tafelberg und Namengeber für den am Aufbau der Dolomiten maßgeblich beteiligten „Schlern-Dolomit", bildet zusammen mit seinen beiden nordseitig vorgelagerten Felsspitzen, die nach ihren Erstbesteigern die Namen Santnerspitze und Euringerspitze erhalten haben, eine der markantesten und bekanntesten Berggestalten Südtirols. Als Randberg der Dolomiten zeigt er sich sowohl nach Westen, gegen das Eisacktal, wie nach Osten, zur Seiser Alm hin als unverwechselbare Bergsilhouette.

Über dem Schlerndolomit breiten sich die sogenannten Raibler Schichten mit Graswuchs und reicher Alpenflora aus, doch beim Petz, dem höchsten Punkt, handelt es sich wiederum um eine weitgehend vegetationslose Kuppe aus weißem Haupt- oder Dachsteindolomit. Wie zahlreiche archäologische Funde deutlich vor Augen führen, wurde der Berg schon in vorgeschichtlicher und römischer Zeit vom Menschen aufgesucht.

Von den markierten Routen, über die der Schlern ersteigbar ist, wählen wir jenen klassischen Weg, der von der berühmten Seiser Alm zum Osthang des Berges und über den oberen Abschnitt des

Der aus Hauptdolomit aufgebaute Gipfel des Schlerns, Petz genannt

Das Schlernhaus mit Blick zur Rosengartengruppe

Bad Ratzes heraufkommenden „Touristensteiges" führt. Dabei handelt es sich um den kürzesten und einen der leichtesten aller Schlernanstiege. Der Namen „Touristensteig" rührt übrigens daher, dass der Weg 1884 von der damaligen Sektion Bozen des Österreichischen Touristenklubs erbaut wurde.

Nach der gemütlichen Wanderung über die Seiser Alm und dem mittelsteilen Aufstieg über den Osthang des Berges betreten wir die weite Hochfläche, wo das bekannte Schlernhaus steht, ein mehrteiliger Komplex, dessen erster Bau 1885 von der Sektion Bozen des Deutschen und Österreichischen Alpenvereins errichtet und in der Folge nach und nach vergrößert wurde.

Unmittelbar hinter dem Haus, das unter anderem für seine Schau zum Rosengarten berühmt ist, steigt der breite Hang an, über den wir in kaum halbstündigem, absolut unschwierigem Aufstieg den Gipfelaufbau des erwähnten Petz und damit den mit einem Kreuz geschmückten höchsten Punkt des Schlerns erreichen – eine der hervorragendsten Aussichtswarten der gesamten Ostalpen.

Wegverlauf: Von Compatsch (Kompatsch) am Rand der Seiser Alm (1844 m; hierher Seilbahn von Seis herauf sowie Straße mit Fahrtbeschränkungen) zuerst auf Weg 10 und dann auf Weg 5 in mäßigem Auf und Ab über die Seiser Alm zur Saltnerhütte (1825 m, Ausschank) und zum nahen Frötschbach (ca. 1800 m, Brücke). Dann hinan zu dem von Bad Ratzes heraufkommenden „Touristensteig", auf diesem in Serpentinen hinauf zur Schlernhochfläche und zum Schlernhaus (2457 m; Sommerbewirtschaftung; ab Compatsch 3 Std.); schließlich auf markiertem Steig in knapp ½ Std. hinauf zum Gipfel des Petz (2564 m). – Abstieg: am einfachsten über die Aufstiegsroute in 2 ½ Std.

Höhenunterschied: ca. 760 m
Gesamtgehzeit: 6 Std.
Orientierung und Schwierigkeit: für geh- und berggewohnte Wanderer unschwierig
Wanderkarten: Tappeiner 128, Schlern-Rosengarten-Seiseralm, 1:25.000

Tipp

Das Dolomiten-Fingerkraut

Nachdem wir den Wald verlassen haben, säumt unter anderem das Dolomiten-Fingerkraut unseren Weg. Kennen wir die Fingerkräuter hauptsächlich mit gelben Blüten, so trägt das Dolomiten-Fingerkraut im Normalfall rosarote Blüten – und manchmal, wie hier am Schlern, auch schöne weiße Exemplare. Zwar finden wir die Blume – anders als es der Name aussagt – auch in einigen Gebieten außerhalb der Dolomiten, und sie ist nicht die einzige rotfarbige Art, aber gesamteuropäisch gesehen ist die Blume sowohl hinsichtlich ihrer Farbe als auch ihrer Verbreitung eine durchaus seltene und daher – auch wegen ihrer silbergrauen Blätter – eine besonders beachtenswerte Pflanze.

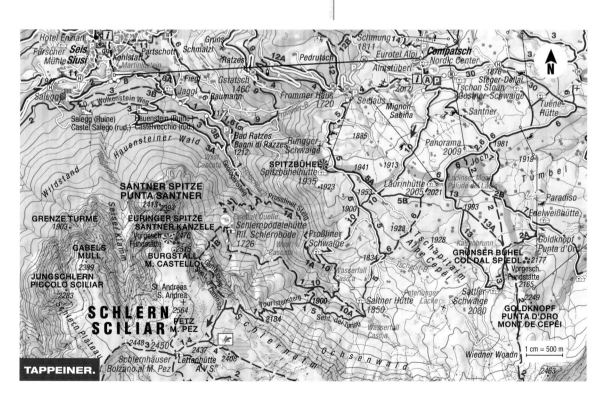

41

Auf den Peitlerkofel, 2874 m

Von Villnöß über die Schlüterhütte zum Prachtberg

Der Peitlerkofel von Nordwesten gesehen; rechts die Peitlerscharte

Das Gipfelkreuz auf dem Hauptgipfel des Peitlerkofels

Als kühne, immerhin fast 2900 Meter hohe Berggestalt weithin sichtbar zwischen dem Eisacktal im Westen und dem Gadertal im Osten aufragend und den Nordwestpfeiler der Dolomiten bildend, zählt der Peitlerkofel zu den bedeutendsten Gipfeln Südtirols und darüber hinaus.

Wie viele andere Berge hat auch er mehrere Gesichter: Nordseitig schießt er als zweiteiliger Felskoloss senkrecht in den Himmel, nach Osten hin zeigt sich, ebenfalls sehr steil und felsig, nur der Hauptgipfel, während sich die Südwestseite breit, teilweise grasbewachsen und nicht allzu steil präsentiert. Und über diese Seite verläuft, ab der Peitlerscharte, der Normalanstieg.

Zu dieser Scharte führen mehrere Zugänge. Den geringsten Höhenunterschied hat man zu bewältigen, wenn man die Tour am 2000 Meter hohen Würzjoch beginnt. Die klassische Route führt hingegen von der Zanser Alm im inneren Villnößtal hinauf. Von da geht es auf breitem Weg zur Kaserillalm, die eine erste Rast- und Einkehrmöglichkeit bietet, und dann auf steilem Fußweg empor zu der von Grashängen umgebenen Schlüterhütte, ursprünglich Franz-Schlüter-Hütte genannt.

Es war der berühmte Johann Santner, der Erstbesteiger „seiner" Spitze am Schlern, der um 1890 herum zum Bau dieses Schutzhauses die Anregung gab. Daraufhin ließ der bergbegeisterte Kommerzienrat Franz Schlüter aus Dresden auf eigene Kosten das Haus errichten und schenkte es bei der Eröffnung im Sommer 1898 kurzerhand dem Alpenverein.

Hier beim Schutzhaus haben wir einen guten Teil des Aufstiegs bewältigt, aber wir haben immerhin noch fast 600 Höhenmeter vor uns. Zunächst wandern wir hinüber zur besagten Peitlerscharte und von dort auf dem Fußweg empor zur Senke zwischen dem Westgipfel (auch Kleiner Peitler genannt) und dem Hauptgipfel.

Doch ab da ist der „Normalweg" zum Hauptgipfel kein Weg mehr, sondern ein Klettersteig. Zwar ist er relativ kurz und gilt als nicht gerade schwierig, doch bleibt die mit gut verankerten Stahlseilen versehene, steilen bis senkrechten Fels überwindende Route nur einigermaßen felsgeübten, schwindelfreien und trittsicheren Bergsteigern vorbehalten. Und damit ist der Hauptgipfel des Peitlerkofels kein Tourenziel für jedermann.

Wegverlauf: Von der Zanser Alm im innersten Villnößtal (1680 m; große Parkplätze) stets auf Weg 32 und den Wegweisern „Schlüterhütte" bzw. „Kaserill-Alm" folgend neben dem Kaserillbach ostnordostwärts zur Kaserillalm (1920 m, Ausschank) und auf dem Steig 32 teilweise steil durch Grashänge empor zur Schlüterhütte (2306 m; Sommerbewirtschaftung; ab Zans 2 Std.; hierher auf beschilderten Routen auch über die Gampenalm möglich). Nun über das nahe Kreuzkofeljoch (2340 m) hinüber zur Peitlerscharte (2357 m) und auf ausgeprägtem Weg hinauf zur Scharte zwischen West- und Hauptgipfel (ca. 2780 m). Schließlich an den fixen Drahtseilen über festen Dolomitfels empor zum Gipfelhang und kurz über Blockwerk zum Gipfelkreuz (2874 m; ab Schlüterhütte 2 Std.). – Abstieg wie Aufstieg (ca. 3 Std.); ab Schlüterhütte auch über die Gampenalm (Almgaststätte) lohnend.

Höhenunterschied: 1194 m
Gesamtgehzeit: ca. 6 – 7 Std.
Orientierung und Schwierigkeit: für trittsichere Geher größtenteils leicht, am Klettersteig in der Gipfelzone allerdings Schwindelfreiheit und etwas Felserfahrung erforderlich
Wanderkarten: Tappeiner 158, St. Vigil und St. Martin in Enneberg 1:30.000

Tipp

Der Felsen-Schöterich

Im Hochsommer ist sie meist schon verblüht, die schöne gelbe Blume, die man Felsen-Schöterich nennt (*Erysium sylvestre*) und sozusagen die Schwester des weiter westlich wachsenden Schweizer Schöterichs ist. Jedenfalls traf ich den Schöterich oder Schotendotter an einem Junitag oben im Bereich der Peitlerscharte und auch noch höher am Weg in Richtung Gipfel in voller Blüte an. Auch im Wipptal, in den Pfunderer und in den Ahrntaler Bergen habe ich sie angetroffen, aber es gibt weite Gebiete, in denen sie nicht vorkommt. Und wenn man zu spät dran ist, haben sich aus den Blüten schon die langen dünnen Schoten gebildet.

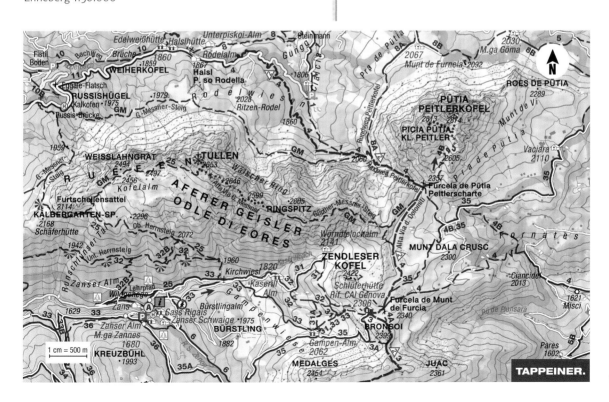

TAPPEINER.

42

Von Spiluck auf die Karspitze, 2517 m
Lohnende Gipfeltour bei Vahrn im Eisacktal

Die Karspitze mit dem Aufstiegspfad über den Südost-rücken

Die Zirmaitalm am Weg von Spiluck zur Karspitze, im Hintergrund die Zillertaler Alpen

Nach Osten hin zeigt sich die Karspitze über dem Bergweiler Spiluck über dem Gebiet von Vahrn als prächtiger Gipfel: Mit steiler Felsflanke und zwei scharfen Begrenzungsgraten ragt sie als ebenmäßig geformte Pyramide frei und weithin sichtbar in den Himmel.Der Berg, der nach dem ausgeprägten Kar ostseitig unter dem Gipfel benannt ist, bildet die östlichste und bedeutendste Erhebung im Kamm, der sich als Seitenast des Sarntaler Ostkammes zwischen dem Schalderer Tal im Süden und dem Flaggertal im Norden erhebt, und damit gehört er auch zu den am weitesten nach Osten vorgeschobenen Gipfeln der Sarntaler Alpen. Die freie Lage macht den Berg, auf dessen Gipfel ein hohes Kreuz steht, zu einer hervorragenden Aussichtswarte. So liegen die zentralen Stubaier Alpen im Blickfeld, ebenso die Pfunderer Berge, der Zillertaler Hauptkamm, die Rieserfernergruppe, die Dolomiten und im Westen die näheren Gipfel der Sarntaler Alpen. Im Gegensatz zur steilen Nord- und Ostseite, senken sich gegen Südwesten ausgedehnte, nur leicht abfallende Hänge ab und ermöglichen die unschwierige Ersteigung des Berges, wobei die markierte Gipfelroute über den Südostgrat verläuft, der am kürzesten vom Bergweiler Spiluck aus erreicht wird.

Ausgangspunkt für diese Route ist der Bauern- und Gasthof Gostner, der höchstgelegene im besagten Weiler. Von dort erreichen wir auf Waldwegen und vorbei an der kleinen Steinwiesalm zuerst die Zirmaitalm, deren Gastschenke in einer ausgedehnten, von dunkelgrünen Zirben umrahmten Wiesenrodung liegt und weit über das Land schaut.

Von dort geht es zwischen letzten Lärchen, Zirben und Alpenrosen und vorbei an einem kleinen „Regenstein", über den dünne Wasserfäden rieseln, auf gut markiertem Steig hinauf zur Baumgrenze und zum Südostgrat, der im unteren Teil eigentlich kein Grat, sondern ein breiter Rücken ist. Dieser nur leicht ansteigende Schiefergrat führt uns schließlich geradewegs zum Gipfel.

Wie bei anderen Gipfeln der Sarntaler Alpen erfolgte um 1890 auch die sogenannte „touristische Erstbesteigung" der Karspitze durch den Innsbrucker Bergsteiger Julius Pock, der sich denn auch auf einem Stein verewigte. Doch besteht selbstverständlich kein Zweifel, dass unser Berg aufgrund der leichten Ersteigbarkeit schon Jahrhunderte oder gar Jahrtausende früher von Hirten und Jägern betreten wurde.

Wegverlauf: Anfahrt von Vahrn ein Stück in Richtung Schalders, dann rechts hinauf nach Spiluck und dort bis zum Parkplatz nahe dem Gasthaus Gostner (1380 m). Von da stets der Markierung 2 folgend zunächst auf breitem Forstweg und dann auf schmalem Fußweg durch Wald hinauf zur kleinen Steinwiesalm und weiterhin auf dem Weg 2 durch Wald hinauf zur Zirmaitalm (1891 m; ab Spiluck gut 1 ½ Std.; Almschenke). Nun auf dem Steig 2 über schütter bewaldetes Gelände hinauf zur Baumgrenze, bei Wegweisern rechts ab und über den Südostrücken der Karspitze (stets gute Mark. 2) teils mäßig, teils stärker ansteigend hinauf zum Gipfel (2517 m; ab Zirmaitalm knapp 2 Std., ab Spiluck 3 ½ Std.). – Der Abstieg erfolgt über die beschriebene Aufstiegsroute (2 ½ Std.).

Höhenunterschied: 1137 m
Gesamtgehzeit: ca. 6 Std.
Orientierung und Schwierigkeit: für berggewohnte Geher unschwierig; Wege und Steige gut markiert und beschildert
Wanderkarten: Tappeiner 125, Brixen und Umgebung 1:25.000

Der Große Eisvogel

Mit einer Flügelspannweite von bis zu 40 Millimetern und seiner ungewöhnlichen Färbung gehört der Große Eisvogel zu unseren größten und schönsten Tagfaltern, mag er auch nicht so farbenprächtig sein wie etwa ein Admiral oder Tagpfauenauge. Aber auch sonst ist er kein Allerweltsfalter. Man trifft ihn nur dort an, wo es Zitterpappeln (Espen) oder Schwarzpappeln gibt, da sich die Raupe nur von den Blättern dieser Baumarten ernährt. Doch weil diese Baumarten recht rar geworden sind, ist es auch unser Falter. Umso größer war daher meine Freude, als ich ihm oberhalb Spiluck im Bereich dort stehender Zitterpappeln begegnete.

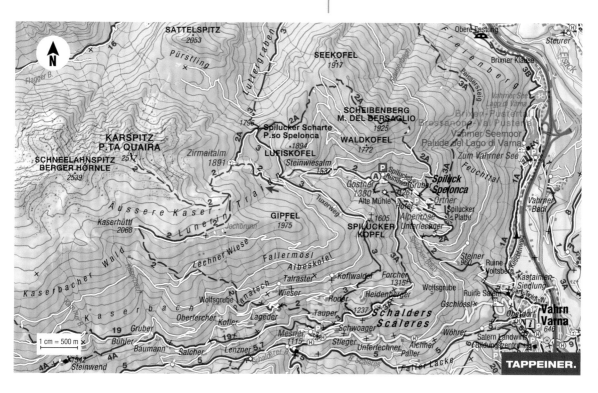

43

Der Ridnauner Höhenweg

Vom Sterzinger Roßkopf über die Telfer Almen zur Prischeralm

Der Ridnauner Höhenweg gegen die Telfer Weißen

Blick von unserem Weg zu den zentralen Stubaier Alpen

Der Roßkopf, Sterzings Hausberg, der mit einer Umlaufbahn erreicht werden kann, ist Ausgangspunkt für eine ganze Reihe von Wanderungen, angefangen vom kurzen Almspaziergang bis zur zünftigen Gipfeltour auf die Dolomitgestalten der Telfer Weißen.

Eine landschaftlich besonders lohnende Tour ist die Begehung des bekannten, acht Kilometer langen Ridnauner Höhenweges, der in Höhe der Almzone die Sonnenseite des Ridnauntales durchquert. Weitreichende Aussicht zu den Zillertaler Alpen, Dolomiten und Sarntaler Alpen, ein kleiner See und der Blick auf die zentralen Stubaier Alpen sind die besonderen Reize des Weges.

Haben wir von Sterzing ausgehend mit der erwähnten Umlaufbahn das Gebiet des Roßkopfs erreicht, wandern wir durch ausgedehnte Bergwiesen, die mit unzähligen Arnikasternen und anderen Bergblumen vor der Kulisse der Dolomiten aufwarten.

Dabei folgen wir schon bald und ein gutes Stück oberhalb der Baumgrenze einem breiten ebenen Weg, der einst von den im Bergwerk unter den Telfer Weißen tätigen Bergknappen angelegt wurde. Wir kommen nach und nach an Almhütten vorbei, die Einkehrmöglichkeit bieten, und dann erreichen wir die auffallenden Abraumhalden jenes Bergbaus. Hier endet der breite alte Erzweg, aber als markierter Fußweg geht die Höhenroute weiter und erreicht die breite Mulde mit dem hübschen Seebersee, wo eine Hirtenhütte steht, die ganze Gegend aber nach wie vor sehr still und beschaulich ist.

Es folgen steile Gras- und Schrofenhänge und ein paar steile Gräben, die mit erhöhter Vorsicht zu queren sind. Eine von gelbem Steinbrech umrahmte Quelle erfreut das Auge und löscht den Durst, aber sonst sind die Gräben meist wasserlos. Wenig später sind wir bei den Hütten der Prischeralm und damit am Ende des Höhenweges. Hier bietet sich wieder Einkehrmöglichkeit, und nachdem wir noch einmal das Bild dieser prächtigen Bergwelt in uns aufgenommen haben, steigen wir durch blühende Wiesen und schattigen Wald nach Maiern im inneren Ridnauntal ab.

Wegverlauf: Vom Nordrand von Sterzing (950 m) zunächst mit der Umlaufbahn hinauf zum Roßkopf (1900 m; Gastbetriebe). Dann stets der Beschilderung „Ridnauner Höhenweg" folgend auf markiertem Wanderweg durch freie Grashänge zur Ochsenalm (1907 m; Ausschank) und zu den Steinhalden des ehemaligen Bergwerks. Nun auf dem fortan nur mehr schmalen Fußsteig zunächst ein gutes Stück bergan, dann in langer Querung der Grashänge zu ein paar steilen, mit Vorsicht zu querenden kleinen Gräben und schließlich zur Prischeralm (2160 m; Ausschank; ab Roßkopf 4 Std.). – Von der Alm teils auf dem Güterweg, teils auf dem Fußweg 27 durch Bergwiesen und Wald in gut 1 ½ Std. hinunter zum Weiler Maiern im inneren Ridnauntal (1378 m; Gastbetriebe) und mit dem Bus oder anderer Fahrmöglichkeit zurück nach Sterzing.

Höhenunterschied: ca. 800 m (großteils im Abstieg)
Gesamtgehzeit: 5 – 6 Std.
Orientierung und Schwierigkeiten: für bergerfahrene und einigermaßen tüchtige Geher nicht schwierig, einzelne Wegstellen abschüssig und leicht ausgesetzt
Wanderkarten: Tappeiner 124, Sterzing und Umgebung, 1:35.000

Tipp

Das Telfer Bergwerk

Im östlichen Teil unserer Höhenwanderung folgen wir dem breiten „oberen Erzweg", über den einst Silber und Blei über den Roßkopf nach Gossensaß befördert wurde; und bald nach der Ochsenalm durchqueren wir am Knappenkofel unter den Dolomitzacken der Telfer Weißen das Gebiet des einstigen Telfer Bergbaus, von dem wir aus schriftlichen Quellen wissen, dass er ab dem späten 15. Jahrhundert in Betrieb war und im 18. Jahrhundert wegen Unrentabilität aufgegeben wurde. Sagen berichten hingegen, dass die reichen Knappen, deren Schuhe mit Silbernägeln beschlagen waren, durch Übermut und Grausamkeit den Untergang des Bergwerks verschuldet hätten. Heute ist es still da oben, und nur noch verschüttete Stolleneingänge und große Abraumhalden erzählen vom einstigen Erzabbau.

44

Zur Ochsenalm in Pflersch

Rundwanderung im Bann von Wasserfällen und Hochgipfeln

Die Ochsenalm, unser Wanderziel unter den Hochgipfeln des Pflerschtales

Der 46 Meter hohe Wasserfall in der „Hölle"

Zu den schönsten Bergtouren in Pflersch, dem bei Gossensaß abzweigenden nördlichsten Seitenast des Eisacktals, gehören die Aufstiege zur Tribulaunhütte und zur Magdeburger Hütte, die Begehung der Pflerscher Höhenwege und die Besteigung des einen und anderen Dreitausenders. Ein halbes Dutzend Hochgipfel bilden einen großartigen, teils aus vergletscherten Silikatgesteinen, teils aus hellem Dolomit aufgebauten Bergkranz über dem Tal. Aber auch das tiefer gelegene, mit Informationstafeln versehene Wegenetz lädt zum Wandern ein, weshalb wir eine lohnende Runde in diesem Bereich unternehmen wollen, die uns die Höfelandschaft, Reste des einstigen Silberbergbaus und den Wasserfall in der „Hölle" kennenlernen lässt, aber auch bis in die Almregion führt. So steigen wir zunächst hinauf zu den Wiesen und Berghöfen von Stein, dem innersten und höchstgelegenen Weiler des Tales, und wandern dann weiter bis zur Ochsen- oder Kastenfurtalm, einem beliebten Wanderziel mit Einkehrmöglichkeit in schöner Berglage, wo sommersüber Dutzende Rinder weiden.

Was den Namen der Alm betrifft, so kannte man sie bis vor kurzem allgemein nur als Ochsenalm und so verzeichnen sie auch bereits die Karten aus dem späten 19. Jahrhundert; in noch älteren Schriften scheint sie allerdings als Furt- und Kastenfurtalm auf, und neuerdings ist auch dieser letztere Name wieder da und dort zu finden.

Haben wir bis zur Ochsenalm großteils die alten Fußwege gewählt, so schlagen wir für den Abstieg zunächst den breiten Güterweg ein, der uns ins Gebiet der „Hölle" bringt, wie jener Teil der Talschlucht genannt wird, in dem der wilde Fernerbach einen 46 Meter hohen, von einer eigenen Aussichtskanzel aus einsehbaren Wasserfall bildet, überragt von der unverwechselbaren Weißwandspitze.

Beim weiteren Abstieg kommen wir dann auch noch an verfallenen Knappenlöchern mit Felsgravierungen vorbei, und ein schöner alter Fußweg bringt uns durch Wiesen und Wald zum Ausgangspunkt zurück.

Wegverlauf: Vom Hotel Feuerstein innerhalb von St. Anton in Pflersch (ca. 1250 m) den Wegweisern „Wasserfallweg" folgend auf Brücke über den Talbach, kurz talein zum Beginn eines rechts abzweigenden Steiges (Wegweiser) und auf diesem durch Gebüsch und Wiesen empor zum Weiler Außerstein (ca. 1400 m). Nun kurz westwärts, auf abzweigendem Steig ein Stück bergan, dann zum Weg 6 (anfangs 6/8) und auf diesem, zuletzt links abzweigend, zur Ochsenalm (1682 m; Jausenstation; ab Ausgangspunkt 2 – 2 ½ Std.). – Abstieg: Auf dem Güterweg orografisch rechts hinaus zum Parkplatz oberhalb der „Hölle" (kurze Weganlage mit Blick zum Wasserfall), auf dem Sträßchen hinunter zur Straßenbrücke, nun Überquerung der Schlucht (links ein Stollen mit Felszeichnungen) und rechts auf dem Fußweg (Wegweiser „St. Anton") hinunter zum Ausgangsort (ab Ochsenalm 1 ½ Std.).

Höhenunterschied: ca. 420 m
Gesamtgehzeit: 3 ½ – 4 Std.
Orientierung und Schwierigkeit: für gehgewohnte Wanderer leicht und problemlos
Wanderkarten: Tappeiner 124, Sterzing und Umgebung, 1:35.000

Der Türkenbund

Die Hänge, die von Pflersch gegen das aus Dolomit aufgebaute Tribulaunmassiv ansteigen, sind bekannt für ihren floristischen Reichtum. Der Türkenbund (*Lilium martagon*), eine der schönsten Dolomitenblumen, säumt denn auch reichlich unseren Aufstiegsweg. Der Name gründet sich darauf, dass die Blüten der zu den Liliengewächsen zählenden Alpenblume, einem türkischen Turban, ähneln. Mancherorts wird sie aber auch Goldapfel genannt, nach ihrer goldgelben Zwiebelwurzel, der die verschiedensten Zauberkräfte nachgesagt werden. Das herrliche Gewächs steht jedoch unter strengstem Naturschutz und darf natürlich weder gepflückt noch ausgegraben werden.

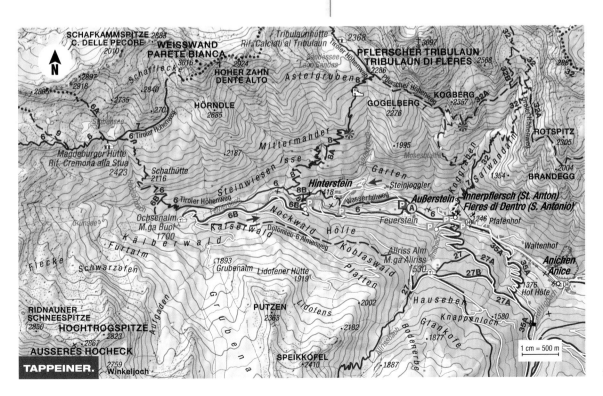

45

Auf den Hochfeiler, 3510 m

Aufstieg von Pfitsch über die Hochfeilerhütte

Der Gipfelaufbau des Hochfeilers; erkennbar der über das Blockwerk ansteigende Bergpfad

Die von Dreitausendern umgebene Hochfeilerhütte hoch über dem Pfitscher Talschluss

Für Bergsteiger, die einen Bergsommer auch mit dem einen oder anderen zünftigen Hochgipfel krönen wollen, schlage ich hier die Besteigung des Hochfeilers vor.

Bekanntlich ist dieser Berg, den wir von Pfitsch über die Hochfeilerhütte und damit über den Normalweg besteigen, der höchste Gipfel der Zillertaler Alpen. Doch damit nicht genug: Er ist sogar der höchste zwischen dem Schalfkogel in den Ötztaler Alpen und dem Großvenediger in den Hohen Tauern, und das wiederum heißt, dass es entlang der Alpenkette auf einer Strecke von 130 Kilometern keinen höheren gibt.

Für den Durchschnittsbergsteiger von Bedeutung ist aber auch, dass die zur Gänze markierte und an einer Felspassage mit Seilsicherungen versehene Anstiegsroute bei normalen hochsommerlichen Verhältnissen als unschwierig einzustufen ist.

So verwundert es nicht, dass der Berg eine lange Erschließungsgeschichte vorzuweisen hat. Früher als die meisten anderen Hochgipfel, nämlich bereits 1865, wurde er vom Wiener Alpenpionier Paul Grohmann zusammen mit Georg Samer aus dem Zillertal und Peter Fuchs aus Pfitsch erstbestiegen; 1881 errichtete der Österreichische Alpenklub die Wiener Hütte, und nachdem diese acht Jahrzehnte später zugrunde gegangen war, eröffnete die Sektion Sterzing des Südtiroler Alpenvereins 1986 die heutige Hochfeilerhütte, einen wichtigen Stützpunkt für den Übergang zur Edelrauthütte, vor allem aber für die Besteigung des Hochfeilers.

Das bekannte Schutzhaus ist aufgrund der prächtigen Lage natürlich auch alleine schon ein lohnendes Tourenziel, und der Hüttenweg, der zunächst durch üppige Wald- und Almvegetation führt, dann die steilen Hänge des Unterbergtales quert und schließlich über Blockwerk ansteigt, ist landschaftlich und naturkundlich gleichermaßen empfehlenswert.

Allerdings ist er keine bequeme Promenade, sondern ein echter Bergweg. Und wer sich in gesundheitlicher Hinsicht auch den Anstieg bis in 3500 Meter Höhe zutrauen darf, für den ist natürlich nicht nur die Hütte, sondern der Gipfel das angestrebte Tourenziel.

Wegverlauf: Anfahrt von Sterzing durch das Pfitschtal bis in den Talschluss und hinauf bis zur dritten Straßenkehre (1718 m; Wegweiser, Parkmöglichkeiten). Von da stets auf Weg 1 durch Wald, Gebüsch und Bergwiesen hinauf, dann die Steilhänge des Unterbergtals querend hinein in den Talhintergrund und über Blockwerk hinauf zur Hochfeiler-hütte (2710 m; Sommerbewirtschaftung; ab Ausgangspunkt 3 Std.); hier evtl. Nächtigung. – Zum Hochfeiler: Vom Schutzhaus auf markiertem Steig kurz hinauf zu einer seilgesicherten Stelle, dann auf weiterhin markiertem Steig über viel Blockwerk hinauf zu einer Gratrippe und bald über steiles Blockwerk (stets markierter Bergpfad) empor zum Gipfelkreuz (3510 m; ab Hütte 2 ½ Std.). – Der Abstieg erfolgt über die beschriebene Aufstiegsroute.

Höhenunterschiede: bis zur Hütte 992 m, von da zum Gipfel 800 m, insgesamt 1792 m

Gehzeiten: Aufstieg insgesamt 5 – 6 Std, Abstieg ca. 4 Std.

Orientierung und Schwierigkeit: für bergerfahrene und tüchtige Geher bei guten sommerlichen Verhältnissen nicht schwierig, insgesamt aber doch anstrengende Hochtour

Wanderkarten: Tappeiner 124, Sterzing und Umgebung, 1:35.000

Tipp

Der Zillertaler Hauptkamm

Wie kaum ein anderer Berg lässt der Hochfeiler den Zillertaler Hauptkamm überblicken, und zwar nicht dessen Südseite, sondern die ins Zillertal abdachende Nordseite. Da blicken wir zunächst in die berühmtberüchtigte Hochfeiler-Nordwand, dann zum Weißzint und Turnerkamp, dann zum beherrschenden Möseler, und ganz hinten erblicken wir sogar noch die Reichenspitzgruppe. Zwar sind die Gletscher – hier „Keese" genannt – auch auf der Zillertaler Seite des Kammes nicht mehr das, was sie einst waren, aber ihr Anblick ist trotzdem immer noch von ganz besonderer Eindruckskraft und etwas vom Schönsten, was der Hochfeiler an Aussicht zu bieten hat.

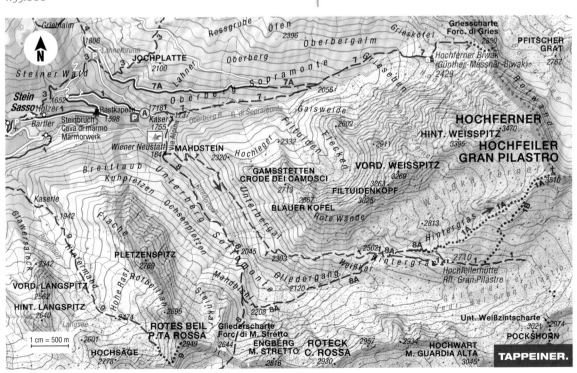

46

Von Meransen zum Großen Seefeldsee

Alm- und Seewanderung in den grünen Pfunderer Bergen

Ähnlich wie bei anderen gleichnamigen Almgebieten handelt es sich auch beim Zielgebiet unserer Wanderung, nämlich das Altfasstal mit den Seefeldseen bei Meransen, um ein ausgedehntes Weidegebiet mit Almhütten und Bergseen. Die weit hinauf begrünten Erhebungen, die die Almen und Seebecken umschließen, liegen in jenem Bergkamm, der sich zwischen dem Valser Tal im Westen und dem Pfunderer Tal im Osten erhebt. Von einem oberhalb von Meransen gelegenen Touristenparkplatz wandern wir zuerst durch das einsame Altfasstal zu den innersten Almen. Dieser nur ganz leicht ansteigende Weg durch weite Bergwiesen ist landschaftlich überaus schön, und sowohl in seinem ersten Teil wie an seinem Ende gibt es Einkehrmöglichkeiten, wobei uns vor allem die innersten bewirtschafteten Almhütten zu einer Rast einladen, bevor wir den eigentlichen Aufstieg zum Großen Seefeldsee antreten.

Der Große Seefeldsee

Das Altfasstal, durch das der Weg zum Seefeld führt

Dieser Weg ist zwar recht steil, aber er ist nicht zu verfehlen und weder schwierig noch gefährlich. Und haben wir das Ziel erreicht, bietet der Sperrriegel des Sees einen beliebten Rastort, aber auch der Bereich des Zuflusses mit dem eindrucksvollen Blick über den Seespiegel hinaus bis zu den Dolomiten eignet sich für eine längere Rast. Begrenzen ostseitig fast senkrechte Felshänge, die eine beträchtliche Wassertiefe vermuten lassen, den See, so steigen west- und nordseitig weniger steile, blumenreiche Grashänge an, und hier verläuft denn auch der hübsche Uferweg zwischen dem Abfluss und dem Zufluss des Sees.

Eine knappe Gehstunde höher befinden sich die beiden oberen, wesentlich kleineren Seefeldseen, der Mittlere und der Kleine, und der Aufstieg dorthin ist durchaus zu empfehlen. Wir aber begnügen uns mit dem immerhin dreistündigen Aufstieg zum Großen See und brauchen es nicht zu bereuen. Gehört er mit einer Länge von fast 300 Metern und einer Breite von über 200 Metern doch zu den größten und mit seiner unberührten Umgebung auch zu den eindrucksvollsten Bergseen Südtirols.

Wegverlauf: Anfahrt von Mühlbach nach Meransen und über die Walderhöfe hinauf zum Touristenparkplatz „Altfasstal" (1620 m; Gebührenautomat). Von da den Wegweisern „Seefeldsee" und der Markierung 15 folgend auf der breiten Almzufahrt durch Wald nahezu eben hinein zum Altfassbach, weiter zur Großberghütte (1644 m, Gaststätte), dann durch das Almtal auf dem breiten Weg (stets Nr. 15) teils fast eben, teils leicht ansteigend hinein zu den Almschenken Pranterstadlhütte und Wieserhütte (1850 m; ab Parkplatz gut 1½ Std.) und von da auf dem Fußweg 15 mit zunehmender Steilheit in nochmals 1½ Std. hinauf zum Großen Seefeldsee (2271 m; der Mittlere und Kleine See liegen rund 2500 m hoch und sind auf Steig 6 in ¾ Std. erreichbar). – Abstieg: Auf dem beschriebenen Zugangsweg (ab Großem See gut 2 Std.).

Höhenunterschied: 651 m

Gesamtgehzeit: 5 Std.

Orientierung und Schwierigkeit: für berg- und gehgewohnte Wanderer leicht und problemlos

Wanderkarten: Tappeiner 154, Brixen und Umgebung, 1:35.000

Tipp

Das Murmeltier

Diesen possierlichen Gebirgsbewohner trifft man natürlich nicht nur im Gebiet der Seefeldseen an, aber eben auch da. Und so kann es sein, dass man, gerade während man gedankenverloren über den Seespiegel in die Ferne schaut, durch einen gellenden Pfiff – der eigentlich ein Schrei ist – ganz gehörig erschreckt wird. Doch wenn sich das Tier, das im Bereich des Seezuflusses seinen Bau hat, auch blicken lässt und mit dem Warnpfiff nicht gleich verschwindet, wandelt sich der Schreck in Freude. Da kann es dann sein, dass man mit dem unglaublich neugierigen Murmele Verstecken spielt und eine Zeitlang die Welt vergisst ...

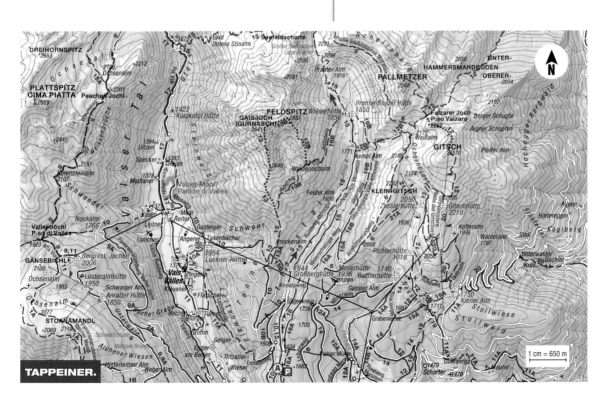

47

Tiefrasten und Kempspitze, 2704 m

Lohnende Tour im Gebiet von Terenten

Das Gipfelkreuz auf der Kempspitze bei Terenten mit dem Blick zu den Dolomiten

Die Tiefrastenhütte am gleichnamigen See; im Hintergrund die Kempspitze

Östlich von Terenten ist das Winnebachtal eingeschnitten, ein schönes, wenn auch teilweise steiles Almtal, durch das unser Weg hinaufführt zum großen Tiefrastenkessel. An der Astnerberghütte, einer bekannten Almschenke, vorbei und teils durch schütteren Lärchenbestand, teils über Grasgelände geht es bergan. Und gerade vor uns ragt unser Ziel, die prächtige, pyramidenförmige Kempspitze, in den Himmel.

Doch bevor der eigentliche Gipfelanstieg beginnt, geht es über Steilhänge und durch ein kleines Hochtal hinauf zur obersten Mulde des Tiefrastengebietes mit dem rund 120 Meter langen und 70 Meter breiten Tiefrastensee.

Dieses Gebiet zog schon vor über hundert Jahren die Aufmerksamkeit der Alpenvereinsleute auf sich. Damals nämlich, im Jahre 1912, errichtete die Sektion Brixen des Deutschen und Österreichischen Alpenvereins hier eine vom bergbegeisterten Kaufmann Fritz Walde finanzierte und daher nach ihm benannte Schutzhütte. Später fiel diese Fritz-Walde-Hütte zwar einem Brand zum Opfer, doch 1978 eröffnete die Alpenvereinssektion Brixen die heutige, von Grund auf neu errichtete Tiefrastenhütte.

Das stattliche Schutzhaus bildet nicht nur ein beliebtes Wanderziel, sondern auch einen günstig gelegenen Stützpunkt am Pfunderer Höhenweg und am Beginn mehrerer Gipfelaufstiege.

So sind See und Hütte auch für uns nur Zwischenziel und Rastort am Weg zur erwähnten Kempspitze, die sich nun nicht mehr pyramidenförmig, sondern mit breiter Flanke östlich über uns erhebt und im See widerspiegelt.

Nur noch 400 Höhenmeter trennen uns vom weithin sichtbaren Gipfelkreuz, und ein gut markierter und beschilderter Fußpfad führt teils über Grashänge, teils über etwas abschüssige, aber nicht schwierige Schrofen und Blöcke zum Ziel, das dank seiner freien und zentralen Lage eine herrliche Aussicht zu den Zillertaler Alpen, zur Rieserfernergruppe und zu den Dolomiten bietet und damit als einer der lohnendsten Gipfel der Pfunderer Berge bezeichnet werden darf.

Wegverlauf: Anfahrt von Terenten ostwärts zur Straßenbrücke beim Weiler Ast und auf schmaler Straße hinauf zum Parkplatz im Winnebachtal (1425 m). Dann zu Fuß auf dem Güterweg 23 talauf zur Astnerbergalm, auf dem breiten Weg in Kehren (stets Mark. 23) durch Lärchenwald hinauf zu den Bergwiesen, dann auf dem Fußweg empor zu einer Hirtenhütte und weiter zur Tiefrastenhütte am gleichnamigen Bergsee (2312 m; Sommerbewirtschaftung; ab Parkplatz 2 ½ Std.). Nun auf markiertem Steig kurz nordwärts, dann dem Wegwegweiser „Kempspitze" folgend rechts ab, auf Steig 25 über Grasgelände, Blockwerk und Felsabsätze empor zum Nordgrat der Kempspitze und kurz südwärts zum Gipfelkreuz (2704 m; ab Hütte 1 − 1 ½ Std.). − Der Abstieg erfolgt über die beschriebene Aufstiegsroute (2 ½ Std.).

Höhenunterschied: 1279 m

Gesamtgehzeit: ca. 6 Std.

Orientierung und Schwierigkeit: für gehgewohnte und einigermaßen trittsichere Bergwanderer unschwierig

Wanderkarten: Tappeiner 154, Brixen und Umgebung, 1:35.000

Tipp

Der Hexenstein

Im ersten Teil unseres Aufstiegs weist eine Informationstafel auf den nahen Hexenstein hin, einen mehrteiligen Schalenstein mit rund 60 Grübchen. Der Heimatkundler Paul Tschurtschenthaler hat um 1930 in einem Aufsatz festgehalten, was ihm die Leute darüber erzählten. So zum Beispiel, dass hier einst Hexenversammlungen stattgefunden hätten, dass eine nahe Quelle „Badehütte" genannt wurde und dass der Felsblock zerborsten sei, als man ihn mit Weihwasser besprengte. Das ist mehr, als von den meisten anderen Schalensteinen überliefert ist, und dennoch ist der eigentliche Sinn und Zweck der Schalen immer noch ein Geheimnis.

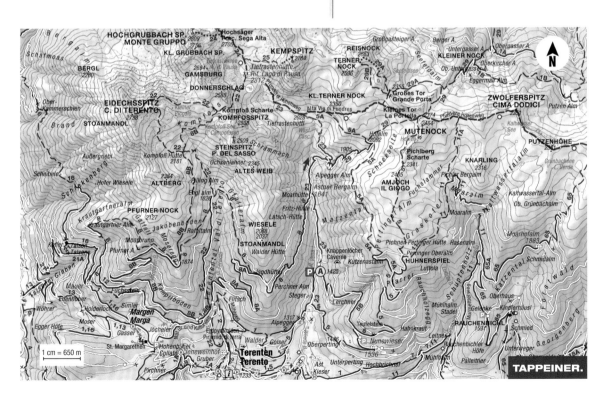

48

Heiligkreuzkofel, 2908 m
Leichter Fast-Dreitausender im Gadertal

Der Heiligkreuzkofel im Gadertal gehört zu den mächtigsten Hochgipfeln der Dolomiten – ganz besonders wenn man ihn von Westen betrachtet, wo er mit riesigen gelb-roten Felsmauern über St. Leonhard und über dem Heiligkreuzkirchlein aufragt und jeden, der durch das Gadertal fährt, in seinen Bann zieht.

Schwierigste Kletterrouten durchziehen die Westabstürze des Berges, und selbst der gesicherte Steig, der von Heiligkreuz dort zur Höhe führt, wo die Felswände nicht gar so abweisend sind, ist zwar ein interessanter Zugang, aber keine Route für jedermann.

Die Gipfelflanke des Heiligkreuzkofels, über die unser Aufstieg führt

Das Gipfelkreuz auf dem Heiligkreuzkofel

Doch so abschreckend die Westseite ist, so harmlos ist die Ostseite. Dort, im Gebiet von Pederü und Fanes, hat man zwar nicht die Möglichkeit, so wie auf der Westseite den untersten Teil des Aufstiegs mit einem bequemen Sessellift zurückzulegen, doch dafür sind die Wege nach alpinen Begriffen als geradezu bequem zu nennen.

Zuerst wandern wir von Pederü auf markiertem Fußweg oder breitem Güterweg hinauf zur Almmulde von Klein-Fanes mit ihren beiden Schutzhütten und dem zauberhaften Grünsee, und dann geht es auf markiertem Steig leicht ansteigend weiter zur breiten Kreuzkofelscharte, die von St. Leonhard bzw. Heiligkreuz auch über den erwähnten Klettersteig erreichbar ist.

War der Aufstieg bis hierher unschwierig, so bleibt er das auch weiterhin. Denn ein guter und weiterhin markierter Steig führt zur Gipfelflanke und dann an dieser hinauf bis zum großen Kreuz, wo man nicht nur einen herrlichen Gipfel bestiegen hat, sondern auch eine Aussicht genießt, die ihresgleichen sucht.

Da wir wieder über die Aufstiegsroute absteigen, gibt es auch da keine Probleme. Doch so harmlos das alles klingt und im Grunde auch ist, so gilt es dennoch nur, wenn man über Bergerfahrung und eine gewisse Gehtüchtigkeit verfügt, wenn allgemein gute Bedingungen herrschen und das Wetter mitspielt. Schließlich sind fast 1400 Höhenmeter zu bewältigen und der Heiligkreuzkofel ist kein Grashügel, sondern ein Fast-Dreitausender im Felsenreich der Dolomiten.

Wegverlauf: Vom Gasthaus Pederü (1545 m; hierher Stra-ße von St. Vigil in Enneberg) entweder auf dem Fahrweg oder auf dem markierten Fußweg hinauf zu einer Hang-verflachung und dann großteils mäßig steil weiter zur Almmulde Klein-Fanes (2040 m, ab Pederü 2 Std.); hier die Faneshütte und die Lavarellahütte. Von der letzteren Schutzhütte auf dem Steig 12 durch lichte Baumbestän-de und später über teils grüne, teils steinige Böden und Mulden großteils nur mäßig ansteigend zur Kreuzkofel-scharte (2609 m), hier rechts ab, auf markiertem Steig über den westseitig senkrecht abbrechenden Kamm leicht ansteigend nordwärts hinauf zum Gipfelaufschwung und über ihn auf dem Serpentinensteig problemlos empor zum Gipfelkreuz (2908 m; ab Fanes 3 Std.) – Abstieg: wie Aufstieg (bis Pederü ca. 3 Std.).

Höhenunterschied: 1363 m

Gesamtgehzeit: ca. 8 Std.

Orientierung und Schwierigkeit: für gehtüchtige und bergerfahrene Wanderer bei einwandfreien Verhältnis-sen problemlos

Wanderkarten: Tappeiner 129, Alta Badia, 1:25.000

Tipp

Das Freinademetz-Kirchlein auf Fanes

Besitzt so manche Alm schon seit langem ihre eigene Gebetsstätte in Form einer Kapelle, so galt das für die Alm Klein-Fanes bis vor etlichen Jah-ren nicht. Doch im Jahr 2003 wurde auch hier ein Kirchlein erbaut und dem Gadertaler Chinamissio-nar Josef Freinademetz (1852–1908) geweiht, der genau in jenem Jahr, am 5. Oktober, durch Papst Johannes Paul II. heiliggesprochen wurde. Auf et-was über 2000 Meter Höhe mitten im Sagenreich der Fanes unter einem Kranz von Hochgipfeln gele-gen, steht der schlichte Rundbau seither würdig in der Reihe der vielen anderen Südtiroler Bergkirchen und ehrt den großen Sohn des Gadertales.

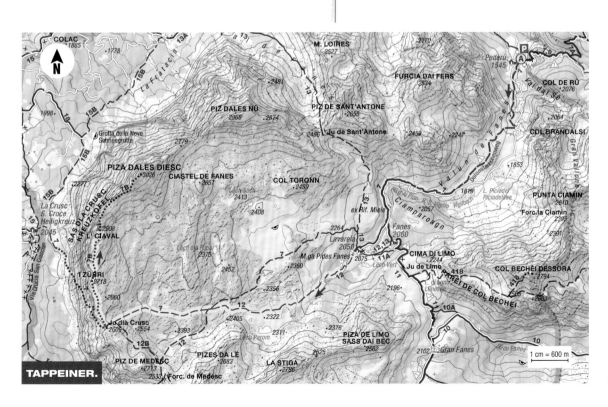

49

Der Kolfuschger Höhenweg
Rundwanderung im innersten Gadertal

Blickt man von Corvara oder Kolfuschg gegen Nordwesten hinauf, so sieht man zwischen dem Einschnitt des Grödner Jochs und dem kühnen Sassongher eine Reihe von markanten Felsgestalten aufragen, von denen der Sas Ciampac mit seiner senkrechten Südwand, der markante Turon und die filigranen Cierspitzen besonders hervorstechen. Und am Fuß dieser Gipfelreihe zieht sich so etwas wie ein grünes, von Bergwiesen und Zirbenbeständen gekennzeichnetes Terrassenband hin, von dem dann wieder steilere Hänge gegen Kolfuschg abfallen.

Über das genannte grüne Terrassenband führt nun unser Höhenweg, der als Kolfuschger Höhenweg bekannt ist. Die ebenso schöne wie unschwierig zu begehende Wanderroute ist rund vier Kilometer lang und führt vom kleinen Edelweißtal, das oberhalb Kolfuschg eingebettet ist, teils an der Waldgrenze, teils aber auch höher in Richtung Westen bis zum Grödner Joch. Am Weg steht da und dort eine Heuhütte, und Rastbänke laden zum Verweilen und Schauen ein.

Die Bergwiesen, die den Höhenweg säumen, sind für ihren Blumenreichtum bekannt. Daher ist die Begehung in der Zeit des beginnenden Bergsommers besonders lohnend, auch wenn die Gegend später kaum etwas von ihrem landschaftlichen Reiz einbüßt.

Der Weg besticht nicht nur durch die sonnigen, von Felswänden, Gipfeln und Zacken überragten Bergwiesen und der reichen Flora, sondern auch durch die prächtige Aussicht über das Talbecken von Corvara und Kolfuschg hinweg. Denn in geradezu greifbarer Nähe erheben sich die ungeheuren Felsbastionen des Sellastocks, und wenden wir uns weiter nach links, schweift der Blick zur Fanesgruppe, zum Setsas und zu den Tofanen.

Vom Grödner Joch, also am Ende des Höhenwegs, könnte man mit dem Linienbus nach Kolfuschg zurückkehren, lohnender aber ist es, auf dem abseits der Straße verlaufenden Fußpfad durch die grünen Wiesen abzusteigen.

So ergibt die Begehung des Höhenweges zusammen mit dem Aufstieg durch das genannte Edelweißtal und der Rückkehr vom Grödner Joch nach Kolfuschg eine nicht übermäßig lange, landschaftlich wie naturkundlich sehr lohnende Rundtour.

Der Kolfuschger Höhenweg gegen die Cier- oder Cirspitzen

Blick von unserem Weg zum Sellastock

Wegverlauf: Von Kolfuschg (1615 m) auf dem breiten Weg 4 durch das Edelweißtal hinauf zur Edelweißhütte (1824 m; Gasthaus), bei der Wegteilung links auf breitem Weg empor zur Forcelleshütte (Gaststätte) und zur gleichnamigen Geländeschulter (2101 m). Dann auf dem zunächst breiten, später schmaleren Höhenweg (Mark. 8) zuerst ein Stück abwärts und dann großteils mehr oder weniger eben in schöner Wanderung durch Grashänge, kleinere Baumbestände und einmal durch ein kleines Bergsturzgelände westwärts bis zum Grödner Joch (2121 m; Gastbetriebe; ab Kolfuschg 2 ½ Std.). Vom Joch schließlich auf dem großteils abseits der Straße verlaufendem Steig 650 über Wiesenhänge und begrünte Skipisten in gut 1 Std. hinunter und zuletzt links abbiegend hinaus nach Kolfuschg.

Höhenunterschied: ca. 500 m

Gesamtgehzeit: 3 ½ bis 4 Std.

Orientierung und Schwierigkeit: für gehgewohnte Bergwanderer leicht und problemlos

Wanderkarten: Tappeiner 129, Alta Badia, 1:25.000

Tipp

Die Feuerlilie

Manche der charakteristischen Dolomitenblumen stehen an unserem Höhenweg im edlen Wettstreit, an Schönheit oder Berühmtheit alle anderen zu übertreffen. An vorderster Stelle findet sich da wohl das Edelweiß, auch Türkenbund und Akelei nehmen vordere Ränge ein, während an Größe und Stattlichkeit die Feuerlilie (*Lilium bulbiferium*) fast alle ihre Konkurrentinnen nicht unerheblich übertrifft. Doch sie ist nicht nur eine der größten Vertreterinnen der Alpenflora, sondern auch eine der schönsten, ja mit ihren leuchtend gelbroten Blüten vor der Kulisse der „Bleichen Berge" vielleicht sogar die allerschönste.

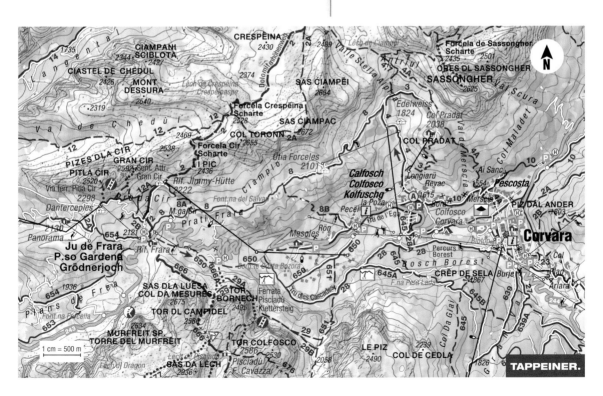

50

Von Rein zum Großen Malersee

Wanderziel im Reich der Kasseler Hütte

Der Große Malersee bei Rein mit Blick zum vergletscherten Lenkstein

Die Kasseler Hütte – über sie führt der Weg zum Malersee

Bei dieser Wanderung besuchen wir einen Bergsee, der hoch über Rein im Tauferer-Ahrntal in eine grüne Hangterrasse gebettet ist. Zuerst wandern wir durch Waldhänge und vorbei an Almen und Wildbächen hinauf zur weithin sichtbaren, vom Tristennöckl mit dem höchstgelegenen Zirbenbestand der Ostalpen und vom mächtigen Hochgall überragten Kasseler Hütte.

An dieser Stelle stand ursprünglich eine 1878 von der Alpenvereinssektion Taufers eröffnete erste Rieserfernerhütte, doch als 1895 deren kostspielige Vergrößerung notwendig wurde, errichtete die starke Sektion Kassel den dann nach ihr benannten Neubau.

Nachdem wir das Schutzhaus erreicht haben, folgen wir ein gutes Stück dem zum Schneebigen Nock führenden Steig; auf guter Holzbrücke überqueren wir eine schmale Schlucht, kommen an der Heimstatt der Murmeltiere vorbei, und auf einer Gletschermoräne zweigen wir rechts ab und gelangen, auf gutem Pfad senkrechte Felsen querend, hinüber zum schönen See.

Vom hügeligen Grasgelände, das ihn umgibt, umfasst die Sicht die prächtige Bergwelt von Rein mit Durreckgruppe und Rieserfernergruppe, und südseitig steigen die Hänge steil zum Gipfel des rund 3360 Meter hohen Schneebigen Nocks an. Eigentlich befinden sich in dem Gebiet mehrere verstreute Bergseen, weshalb man auch von „den Malerseen" spricht. Doch stellt nur der „Große" – er ist 170 Meter lang und 80 Meter breit – ein beliebtes Wanderziel dar.

In einem um 1900 erschienenen Aufsatz heißt es zwar, ein Maler habe am See „seine Studien gemacht" und ihm so zum merkwürdigen Namen verholfen. Mir scheint aber eher ein Zusammenhang mit der alten Bezeichnung „Mantaler Kopf" für den Schneebigen Nock und „Mandlalm" für die Terneralm vorzuliegen; oder aber es steckt das uralte Wort „Mal" für „Berg" im Namen.

Wie dem nun aber auch sei. Malerisch ist unser See auf jeden Fall, und der Aufstieg von Rein über die Kasseler Hütte ist voller Abwechslung und reich an prächtigen Hochgebirgsbildern.

Wegverlauf: Vom Talboden in Rein (1536 m; Parkplätze) stets auf Weg 1 durch die schattseitigen Waldhänge des Bachertales und an einzelnen Almen vorbei hinauf zur Kasseler Hütte (2276 m; Sommerbewirtschaftung; ab Rein 2 ½ Std.). Dann scharf rechts auf Steig 1 nahezu eben zu einer steilen Schlucht (gute Brücke), weiterhin auf dem guten Steig 1 in steilem Anstieg hinauf gegen einen mächtigen Felssporn, bei Weggabel auf einer Moräne rechts ab, dem Wegweiser „Malersee" folgend auf Steig 1A nahezu eben, aber leicht ausgesetzt um den Felssporn herum und kurz über Bergrasen zum Großen Malersee (2501 m; ab Kasseler Hütte knapp 1 Std.). Die beiden westlichen Seen (2470 und 2590 m) sind nur weglos zu erreichen und werden kaum besucht. – Der Abstieg erfolgt über die Aufstiegsroute (knapp 2 ½ Std.).

Höhenunterschied: 965 m

Gesamtgehzeit: 6 Std.

Orientierung und Schwierigkeit: für geh- und berggewohnte Wanderer leicht und problemlos

Wanderkarten: Tabacco, Blatt 035 (Ahrntal – Rieserfernergruppe), 1:25.000

Tipp

Der Grasfrosch

Er ist trotz des Namens nicht so einheitlich grasgrün wie der Laubfrosch, sondern je nach Alter und Geschlecht bald mehr olivgrün, bald mehr rötlich oder bräunlich, und die dunkle Zeichnung ist unterschiedlich kräftig. Der sympathische Lurch ist in der Almregion nicht unbedingt eine Seltenheit, aber dass er auch im Gebiet der Malerseen und damit in einer Höhe von 2500 Metern vorkommt, ist doch zumindest bemerkenswert. Nun soll man ihn in der Schweiz zwar auch noch hundert Meter höher angetroffen haben, aber in Südtirol dürften die Malerseen wohl eines der höchsten Vorkommen markieren.

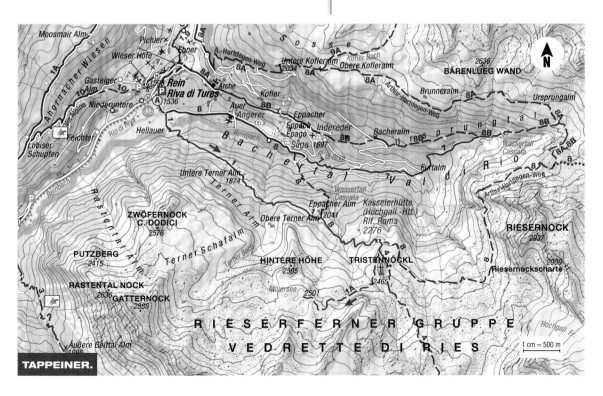

TAPPEINER.

51

Birnlückenhütte, Lausitzer Höhenweg

Rundtour mit Gletscherpanorama im innersten Ahrntal

Diese Tour führt uns in das innerste Ahrntal. Von Kasern, dem letzten Ahrntaler Dorf, folgen wir abseits der Straße dem überaus schönen alten Talweg, der zugleich auch ein beliebter Kreuzweg ist, und gelangen so in ebenem Spaziergang zum kleinen Weiler Prastmann mit dem Heilig-Geist-Kirchlein. Dann geht es von Alm zu Alm weiter talein und schließlich hinauf zur Birnlückenhütte. Dieses weithin sichtbare Schutzhaus, das im Jahr 1900 vom Prettauer Gastwirt Alois Voppichler erbaut wurde, steht auf dem Hangrücken, der die Bezeichnung Bockegg trägt und von einer prächtigen Bergumrahmung umgeben wird. Ragen auf der einen Seite die hellen Granitfelsen der Reichenspitzgruppe auf, so beherrschen auf der gegenüberliegenden Seite vor allem die Eiskatarakte der Dreiherrenspitze das Bild.

Nach ordentlicher Rast wählen wir als Abstiegsalternative die Wanderung über den Ostteil des um 1905 vom Deutschen und Österreichischen Alpenverein angelegten Lausitzer Höhenweges. Bei diesem Höhenweg, der sich westwärts bis zum Hundskehljoch fortsetzt, handelt es sich um einen landschaftlich großartigen Steig, der die nordseitigen Berghänge des Ahrntales durchquert und in dem von uns begangenen Abschnitt vor allem durch das teilweise vergletscherte Hochgebirgspanorama auf der gegenüberliegenden Talseite besticht.

Teilweise über Blockwerk und Felsplatten queren wir die Hänge unter dem Klockerkarkopf hin zur gezackten Pfaffenschneide, steigen über die mit Halteseil versehenen Stufen der „Teufelsstiege" hinab und queren dann hinüber und hinauf zu der 1907 von der Alpenvereinssektion Neugersdorf erbauten Neugersdorfer Hütte, die ihre ursprüngliche Zweckbestimmung als Schutzhütte leider schon längst nicht mehr erfüllt.

Hier verlassen wir den Lausitzer Höhenweg. Wir steigen über den geschichtsreichen, teilweise gepflasterten Tauernweg ab und kommen dabei an der Oberen Tauernalm vorbei, wo wir in aussichtsreicher Lage noch eine letzte Rast einlegen, bevor wir endgültig ins Tal absteigen und nach Kasern zurückkehren.

Die Birnlücken-hütte im Scheitel des Ahrntales

Blick von unserem Höhenweg zur 3499 m hohen Dreiherrenspitze

Wegverlauf: Von Kasern im Tauferer-Ahrntal (1595 m; Parkplätze) auf dem alten Talweg (Kreuzweg) hinein nach Prastmann (Heilig Geist), auf dem Talweg weiter zur Trinksteinalm und zur Kehreralm (1842 m; ab Kasern gut 1½ Std.); nun auf dem Fußweg 13 hinauf zur Lahneralm (1979 m) und empor zur Birnlückenhütte (2440 m; Sommerbewirtschaftung; ab Kasern 3½ Std.). Dann auf dem Lausitzer Höhenweg (Nr. 13) die steinigen und felsigen Hänge querend zur Pfaffenschneide, über die „Teufelsstiege" (Steinstufen, Halteseil) kurz hinab, quer durch ein Kar und ein Stück ansteigend zur Neugersdorfer Hütte (2568 m; ab Birnlückenhütte 2½ Std.; für Touristen normalerweise nicht zugänglich). Schließlich auf dem Weg 14 über die Tauernalm (2018 m; Ausschank) hinunter zum Talweg und hinaus zum Ausgangspunkt; ab Birnlückenhütte 4 Std.

Höhenunterschied:	973 m
Gesamtgehzeit:	6 – 7 Std.

Orientierung und Schwierigkeit: für bergerfahrene und gehtüchtige Wanderer unschwierig

Wanderkarten: Tabacco, Blatt 035 (Ahrntal – Rieserfernergruppe), 1:25.000

Tipp

Heilig Geist

Beim Weiler Prastmann, aber nicht unmittelbar am Hauptweg, sondern jenseits des Talbaches fast etwas versteckt gelegen, wird Heilig Geist von vielen Wanderern kaum wahrgenommen, obwohl das Höhenheiligtum einen Kurzbesuch durchaus verdient. Im Jahr 1455 vom berühmten Kardinal Cusanus geweiht, besaß Heilig Geist vor allem zur Zeit des Prettauer Kupferbergbaus als Knappenkirche besondere Bedeutung. Das einsame Almkirchlein birgt gotische Fresken und überdies ein besonders verehrtes, von Sagen und Legenden umwobenes Kruzifix. Damit ist das Kirchlein ein Juwel an unserem Weg und es gehört zu den ganz besonderen Glanzstücken der ländlichen Kulturlandschaft.

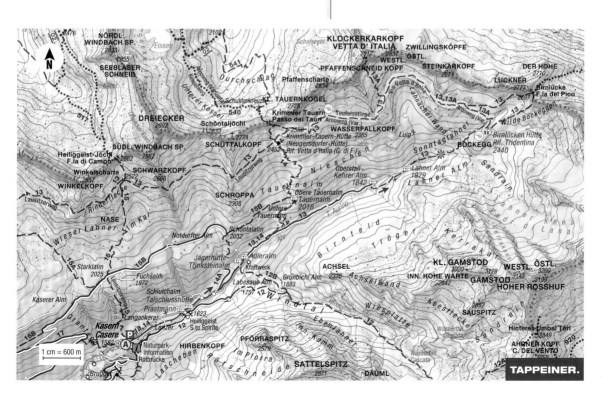

52

Rund um den Antholzer See

Gemütlicher Naturerlebnispfad im Pustertal

Der rund um den Antholzer See führende Naturerlebnisweg mit Blick talaus

Der Antholzer See vom ostseitigen Wanderweg aus, darüber Wildgall (links, 3272 m) und Hochgall (3436 m)

Dieser Wandervorschlag führt uns in das innerste Antholzer Tal, einen Seitenast des oberen Pustertals. Ausgedehnte Wiesen, die Dörfer Antholz-Niedertal und Mittertal sowie die Streusiedlung Antholz-Obertal charakterisieren das Gebiet.

Den dahinter liegenden, unter Naturschutz stehenden Antholzer See hingegen umrahmen fast nur noch Waldhänge und Berge, die auf der Westseite mit dem über 3400 Meter hohen Hochgall sogar den höchsten Gipfel der Rieserfernergruppe aufweisen. Man kann den See zu Fuß über bezeichnete Wege sowohl von Antholz Mittertal wie von Antholz Obertal aus erwandern, und man kann dem Zugang noch die Umrundung des Sees folgen lassen und schließlich wieder zum Ausgangspunkt zurückkehren. So kommt man gut und gern auf eine Gesamtgehzeit von mehreren Stunden.

Hier jedoch schlage ich nur die beliebte Umrundung des Sees vor und überlasse es den Gehfreudigeren selbst, die Tour auszudehnen bzw. nach eigenem Gutdünken zu gestalten. Denn seit der Weg rund um den See von der Naturparkverwaltung so angelegt wurde, wie er sich heute präsentiert – früher musste man teilweise der Autostraße folgen –, stellt die Umrundung durchaus

eine selbstständige Wanderung dar, deren reine Gehzeit mit etwa anderthalb Stunden zwar nicht lang ist, aber wenn man den Schautafeln, den Geschicklichkeitsspielen und den verschiedenen Gesteinsbeispielen mit ihren aufschlussreichen Erklärungen die nötige Aufmerksamkeit schenkt und vielleicht auch den Einladungen der einen und anderen Rastbank oder Einkehrstätte folgt, kommt man schnell einmal auf eine wesentlich längere „Gehzeit".

Natürlich bildet der See selbst die Hauptsehenswürdigkeit. Mit einer Länge von fast 900 Metern und einer Breite von immerhin 700 Metern ist er der drittgrößte Natursee Südtirols (nach Kalterer und Haider See), mit 37 Metern gehört er zu den tiefsten, und mit 1642 Metern über dem Meer ist er der höchstgelegene Südtiroler Talsee.

Wie man selbst als Laie bei näherer Betrachtung erkennen kann, entstand der See infolge von Murabgängen, die das Tal abriegelten. Über die Ursache des Naturereignisses berichtet hingegen die auch anderwärts in ähnlicher Form anzutreffende Sage, wonach die Hartherzigkeit der Bewohner dreier einstiger Bauernhöfe einem Bettler gegenüber zur Bildung des Sees geführt habe.

Wegverlauf: Anfahrt vom Raum Olang–Rasen im oberen Pustertal durch das nordseitig abzweigende Antholzer Tal hinein und hinauf bis in die Nähe des See-Ausflusses (1638 m, hier Parkplätze und Einkehrmöglichkeiten). Nun stets der Beschilderung „Seerundgang" folgend in teils ebener, teils leicht an- oder absteigender Querung der ostseitigen, steilen Waldhänge zum hinteren See-Ende (hier wieder Gaststätten) und nun auf dem weiterhin guten und ausgeschilderten, im letzten Teil als Bohlensteg hergestellten Rundwanderweg das Nordwestufer entlang in großteils ebenem Spaziergang talaus zum Ausgangspunkt.

Höhenunterschied: gering
Gesamtgehzeit: 1 ½ – 2 Std.
Orientierung und Schwierigkeit: in jeder Hinsicht leicht und problemlos
Wanderkarten: Tappeiner 111, Rasen–Antholz, 1:35.000

Tipp

Die Sumpfdotterblume

Schon die Anschauungsobjekte des Naturerlebnisweges stellen Besonderheiten entlang des Weges dar, auch die Schwäne, ein altes „Marterle", das von einem Seeunglück berichtet, und manches andere wären zu nennen, aber hier sei das Augenmerk auf eine Vertreterin der Alpenflora gelenkt, nämlich die Sumpfdotterblume (_Caltha palustris_), die da und dort am Ufer des Antholzer Sees wächst – eine auffallende Frühsommerblume, die mit dem kräftigen Grün ihrer Blätter und dem leuchtenden Gelb ihrer stattlichen Blüten einen besonders schönen Vordergrund für den blau-grünen Seespiegel bildet.

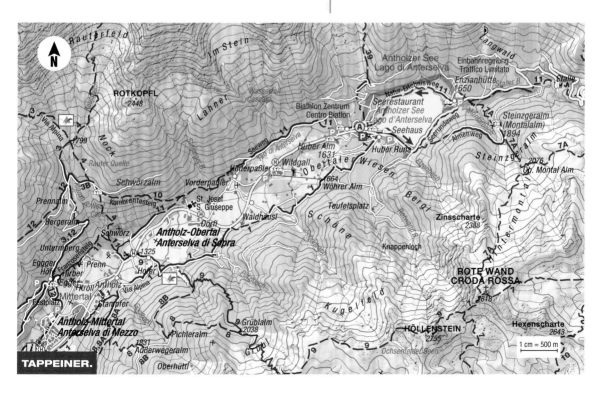

53

Auf die Riepenspitze, 2774 m

Lohnender Berggipfel im Gsieser Ostkamm

Stumpfalm, Gsieser Westkamm und Dolomiten – vom Aufstieg zur Riepenspitze aus

Unser Bergziel mit der Felsflanke, über die der markierte Pfad zum Gipfelkreuz führt

Die Riepenspitze ist ein ausgeprägter Berg ostseitig über dem inneren Gsieser Tal, das bekanntlich bei Welsberg vom Pusterer Haupttal nordseitig abzweigt. Obwohl sie sich aufgrund der etwas zurückgesetzten Lage vom Tal aus eher bescheiden ausnimmt, ist sie doch die höchste Erhebung des Gsieser Ostkammes und gehört zu den lohnendsten Gipfeln im Bergkranz, der das Tal umrahmt.

Den günstigsten Ausgangspunkt für die Tour auf die Riepenspitze bilden die Parkplätze bei der Talschlusshütte etwas innerhalb von St. Magdalena, wobei ein etwas höher gelegener kleinerer Parkplatz sogar noch eine rund halbstündige Verkürzung des Aufstiegs ermöglicht.

Zunächst wandern wir auf einem breiten, nur leicht ansteigenden Forstweg gemütlich durch hochstämmigen Nadelwald hinauf zur Gastschenke der Stumpfalm mit ihren ausgedehnten Bergwiesen und Viehweiden. Hier, bei der vor etlichen Jahren errichteten Hütte, die auf 2000 Meter und damit etwas höher liegt als manche Karten angeben, verlassen wir den breiten Güterweg und schlagen den gut markierten Fußpfad ein, der uns zunächst durch einen Lärchenjungwald rasch an

Höhe gewinnen lässt und hinauf zur Baumgrenze führt.

Dann geht es mit zunächst mittlerer, später aber erheblicher Steilheit über ausgedehntes Grasgelände, wo Murmeltiere hausen und eine reiche Flora blüht, bergan. Zahlreiche Serpentinen winden sich über einen schmalen grünen Streifen hinauf zu einer flachen Kammsenke, und von dort erklimmen wir schließlich die felsige Nordflanke der Riepenspitze großteils auf markierten Pfadspuren im Bereich des Nordwestgrates. Da es sich bei unserem Gipfel wie erwähnt um den höchsten Berg des Gsieser Ostkammes handelt und auch im Westkamm nur wenige Punkte geringfügig höher sind, bietet sich beim Gipfelkreuz eine ebenso umfassende wie weitreichende Schau über die Berge Süd- und Osttirols.

Der Abstieg führt uns schließlich über die Aufstiegsroute wieder hinunter zur Stumpfalm, wo wir wohl eine letzte Rast einlegen und noch einmal hinaufschauen zu unserem Berg, bevor wir in gemütlicher Waldwanderung wieder ins Tal zurückkehren.

Wegverlauf: Anfahrt von Welsberg nach St. Magdalena in Gsies und kurz weiter zur Talschlusshütte (1465 m; große Parkplätze). Von da stets der Beschilderung „Stumpfalm" folgend auf schmaler Straße ostseitig hinauf zu einem kleinen Parkplatz (Schranke, 1550 m; hierher auch mit dem Auto möglich) und auf dem anfangs geteerten, später ungeteerten Forstweg in Kehren hinauf zur Stumpfalm (2000 m; Jausenstation; ab Talschlusshütte knapp 2 Std., ab Schranke 1 ½ Std.). Nun auf Steig 47 durch Jungwald hinauf zur Baumgrenze, über Rasengelände und zuletzt in kurzen Serpentinen über eine steile Graszunge empor zu einer Gratsenke (2699 m) und rechts teils auf markierten Steigspuren, teils in unschwierigem Fels empor zum Gipfel (2774 m; ab Stumpfalm 2 ½ Std.). – Der Abstieg erfolgt über die Aufstiegsroute (insgesamt ca. 3 Std.).

Höhenunterschied: 1309 m
Gesamtgehzeit: ca. 7 Std.
Orientierung und Schwierigkeit: für geh- und berggewohnte Wanderer unschwierig, nur im obersten Bereich relativ steil und etwas felsig
Wanderkarten: Tappeiner 111, Rasen-Antholz, 1:35.000

Tipp

Das Zwerg-Seifenkraut

Entlang des Aufstiegs von der Stumpfalm in Richtung Riepenspitze traf ich das Zwerg- oder Niedrige Seifenkraut (*Saponaria pumila*) bis hoch hinauf in prächtiger Blüte an. Die Blume zählt zu den Nelkengewächsen und ist nach dem in der Pflanze enthaltenen Wirkstoff Saponin benannt. Die rasenbildenden Blätter sind im Vergleich zu jenen des Roten und Echten Seifenkrautes nur sehr klein, umso größer und schöner aber sind die Blüten. Und das ist nicht die einzige Besonderheit. Denn das Zwerg-Seifenkraut ist auch eine Rarität, die man in weiten Teilen der Alpen und auch Südtirols vergeblich sucht.

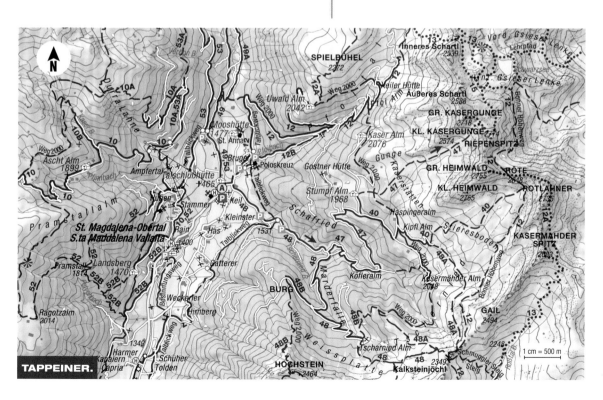

54

Auf das Toblacher Pfannhorn, 2663 m

Gipfeltour im oberen Pustertal

*Prachtblick vom
Pfannhornaufstieg
zu den Östlichen
Dolomiten; in der
Bildmitte die Drei
Zinnen*

*Die bewirtschaftete
Bonner Hütte am
Weg zum Toblacher
Pfannhorn*

Unser Ziel, das Toblacher Pfannhorn, ist ein für gehgewohnte Wanderer unschwierig zu besteigender Berg mit begrasten Graten und von Gräben zerfurchten Hängen, gleichzeitig ein frei aufragender Gipfel und unter den Trabanten, die ihn im Westen, Norden und Osten umstehen, der höchste. Daher ist er auch einer der aussichtsreichsten weitum, wobei die Schau zu den Deferegger und Ahrntaler Bergen, vor allem aber der Blick nach Süden zu den unzähligen Zinnen und Zacken der Östlichen Dolomiten besonders zu rühmen ist.

Der Berg ist touristisch immerhin so bedeutend, dass die Sektion Hochpustertal des Deutschen und Österreichischen Alpenvereins bereits um 1880 einen Gipfelpfad angelegt und 1897 die Bonner Hütte (eine Gehstunde vom Gipfel entfernt) errichtet hat, deren Baukosten von dieser Alpenvereinssektion getragen wurden. Sie wurde von allem Anfang an bewirtschaftet und erfreute sich regen Besuchs. Doch nach dem Ersten Weltkrieg und dem Anschluss Südtirols an Italien wurde die Hütte ein Stützpunkt der Finanzwache und war später auch lange Zeit verwaist.

Erst im Zuge der Übergabe vieler Hütten vom Staat an das Land Südtirol konnte die Bonner Hütte wieder ihrer ursprünglichen Zweckbestimmung übergeben werden. Sie wurde in liebevoller Arbeit instand gesetzt und ist seit Sommer 2007 voll bewirtschaftet.

Damit ist die Bonner Hütte wieder ein willkommener Rastort am Weg zum Pfannhorn und ein Stützpunkt für den Bonner Höhenweg; und wegen des schönen Zugangs und der erwähnten Prachtschau zu den Dolomiten ist sie auch ein beliebtes Wanderziel.

Musste man einst den Fußmarsch zum Pfannhorn bereits in Toblach antreten, sofern man sich auf dem 1903 verbreiterten Hüttenweg nicht per „Stuhlwagen" bis zur Bonner Hütte kutschieren ließ, wie in den damaligen „Mitteilungen" des Alpenvereins nachzulesen ist, kann man heute bis zum Bergweiler Kandellen und damit bis in fast 1600 m Höhe mit dem Auto gelangen. So sind die gut tausend Höhenmeter bis zum Gipfel für den gehgewohnten Wanderer kein Problem. Außerdem steigt der untere, als Forstweg ausgebaute Teil der Route nur mäßig an und bildet so eine angenehme „Eingehstrecke" für den restlichen Aufstieg.

Wegverlauf: Anfahrt von Toblach durch das Silvestertal hinauf zum Weiler Kandellen (1580 m; Gasthof, Parkmöglichkeit). Von da auf schmaler Straße, an der Kapelle von Kandellen, an der Gaststätte Bergrast und am Hoferhof vorbei, hinan zum Wald, auf dem Güterweg das tief eingeschnittene Golfental querend (stets Mark. 25) und dann in Serpentinen ansteigend hinauf zur Waldgrenze und zuletzt durch freie Grashänge empor zur Bonner Hütte (2307 m; bewirtschaftete Schutzhütte; ab Kandellen knapp 2 ½ Std.). Schließlich auf dem Steig 25 über den begrasten Bergrücken mittelsteil empor zum Gipfel (2663 m, ab Bonner Hütte 1 Std.). – Der Abstieg erfolgt über den Aufstiegsweg (ca. 2 ½ Std.).

Höhenunterschied:	1083 m

Gesamtgehzeit: 6 Std.

Orientierung und Schwierigkeit: für geh- und berggewohnte Wanderer unschwierig; bis zum Gipfel markiert

Wanderkarten: Tappeiner 111, Rasen-Antholz, 1:35.000

Tipp

Der Kleine Fuchs

Dieser schöne Tagfalter – der Wissenschaftler nennt ihn *Aglais* oder *Nymphalis urticae* – begegnete mir am Weg zur Bonner Hütte. Er gehört zu den häufig vorkommenden Schmetterlingen unseres Landes, und ist er vielleicht auch nicht ganz so einzigartig wie das Tagpfauenauge oder der Schwalbenschwanz, so dürfen wir ihn doch zu unseren farbenprächtigsten Edelfaltern zählen; und er steht auch seinem nicht wesentlich größeren „Bruder", dem Großen Fuchs, an Schönheit um nichts nach. Daher ist es immer wieder ein Erlebnis, ihm zu begegnen, ganz besonders im Gebirge, wo die faunistische Artenvielfalt mit jedem Schritt, den wir höher steigen, mehr und mehr abnimmt.

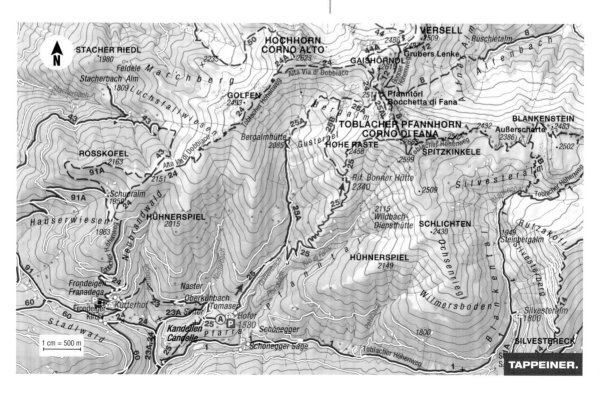

55

Pragser Wildsee und Grünwaldalm

Fast ebene Bergwanderung in den Östlichen Dolomiten

Diese leichte und landschaftlich großartige Wanderung im Herzen der Pragser Dolomiten empfiehlt sich bereits ab dem Frühsommer. Sowohl entlang der Wege wie dann auch oder vor allem auf den ebenen Wiesen der Alm blüht es prächtig, und die Grünwaldalm bietet willkommene Einkehrmöglichkeit.

Ausgangspunkt für unseren weitgehend ebenen oder nur leicht auf und ab führenden Gang sind die Parkplätze beim Hotel am Pragser Wildsee. Von dort wandern wir auf breitem Weg am Westufer bis zur Südwestecke des rund einen Kilometer langen und 400 Meter breiten Gewässers, in dem sich die rundherum steil aufragenden Felswände widerspiegeln. Der sagenumwobene, in ein tiefes Gebirgsbecken gebettete See gehört mit rund 40 Metern zu den tiefsten Seen Südtirols.

Wo der meist harmlose und versickernde, aber nach starken Regenfällen mächtig anschwellende Finsterbach in den See mündet, führt uns der Weg durch das kaum ansteigende äußere Grünwaldtal zur gleichnamigen Alm, die einst zum Kloster Sonnenburg gehörte und den dortigen adeligen Nonnen als Sommerfrische diente. Aus jener Zeit stammen denn auch ein Marienbild

Die Grünwaldalm mit der Bergspitze des Großen Jaufen darüber

Blick von unserem Weg auf den Pragser Wildsee mit dem Seekofel

und die Jahreszahl 1735 an der Mauer der Almhütte.

Wir befinden uns hier in einer einsamen, naturbelassenen, von einem eindrucksvollen Bergkranz umrahmten Gegend. Das Bild unserer Grünwaldalm wird einerseits geprägt von ebenen Wiesen und den gedrungenen Hütten, und andererseits vom Massiv des Seekofels im Süden und vom Gamezalpenkopf mit dem Großen Jaufen im Osten.

Für die Rückkehr zum Ausgangspunkt folgen wir bis zum Pragser Wildsee wieder dem Zugang, doch dann schlagen wir den eindrucksvollen Weg ein, der den See ostseitig umrundet. Da geht es zwar stellenweise über Stufen merklich auf und ab, aber die dabei zu bewältigenden Höhenunterschiede sind im Gesamten gesehen doch nur gering, und der breite Weg ist überall dort, wo die Felsen steil zum Seespiegel abbrechen, mit guten Holzgeländern versehen.

So verbinden wir mit dem Besuch der Grünwaldalm auch die landschaftlich äußerst lohnende Rundwanderung um einen der prächtigsten und bekanntesten Bergseen der Alpen.

Wegverlauf: Vom Hotel Pragser Wildsee am gleichnamigen See (1496 m, Parkplätze) auf dem breiten Weg 1 in der Nähe des Westufers teils eben, teils leicht auf und ab hinein bis zur Südwestecke des Sees, hier der Beschilderung „Grünwaldalm" folgend rechts ab und weiterhin auf dem breiten Waldweg (nun Mark. 19) teils leicht ansteigend, teils eben westwärts zur Grünwaldalm (1590 m; Ausschank; ab Ausgangspunkt knapp 1 Std.). – Rückweg: Wieder zurück bis zur Südwestecke des Sees, hier rechts ab, um die Südseite des Sees herum und dann über den teilweise ausgesetzten und in Stufen auf und ab führenden, aber mit Geländern versehenen Wanderweg auf der Ostseite des Sees zurück zum Ausgangspunkt; ab Grünwaldalm knapp 1 ½ Std.

Höhenunterschied: 94 m
Gesamtgehzeit: 2 – 2 ½ Std.
Orientierung und Schwierigkeit: für gehgewohnte Wanderer leicht und problemlos
Wanderkarten: Tappeiner 138, Sextner und Pragser Dolomiten, 1:35.000

Tipp

Die Zwerg-Alpenrose

Eine der nicht wenigen floristischen Schönheiten des Pragser Gebietes ist die Zwerg-Alpenrose (*Rhodothamnus chamaecistus*). Ihr Vorkommen ist auf die Südlichen und Nördlichen Kalkalpen beschränkt, und das heißt, dass sie in weiten Gebieten der Alpen fehlt. Doch am Weg, der den Pragser Wildsee umrundet, kann man sie entdecken. Und wenn sie im Frühsommer ihre großen Blüten voll entfaltet hat, gehört sie zu den schönsten Bergblumen der Dolomiten. So mag sie im Vergleich zu den anderen Alpenrosen wuchsmäßig zwar ein Zwerg sein, hinsichtlich ihrer Blütenpracht ist sie aber alles andere als das.

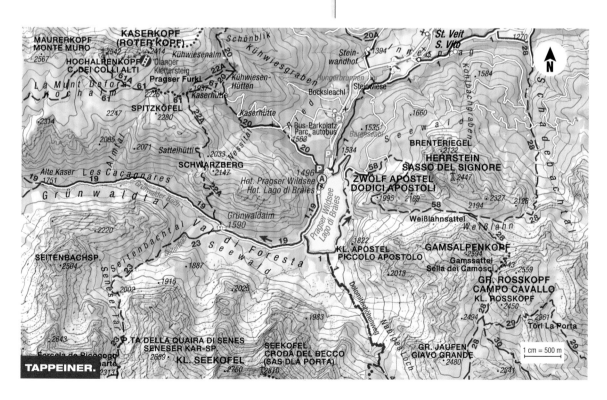

56

Der Altensteiner Höhenweg

Hüttenrunde in den Sextner Dolomiten

Unser Höhenweg unweit der Büllele-jochhütte mit dem Zwölfer

Am Ende des Höhenweges: Blick zu den berühmten Drei Zinnen

Der Verbindungsweg zwischen der Zsigmondyhütte im Osten und der Dreizinnenhütte im Westen wird zuweilen als „Altensteiner Höhenweg" bezeichnet, weil er zu einem guten Teil die Hänge des wildromantischen, vom Toblinger Riedl in den Sextner Talschluss hinabziehenden Altensteiner Tales durchquert. Was diesen beliebten Höhenweg, der sich mit dem Aufstieg zur einen und dem Abstieg von der anderen Hütte zu einer prachtvollen Rundtour verbinden lässt, aber ganz besonders auszeichnet, ist die grandiose Felsszenerie des schönsten Teiles der Sextner Dolomiten, angefangen vom Zwölferkofel im Osten bis zu den Drei Zinnen im Westen.

Ausgangspunkt für die Rundtour ist das innere, von Sexten abzweigende Fischleintal, von wo durch das einsame Bacherntal zur Zsigmondy-Comici-Hütte aufgestiegen wird, die im deutschen Sprachgebrauch meist auch einfach nur Zsigmondyhütte genannt wird. Zu unserer Linken erhebt sich das mächtige Elfermassiv, das der berühmte Alpinisteig durchquert, und vor uns ragt die einmalige Felsgestalt des gut 3000 m hohen Zwölfers mit seiner senkrechten Nordwand in den Himmel.

Am genannten Schutzhaus beginnt unser Höhenweg. Dabei geht es, teilweise auf alten Felsenwegen, und vorbei an Resten aus dem Ersten Weltkrieg, über die karstigen Hochflächen des Einsermassivs hin zu der auf Halbweg gelegenen Büllelejochhütte. Und von dort durchqueren wir auf Altensteiner Seite unter den gezackten Bödenknoten die steilen Schutthänge in Richtung Dreizinnenhütte.

In diesem westlichen Teil hat man die genannten Bödenknoten und dann die Berggestalt des Paternkofels zur Linken, rechts liegen die Bödenseen und drüben, uns gerade gegenüber, ragen Schusterplatte, Innichriedlknoten und die mächtige, fast 3150 m hohe Dreischusterspitze auf. Der größte Glanzpunkt eröffnet sich schließlich bei der Dreizinnenhütte am Toblinger Riedl: Die Drei Zinnen mit ihren berühmten Nordwänden – eine der bekanntesten und unvergleichlichsten Berggruppen der Welt.

Die Rückkehr zum Ausgangspunkt erfolgt durch das eingangs erwähnte, ebenso wildromantische wie unberührte Altensteiner Tal, wobei vor allem der Einserkofel, den vor einigen Jahren ein gewaltiger Felssturz heimsuchte, und manch stäubender Wasserfall des Altensteiner Baches unsere Blicke auf sich ziehen.

Wegverlauf: Vom Hotel Dolomitenhof im Fischleintal (1454 m) in knapp ½ Std. talein zur Talschlusshütte (1540 m; Gaststätte), auf Weg 102/103 hinauf zu Weggabel, hier links ab und auf Weg 103 mäßig bis stark ansteigend hinauf zur Zsigmondy-Comici-Hütte (2224 m; bewirtschaftetes Schutzhaus; ab Ausgangspunkt gut 2 ½ Std.). Dann auf Weg 101 teils eben, teils ansteigend westwärts zum Oberbacherjoch (2528 m) und zur Büllelejochhütte (2528 m; Schutzhütte). Nun westwärts zum nahen Büllelejoch, nordseitig ein Stück hinab und in großteils ebener Wanderung (stets Weg 101) zur Dreizinnenhütte (2405 m; großes Schutzhaus; ab Zsigmondyhütte 2 Std.). – Abstieg: Auf Weg 102 nordöstlich durch das Altensteiner Tal großteils steil hinunter zur Talschlusshütte und talaus zum Ausgangspunkt (ab Dreizinnenhütte gut 2 Std.).

Höhenunterschiede: Aufstieg 770 m, Höhenweg 304 m, Abstieg 951 m.

Gesamtgehzeit: 6–7 Std.

Orientierung und Schwierigkeit: für gehtüchtige Bergwanderer problemlos

Wanderkarten: Tappeiner 138, Sextner und Pragser Dolomiten, 1:35.000

Tipp

Die Bödenseen

Auf der Wegstrecke zwischen Büllelejoch und Dreizinnenhütte kommen wir an drei Bergseen vorbei, die der Felsenlandschaft ihren ganz besonderen Reiz verleihen. Es sind dies die drei Bödenseen, benannt nach dem Almgelände, in dem sie liegen. Während der östliche See in einem vegetationsarmen Gerölltrichter liegt, werden die beiden westlichen, nahe beisammen liegenden Seen von ebenen Rasenflächen und bunter Alpenflora umgeben. Und dahinter erheben sich rundherum zahlreiche Felsgipfel der Sextner Dolomiten.

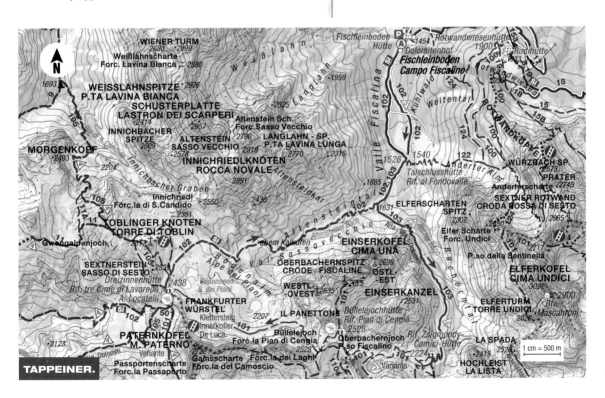

133

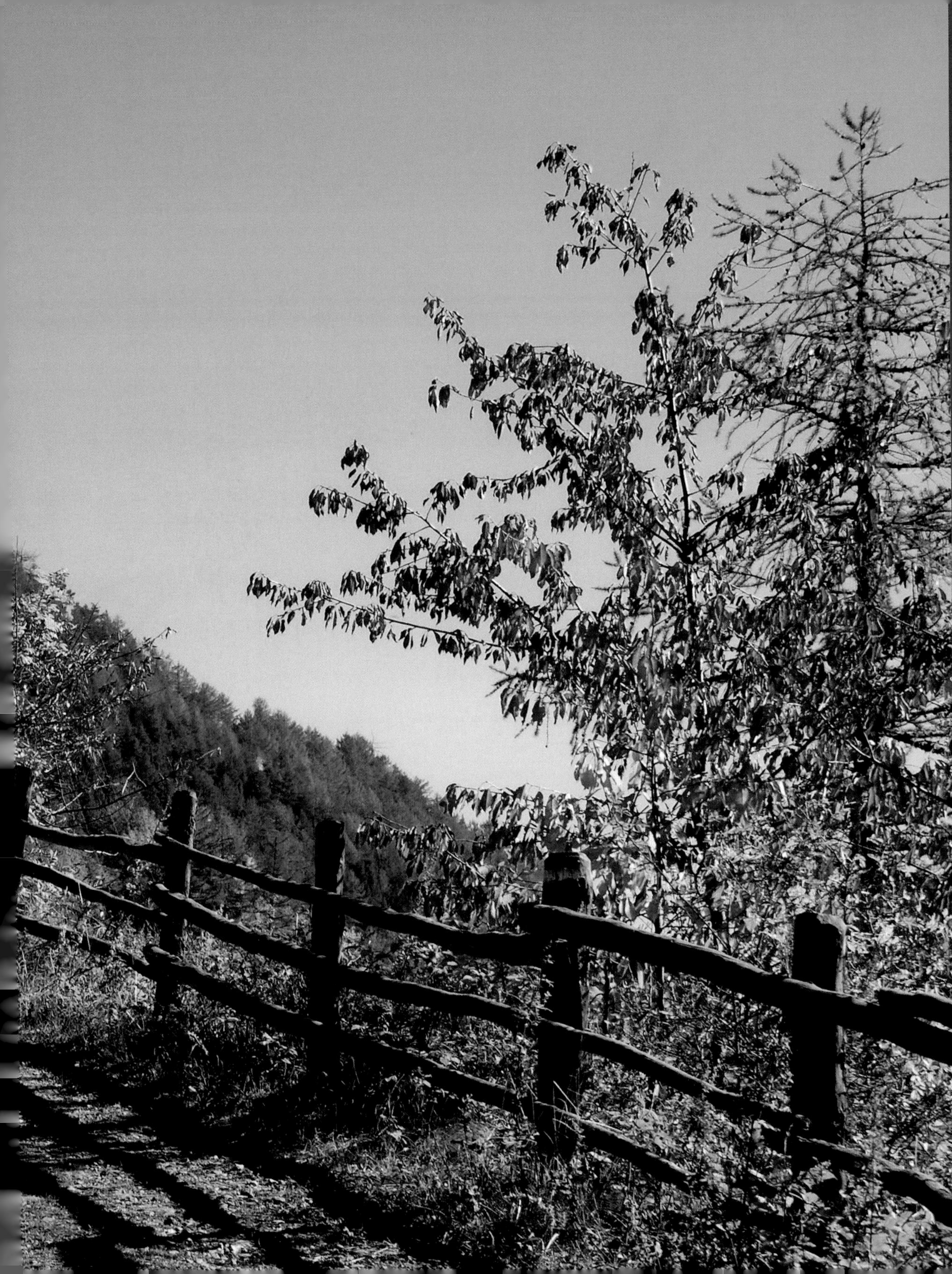

57

Herbst am Naturnser Sonnenberg

Höferunde hoch über dem Vinschgau

Blick vom Naturnser Sonnenberg über den Vinschgau

Herbstpracht an unserem Weg von Unterstell zum Dickhof

Vom Naturnser Ortsteil Kompatsch bringt uns die moderne Seilbahn in wenigen Minuten hinauf zum Hof und Gasthaus Unterstell und damit in ein Gebiet, das sich „Wanderparadies Sonnenberg" nennt. Und dies zu Recht. Denn einerseits zieht hier oben der bekannte Meraner Höhenweg durch, auf dem man beliebig weit westwärts oder ostwärts und sogar rund um die ganze Texelgruppe wandern kann, und andererseits gibt es in dem ausgedehnten Gebiet Wege und Tourenmöglichkeiten für jeden Geschmack, von der Frühjahrs oder Herbstwanderung zu den Höfen in der Umgebung über den Aufstieg zu den Hochalmen im Sommer bis zur zünftigen Gipfeltour.

An einem schönen Herbsttag wandern wir von Hof zu Hof, und zwar wählen wir eine Runde, die uns den eigentlichen Naturnser Sonnenberg kennenlernen lässt und überdies auch ein Stück hinein führt zum sogenannten Fuchsberg über dem äußersten Schnalstal.

Zunächst steigen wir von Unterstell über die Höfe Patleid und Lint hinauf zum Dickhof, der noch in Teilen seine ursprüngliche Bausubstanz bewahrt hat und von seiner hohen Warte aus teils in den unteren Vinschgau, teils in das Schnalstal

blickt. Abgesehen von den einstigen Extremhöfen Matzlaun, Hühnerspiel und Gampl ist der bereits 1357 erstmals erwähnte Dickhof – der Name hat seinen Ursprung in der urkundlich als „Dickach" aufscheinenden Bezeichnung Dickicht – weitum der höchste hier. Nicht weniger als 1709 Meter liegt er hoch und damit fast 1200 Meter über dem Vinschgauer Talboden.

Entsprechend weitreichend ist auch die Aussicht, wie sie kaum ein anderer Hof zu bieten hat – schauen wir doch bis zur Rosengartengruppe in den Dolomiten, zum Cevedale im Ortlergebiet und zur Weißkugel in den Ötztaler Alpen.

Nach der Rast und Einkehr beim Dickhof steigen wir zum Kopfronhof ab, bei dem wir den erwähnten Meraner Höhenweg betreten, der uns zunächst zum stattlichen Waldhof, dann zum Hof Inner-Unterstell und über den bereits kennengelernten Patleidhof wieder zurück zum Ausgangspunkt bringt. So schließt sich eine Rundwanderung, die uns durch eine besonders eindrucksvolle, vielfältige und aussichtsreiche Landschaft weltferner Berghöfe führt und die sich gerade in den Herbstfarben besonders einladend zeigt.

Wegverlauf: Von Naturns zunächst mit der Seilbahn (Talstation am Westrand des Ortes) hinauf zum Hof Unterstell (1282 m; Jausenstation). Von dort kurz hinauf zu Weggabel, nun links mit Markierung 10 teils auf alten Fußpfaden, teils auf der Höfestraße hinauf zum Patleidhof, kurz weiter zum Linthof und weiter auf dem Weg 10 hinauf zum Dickhof (1709 m; Hofschank; ab Unterstell 1 ½ Std.). – Nun kurz auf der Höfestraße und dann auf dem Fußsteig 10 durch Wiesen und Baumbestände hinunter zum Kopfronhof (1436 m), nun stets der Markierung 10/24 und der Beschilderung „Meraner Höhenweg" folgend teils auf Höfestraßen, großteils aber auf alten Fußwegen über den Waldhof (1505 m) hinaus zum Hof Inner-Unterstell (1470 m), auf dem Höhenweg die Hänge querend zu Weggabel und rechts auf Weg 24A zurück nach Unterstell (ab Kopfron 1 ½ Std.).

Höhenunterschied: 427 m
Gesamtgehzeit: ca. 3 ½ Std.
Orientierung und Schwierigkeit: für berg- und gehgewohnte Wanderer problemlos, an steileren Wegstellen gute Geländer
Wanderkarten: Tappeiner 107, Lana und Umgebung, 1:35.000

Hühnerspiel

Vom Dickhof blicken wir hinauf zu zwei kleinen dunklen Blockbauten, in denen man angesichts der extremen Lage nichts anderes als Almhütten vermuten würde. Tatsächlich ist Hühnerspiel – so nennt sich das Ganze – heute eine Alm. Doch so wie das etwas dahinter gelegene Matzlaun ist auch Hühnerspiel keine gewöhnliche Alm, sondern ein uralter kleiner Bauernhof in über 1900 Meter Höhe. Schon um 1250 wird der Hof erstmals urkundlich erwähnt, um 1430 ist dort sogar eine neunköpfige Familie belegt, und noch vor gut hundert Jahren wurde Roggen angebaut – oben auf Hühnerspiel, einer der entlegensten und höchsten Hofstellen der ganzen Alpen.

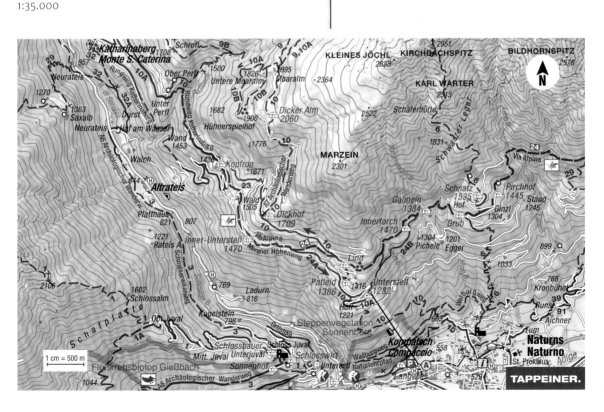

58

Der Vernagter Höfeweg

Wanderung am Vernagter Stausee in Schnals

Diese Wanderung lässt uns das mittlere Schnalstal kennenlernen, wo der ausgedehnte Stausee mit seinen Hochgipfeln im Hintergrund das Landschaftsbild wesentlich mitbestimmt.

Ausgehend von der Ortschaft Vernagt, wandern wir auf jenem Weg, über den man im Sommer zur Similaunhütte, zur Ötzi-Fundstelle und zu den benachbarten Dreitausendern aufsteigt, in kurzem Aufstieg zum weithin sichtbaren Tisenhof. Hier nun verlassen wir den Similaunanstieg und wandern, nachdem wir den Tisenbach überquert haben, durch die teils gerodeten, teils mit steilen Lärchenhainen bestandenen Steilhänge talein. Dabei zeigt sich – was wir von Vernagt aus nicht wahrgenommen haben –, dass es an dieser Sonnenseite über dem Vernagter See nicht nur den genannten Tisenhof gibt, sondern auch noch zwei weitere Bergbauernhöfe.

So gelangen wir bald zum Raffeinhof, und dann queren wir auf schmalem Fußpfad die Steilhänge hinein zum bekannten Gehöft Finail (oder Fineil). Bei guten Verhältnissen ist der Weg problemlos begehbar, und wo er kurz über Felsstufen ansteigt, leistet ein Seilgeländer gute Dienste. An den waldfreien Strecken blickt man weit über den

See und das Tal hinaus, ansonsten aber geht es durch lichtdurchflutete Lärchenbestände.

Und dann erreichen wir die ausgedehnten Wiesen von Finail und bald darauf den Hof selbst, wo gastliche Einkehr geboten wird.

Diese Höfe gehören zu den höchstgelegenen Südtirols, und doch waren sie einst keineswegs nur „Grashöfe", sondern Getreidehöfe, auf denen Roggen, Gerste und Hafer angebaut wurde. So war der 1952 Meter hoch gelegene Finailhof, der mit seinen weit über das Land schauenden Holzbauten schon einem Weiler gleichschaut und immer noch von fleißigen Leuten bewirtschaftet wird, bis vor einigen Jahrzehnten sogar der höchste Kornhof Europas.

Von Finail wandern wir wieder durch Wiesen und Lärchenwald hinunter zur Schnalser Talstraße und zu einem Weg, der den Vernagter Stausee umrundet; und auf diesem Weg kehren wir – den Tisenbach über eine luftige Hängebrücke überquerend – nach Vernagt zurück.

Blick auf den Vernagter Stausee gegen den Saldurkamm

Einer der Vernagter Berghöfe an unserem Weg

Wegverlauf: Von Vernagt am gleichnamigen Stausee (1698; Gastbetriebe) dem Wegweiser „Tisenhof" folgend auf der geteerten Zufahrt durch die Wiesenhänge in 20 Minuten hinauf zum Tisenhof (1822 m, Jausenstation), kurz auf der Höfestraße weiter zum Raffeinhof (1886 m), und von da auf dem stellenweise schmalen, mit Nr. 9 markierten Steig in weitgehend ebener Querung der steilen Gras- und Lärchenhänge hinein zum Gehöft Finail (1952 m; die Hofgaststätte ganzjährig geöffnet; ab Ausgangspunkt 1 ½ Std.). Nun auf der Zufahrtsstraße kurz abwärts bis zur ersten Kehre, dort rechts ab, dem Wegweiser „Marcheggtal" folgend auf dem Steig 9 die Waldhänge leicht abwärts querend zur Schnalser Talstraße, auf Weg 13A kurz hinunter zu Wegteilung, hier links ab und die orografisch linken Hänge querend hinaus nach Vernagt (ab Finail knapp 1 ½ Std.).

Höhenunterschied: 254 m
Gesamtgehzeit: ca. 3 Std.
Orientierung und Schwierigkeit: für gehgewohnte Wanderer leicht und problemlos; festes, rutschsicheres Schuhwerk wichtig!
Wanderkarten: Tabacco, Blatt 04 (Schnalstal), 1:25.000

Tipp

Der Silberbecher am Finailhof

Im Hausflur des Finailhofes sind Abbildungen jenes berühmten Silberbechers zu sehen, der hier – zusammen mit einem silbernen Besteck – als besonderes Kleinod verwahrt und sorgsam gehütet wird. Die landeskundliche Forschung hat sich mit dem edlen Stück befasst und vermutet aufgrund der eingravierten Jahreszahl 1567 einen Zusammenhang mit dem ehemaligen Kloster Allerengelberg in Karthaus, doch der Volksüberlieferung nach handelt es sich um ein Geschenk des Tiroler Landesfürsten Herzog Friedrich „mit der leeren Tasche", dem 1416 am Finailhof in einer misslichen Lage Hilfe zuteil geworden sein soll.

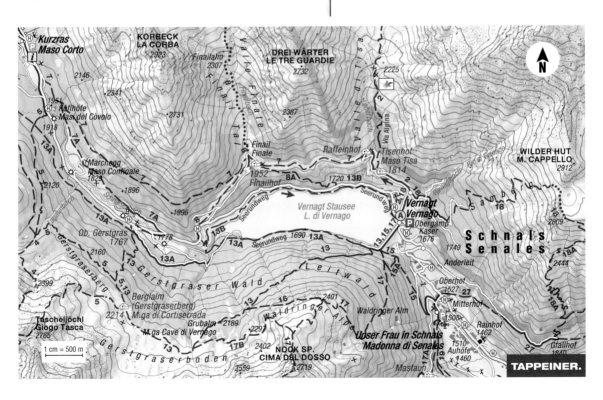

Sonnenrundgang und Jaufenburg

Herbstwanderung bei St. Leonhard in Passeier

Blick von der Jaufenburg über St. Leonhard und das äußere Passeiertal; darüber die Matatzspitze

Der gut erhaltene Bergfried der Jaufenburg

Eine der Wandermöglichkeiten im Gebiet von St. Leonhard in Passeier ist jene beschilderte Route, welche die Bezeichnung „Sonnenrundgang" trägt. Sie erschließt, teilweise begleitet von den Informationstafeln des Andreas-Hofer-Rundweges, die vom Dorf sonnseitig ansteigenden, von Wiesen, Bauernhöfen und Waldzonen geprägten Hänge.

In Teilen folgen wir bei der Begehung des Weges nur einfachen Steigen, im ersten und letzten Abschnitt auch kurz geteerten Haus- und Hofzufahrten, auf längeren Abschnitten aber auch schönen alten Wegen, die von Buschzeilen, Trockenmauern, Holzzäunen und Bildstöcken gesäumt werden und stellenweise auch noch ihre uralte Steinpflasterung aufweisen.

Zuerst bringt uns ein Sträßchen ins äußerste Waltental, doch dann verlassen wir es, überqueren über eine verlässliche Hängebrücke den breiten Waltenbach und kommen in schöner Wanderung zum Wegkreuz, wo einst der Hof Wiedersicht stand – heute trägt ein Haus weiter westlich diesen Namen. Dann führt der Sonnenrundgang durch Wald und Wiesenhänge, über denen der weithin sichtbare Wehrturm der Jaufenburg einen markanten Felshügel krönt, zu einer Aussichtswarte

an der Jaufenstraße, um schließlich zwischen Haselgebüsch und Hartriegel in hübschen Serpentinen wieder nach St. Leonhard abzusteigen.

Wer stets der Beschilderung „Sonnenrundweg" folgt, sieht die Jaufenburg nur aus einer gewissen Entfernung. Wir aber schweifen vom Themenweg ein Stück ab und besuchen auf guten Wegen die Burg. Das freskengeschmückte Innere des Turmes ist zwar nur an gewissen Tagen zugänglich, aber der Aufstieg lohnt sich immer. Denn erst hier oben erkennt man, dass die Jaufenburg einst wesentlich mehr als nur den Bergfried umfasste, und überdies bietet sich ein besonders schöner Blick über das Passeiertal. Die von verschiedenen Sagen umwobene Burganlage reicht vermutlich ins 13. Jahrhundert zurück. Sie war der Hauptsitz der Herren von Passeier, die 1233 erstmals genannt werden, Dienstleute der Tiroler Grafen waren und die Jaufenburg im frühen 15. Jahrhundert an die Adelsfamilie Fuchs von Fuchsberg vererbten.

Später wurde der Sitz aufgelassen und dem Verfall preisgegeben. Doch der gut erhaltene Bergfried und verschiedene Mauerreste künden noch von vergangenen Tagen und bilden ein lohnendes Wanderziel am Sonnenrundgang bei St. Leonhard.

Wegverlauf: In St. Leonhard (688 m) über den Kirchweg (schmale Straße) ostwärts kurz hinan zu Straßenteilung, der Beschilderung „Sonnenrundgang" folgend auf Höfestraße bis zum Haus „Waldheim", hier links auf Hängebrücke über den Waltenbach, dann auf schönem Altweg hinauf zu Weggabel, rechts hinauf zum Sattel unter dem Burghügel und kurz hinauf zur Jaufenburg (824 m; ab St. Leonhard knapp 1 Std.). Dann zurück zum erwähnten Sattel, links auf schmaler Straße hinunter bis zum Heiligkreuzkirchlein, hier rechts ab, nun wieder der Beschilderung „Sonnenrundgang" folgend kurz hinauf zu Wegteilung und durch Wiesenhänge zu einer Aussichtswarte an der Jaufenstraße (Sitzbänke, ca. 800 m). Dann auf Fußweg (weiterhin die genannte Beschilderung) hinunter zu Häusern und zurück zum Ausgangspunkt.

Höhenunterschied: 134 m

Gesamtgehzeit: 2 – 2 ½ Std.

Orientierung und Schwierigkeit: leicht und problemlos

Wanderkarten: Tappeiner 144, Passeiertal, 1:30.000

Portal der Heiligkreuzkapelle

Ist die eigentliche Schlosskapelle der Jaufenburg längst abgekommen, so ist die etwas tiefer gelegene Heiligkreuzkapelle noch bestens erhalten. Der Legende nach ließ Hildebrand Fuchs von Fuchsberg das schmucke gotische Kirchlein in Einlösung eines in Todesgefahr abgelegten Gelübdes erbauen. Doch es gibt nicht nur die Legende, sondern auch einen in weißen Marmor gemeißelten geschichtlichen Nachweis; nämlich die prächtige Steinrahmung des Eingangsportals der Kapelle mit der Jahreszahl 1531 und dem Wappen der Herren von Passeier und, nach diesen, der Grafen Fuchs.

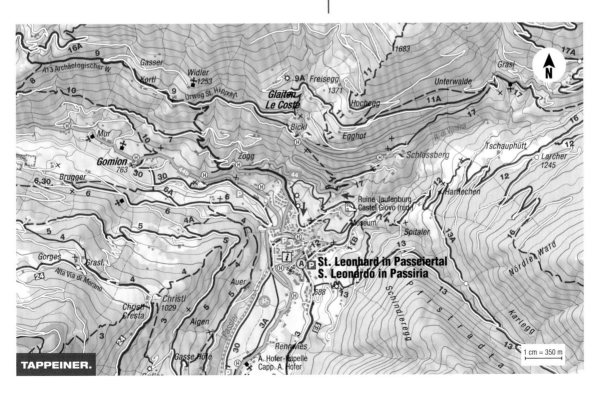

Gfeis und Kuenser Waalweg

Rundwanderung im äußeren Passeiertal

Ausgangspunkt für unsere Rundwanderung ist die sonnige Streusiedlung Kuens an der Westseite des äußersten Passeiertales. Von dort steigen wir durch Wiesen hinauf zur Weggabel beim Kuenser Waalweg, doch diesen begehen wir erst im Abstieg. Jetzt peilen wir geradewegs unser Ziel an und steigen durch Wald und vorbei an einem Schalenstein hinauf zum Streuweiler Gfeis, wo es Einkehrmöglichkeit gibt und die Aussicht zu den ostseitigen Bergen des Tales mit Hirzer und Ifinger besonders eindrucksvoll ist.

Die von Wiesenhängen umgebenen Höfe von Gfeis liegen rund tausend Meter über der Talsohle und gehören, zusammen mit dem etwas weiter nördlich gelegenen Weiler Vernuer, zu den höchsten Siedlungen des äußeren Passeiertales.

Haben wir diese Aussichtswarte kennengelernt, treten wir den Abstieg an. Dabei folgen wir dem schönen Waldweg, der ein Teil des bekannten Meraner Höhenweges ist und uns in den Bereich des Gasthauses Longfall im einsamen Fineletal und damit zum Beginn des erwähnten Kuenser Waalweges führt, dessen munterem Wasserlauf wir nun folgen.

Weitgehend eben geht es durch Waldhänge, Gebüsch und freie Stellen mit schönen Ausblicken hinaus zum oberen Rand der Wiesen von Kuens. Mit einer Länge von rund 2,5 Kilometern gehört der Kuenser Waal, der auch „Oberwaal" genannt wird, zwar nicht zu den besonders langen Südtiroler Bewässerungskanälen, aber dank seiner Naturbelassenheit zweifellos zu den schönsten. In seinem heutigen Verlauf wurde der Waal im Jahr 1386 erbaut, und wir kennen jene Waalordnung von 1534, nach der es bei empfindlicher Geldstrafe verboten war, „unsauberes Geschlenz oder Prunzkachl" in den Waal zu schütten. Diesem Waal von 1386 ging bereits ein älterer Wasserkanal voraus, dessen Ursprünge wohl sehr weit zurückliegen, tritt doch Kuens bereits im 8. Jahrhundert in das Licht der geschriebenen Geschichte.

Der Waalweg führt uns hinaus zum unteren Teil des Aufstiegsweges, und über diesen kehren wir schließlich wieder dorthin zurück, wo unsere Rundwanderung begonnen hat.

Höfe von Gfeis, einem Weiler hoch über dem äußeren Passeiertal

Der Kuenser Waalweg bildet den schönsten Teil unserer Rundwanderung

Wegverlauf: Anfahrt von der Passeirer Straße zwischen Meran und Riffian nach Kuens bzw. zum Gasthof Ungericht (770 m; Traktorenmuseum). Von da zu Fuß auf der schmalen Straße hinauf zum Mutlechnerhof (837 m), auf Weg 21 weiter zu Wegteilung am östlichen Ende des Kuenser Waalweges und weiterhin auf Weg 21 durch Wald großteils mittelsteil hinauf nach Gfeis (Berggasthof Walde, 1310 m; etwas tiefer die Jausenstation Bergrast; ab Ausgangspunkt gut 1 ½ Std.). – Abstieg: Kurz zurück zu Weggabel am Waldrand, hier rechts ab und bald auf Weg 24 (Meraner Höhenweg) die Waldhänge eben und abwärts querend zum Gasthaus Longfallhof (1075 m) bzw. zum etwas tiefer verlaufenden Kuenser Waalweg (ab Gfeis ca. ¾ Std.). Auf diesem nun ostwärts hinaus zu dem im Aufstieg begangenen Weg 21 und auf diesem wieder hinunter nach Kuens (ab Longfall ca. 1 Std.).

Höhenunterschied: 540 m
Gesamtgehzeit: ca. 3 Std.
Orientierung und Schwierigkeit: für gehgewohnte Wanderer leicht und problemlos
Wanderkarten: Tappeiner 143, Dorf Tirol und Umgebung, 1:25.000

Tipp

Der Gelbling

Wie bei so mancher anderen Herbstwanderung begegnete mir auch auf dem hier vorgestellten Weg, und zwar auf einem fast verblühten Schweizer Schöterich zwischen Gfeis und Longfall, ein Gelbling, bei dem es sich wohl um den Wander-Gelbling handelt. „Zitronenfalter des Herbstes" möchte ich ihn nennen, diesen schönen Tagfalter, der mit seinen Verwandten eine Untergruppe der Weißlinge bildet und seine Flügel mit dem breiten schwarzen Rand auf der Oberseite nur beim Fliegen ausbreitet. So ist die sichere Unterscheidung der einzelnen, auf der Unterseite fast identischen Arten nicht leicht, aber ein Gelbling ist es allemal, und das zu wissen, genügt uns eigentlich schon.

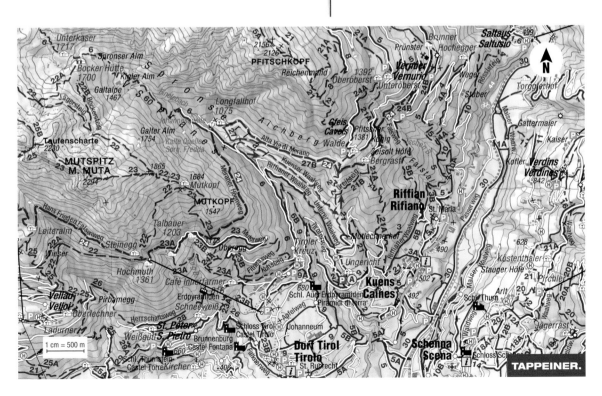

Zum Kröllturm bei Gargazon

Kurzwanderziel für Burgenfreunde im Etschtal

Dies ist eine kurze Wanderung in tieferer Lage, die sich auch noch im Spätherbst durchführen lässt, wenn man vielleicht keine volle Tagestour mehr unternehmen, aber doch ein paar Schritte in schöner Kulturlandschaft gehen möchte.

Das Ziel ist der auf der Ostseite des Etschtales oberhalb von Gargazon aufragende Kröllturm. Dabei handelt es sich um den eindrucksvollen Bergfried einer ehemaligen Burg aus dem 13. Jahrhundert, der sich zwar an weithin sichtbarer, aber – im Gegensatz zu so manch anderer mittelalterlichen Burg – in kaum wehrhafter und damit in leicht zugänglicher Lage befindet.

Zu diesem mächtigen Wehrturm, der vor wenigen Jahrzehnten noch dem Verfall preisgegeben und teilweise eingestürzt war, aber mittlerweile konsolidiert wurde, gehörte einst auch ein Wohnbau, der vermutlich auch der Sitz des kleinen Gerichtes Gargazon war. Davon aber ist unweit des Turmes nur noch ein letzter Mauerrest sichtbar, was freilich nicht verwundert, wenn man einen Blick in seine Geschichte wirft. Denn bereits in Urkunden des 16. Jahrhunderts ist nur noch vom unbewohnten „Thurn" die Rede. Somit war dem Palas kein besonders langes Dasein beschieden.

Umso besser hat sich der Name des Erbauers der Burg erhalten. Denn die Bezeichnung „Kröllturm" verweist auf jenen Berthold Kröll (urkundlich meist Chrell oder Chrello geschrieben), der ein Spross der vor allem im Sterzinger Raum, aber auch im Etschtal begüterten Familie Trautson war und sich hier bei Gargazon eben seine kleine Burg errichten ließ.

Unsere Kurzwanderung führt uns aber nicht nur zum Kröllturm, sondern auch zu einer naturkundlichen Sehenswürdigkeit. Denn unweit des Turmes ist in den Porphyrfels eine steile, in Stufen ansteigende Schlucht eingeschnitten, in welcher der Aschler Bach einen von mehreren Wasserfällen bildet. Er ist 47 Meter hoch und wir erreichen ihn über eine eigene kurze Steiganlage.

Dem Besuch von Wasserfall und Kröllturm fügen wir, um die Wanderung etwas auszudehnen, schließlich noch die Begehung des hübschen Gargazoner Panoramaweges an, der uns durch dichte Gehölze und aussichtsreiche Lichtungen ein gutes Stück südwärts führt, bevor wir wieder nach Gargazon zurückkehren.

Der Kröllturm bei Gargazon

Der im Herbst etwas wasserarme Wasserfall beim Kröllturm

Wegverlauf: Von der Ortsmitte in Gargazon (267 m)
an der oberen Kirche vorbei, kurz hinauf zur querenden
Hauptstraße; dort der Beschilderung „Kröllturm" folgend
auf der Asphaltstraße hinauf zu den letzten Häusern und
dann auf dem Weg 7 mittelsteil empor zum Kröllturm
(390 m; ab Gargazon ½ Std.; etwas tiefer der kurze beschilderte Steig zum Wasserfall). – Abstieg mit Einbezie-
hung des Panoramaweges: Vom Turm der Beschilderung
„Steinbruch" folgend auf Weg 7A hinunter zu Wegteilung
(links in der Nähe ein kleiner ehem. Steinbruch), weiter
hinab zum Weg 7 und auf diesem wieder hinunter zu den
Häusern. Nun auf der querenden Straße kurz südwärts und
auf dem Panoramaweg weiter bis zum Durchgangsverbot
mit Wegweisern (ab Kröllturm ¾ Std.; der Rest des Weges
wurde wegen Steinschlaggefahr gesperrt); hier auf Weg 3
rechts hinab zur Talstraße und zurück nach Gargazon (ab
Kröllturm knapp 1 Std.).

Höhenunterschied: 123 m
Gesamtgehzeit: ca. 1 ½ Std.
Orientierung und Schwierigkeit: leicht und problem-
los
Wanderkarten: Tappeiner 156, Tschögglberg–Salten,
1:25.000

Das Hufeisenwappen

Blickt man auf der Talseite des Turmes in die Höhe,
erspäht man über dem Hocheingang ein gemeißeltes
Hufeisenwappen und damit das Wappen des aus
der Familie Trautson stammenden Berthold Chrell
(oder Kröll), der zwischen 1237 und 1278 wiederholt
urkundlich bezeugt ist. Das Hufeisenwappen der
Trautson findet sich übrigens auch auf Reifenegg
und Sprechenstein, den beiden Burgen der Trautson im Sterzinger Raum, allerdings in einer leicht
abgeänderten Form, sodass der Kenner das Famili-
enwappen unschwer von jenem des Berthold Chrell
unterscheiden kann. Doch der besondere Seltenheitswert des Wappensteins am Kröllturm liegt darin,
dass derlei Gestaltungselemente an den meisten
unserer einfacheren romanischen Burgen fehlen.

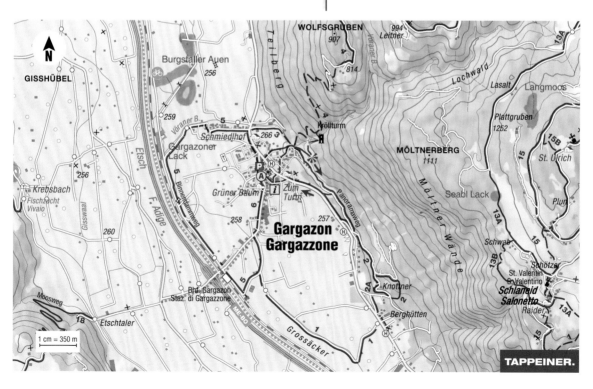

62

Die „Knottn" von Vöran

Rundwanderung am Tschögglberg

Im Gebiet von Vöran am Tschögglberg, dem aussichtsreichen Dorf zwischen Hafling und Mölten, fallen an verschiedenen Stellen die sogenannten „Knottn" auf, die nach den in ihrer Nähe gelegenen Höfen benannt sind und in neuerer Zeit auch als „Kogel" aufscheinen. So zum Beispiel der Timpflerknott, der Untersteinerknott, der Eggbauerknott, der Beimsteinerknott und der Rotsteinerknott.

Bei diesen aus vulkanischen Gesteinskonglomeraten zusammengesetzten Knottn handelt es sich um rundliche, von der Erosion und den Eiszeitgletschern abgeschliffene Felskuppen, deren Entstehung mit der vor rund 270 Millionen Jahren erfolgten Bildung der sogenannten „Bozner Porphyrplatte" zusammenhängt. Diese teilweise weithin auffallenden Felshügel verleihen der Landschaft bei Vöran ihr einmaliges Gepräge.

Um die zwei bekanntesten und auffallendsten dieser Felshügel zu besuchen, steigen wir zunächst zum Beimsteinerknott (oder Steinkogel) auf, der gerade über Vöran aufragt und mit seinem Wetterkreuz weit über das Land schaut. Und dann wandern wir zum Gasthof Grüner Baum, um dort den beliebten Schützenbrünnlweg einzuschlagen.

Der Rotsteinerknott bei Vöran, darunter die Höfe Egger, Oberhaus, Rotsteiner und Weber

Der Beimsteinerknott

Auf diesem geht es nun sehr schön durch mehr oder weniger dichte Waldungen meist eben dahin bis zum malerischen Weberhof, von dem wir in kurzem Anstieg den Rotsteinerknott (oder Rotensteinkogel) erreichen, wo wieder ein Wetterkreuz steht und die vor etlichen Jahren errichteten Stuhlreihen des „Knottnkinos" dazu einladen, die sich im Wechsel von Licht und Schatten verändernde Landschaft zu betrachten.

Aber auch wer hier nicht lange sitzen möchte, wird begeistert sein vom Tiefblick auf Vöran und über das Etschtal sowie vom Panorama, das von den Dolomiten bis zur Texelgruppe reicht.

Der Rückweg nach Vöran führt uns am Rotsteinerhof und an dem von diesem einst hervorgegangenen Oberhaushof vorbei hinunter zum Eggerhof, der eine Gastschenke betreibt. Von dort wandern wir auf einem nahezu ebenen Wiesenpfad wieder zum Ausgangspunkt zurück, wo eine rund dreistündige Rundwanderung endet, bei der wir einen Teil der Tschögglberger Höfelandschaft kennengelernt und zwei der bekannten Vöraner Knottn erstiegen haben.

Wegverlauf: Von Vöran (1204 m) der Beschilderung „Rundweg Beimsteinkogel" folgend hinauf zu Wegteilung bei einem Wasserreservoir und rechts zum Wetterkreuz auf dem Beimsteinerknott (1320 m; ab Vöran 20 Min.); dann zurück zur Wegteilung, auf dem „Rundweg Beimsteinkogel" zu einer Häusergruppe und kurz hinauf zum Gasthof „Grüner Baum" (ab Vöran ¾ Std.). Nun den Wegweisern „Schützenbrünnlweg" folgend weitgehend eben zum Weberhof und vom nahen Wiesensattel (1402 m) hinauf zur Hochfläche und zum Rand des Rotsteinerknotts (Wetterkreuz, „Knottnkino", ca. 1420 m; ab Vöran knapp 2 Std.). − Abstieg: Zurück zum Wiesensattel, auf der Höfestraße hinab zum Eggerhof (1265 m; Hofschank) und auf Steig 12 weitgehend eben zurück nach Vöran (ab Rotsteinerknott gut 1 Std.).

Höhenunterschied: ca. 250 m

Gesamtgehzeit: 3 Std.

Orientierung und Schwierigkeit: für gehgewohnte Wanderer leicht und problemlos

Wanderkarten: Tappeiner 142, Schenna und Umgebung, 1:25.000

Tipp

Das Vöraner Konglomerat

Oben auf den „Vöraner Knottn" sollte man die Aussicht genießen, aber auch den eigenartigen Felsboden unter den Füßen näher betrachten, der immerhin rund 250 bis 300 Millionen Jahre alt ist. Als sich damals nämlich im Zuge ausgedehnter Lavaeruptionen die gewaltige Südtiroler Vulkanitformation bildete, entstand aus Geröllen, Sanden und vulkanischem Auswurfmaterial auch jenes Ablagerungsgestein, aus dem eben unsere „Knottn" bestehen und das als Vöraner Vulkanitkonglomerat oder Porphyrtuff bekannt ist.

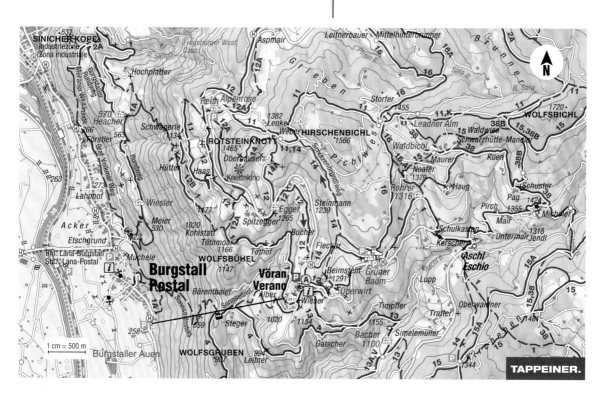

63

Rundwanderung auf dem Tschögglberg

Von Verschneid über Nobls zum Salten

Die Höhen des Saltens mit dem Valentinskirchlein in Vordernobls; im Hintergrund ist der Rosengarten erkennbar

Erdpyramiden unweit des Wieserhofs

Von Verschneid, dem ersten Dorf an der Straße von Terlan nach Mölten, führt uns diese Wanderung zuerst zum bekannten, von allerlei Sagen und Geschichten umrankten Tschaufenhof, der auch altbekanntes und viel besuchtes Gasthaus ist und auf einem weiten flachen Wiesenboden liegt.

Von da folgen wir dem weitgehend ebenen Weg und wandern weiter zu den wenigen verstreuten Höfen des Weilers Vordernobls, der auch nur Nobls genannt wird und als besonderes Kleinod nahe dem Moarhof das Kirchlein St. Valentin besitzt.

Auf ausgedehnter Wiesenfläche sozusagen am Südhang des Tschögglberges gelegen, bietet es, wie übrigens auch viele andere Stellen unseres Weges, eine weite und freie Aussicht hin zu Rosengarten und Latemar und über das Etschtal, und der aus dem hier anstehenden, warmfarbigen Sandstein aufgeführte Bau des genannten Kirchleins mit seiner romanischen Rundapsis und dem massiven Turm fügt sich überaus harmonisch in die Landschaft ein. Und wer beim erwähnten Moarhof nach dem Kirchenschlüssel fragt, kann auch die Freskenreste aus der Zeit um 1400 im Innern des Höhenheiligtums kennenlernen.

Von dort ist es nicht weit hinauf zum Wieserhof. Hier besteht die zweite Einkehrmöglichkeit entlang unserer Wanderung und mit der sogenannten „Wieserlahn", einem ausgedehnten, ockerfarbenen Erosionsbecken, in dem mehrere, zum Teil sehr stattliche Erdpyramiden mit großen Decksteinen stehen, eine naturkundliche Sehenswürdigkeit. Diese „Lahn" frisst sich langsam zwar, aber doch unaufhaltsam in den Hang hinein, und wenn sie den Wieserhof erreicht haben wird – so behauptet zumindest die Sage –, geht die Welt unter.

Vom Wieser wandern wir dann noch durch ebene Wiesen und für den berühmten Salten so typische lichte Lärchenbestände in leichtem Auf und Ab zum Gschnoferstall, einer bekannten Almgaststätte auf dem Salten.

Hier treten wir schließlich den Abstieg und damit die Rückkehr nach Verschneid an. Der kaum einstündige Abstieg erfolgt teils auf dem alten Waldweg, teils auf geteertem Sträßchen und an Höfen vorbei, und zuletzt auf dem idyllischen, durch farben- und artenreiches Gebüsch führenden Kirchsteig.

Wegverlauf: Von Verschneid am Tschögglberg (1104 m; Gastbetriebe, Parkplätze) der Beschilderung „Tschaufen" und der Nr. 2 folgend zu Weggabel, rechts zum Verschneidbach und durch Wald hinauf zum Tschaufenhaus (1313 m, ¾ Std.; Gasthaus). Nun auf dem breiten Weg 2 zu Weggabel, rechts mit Markierung 8 hinüber zum Moarhof (1240 m; hier Schlüssel für das nahe Valentinskirchlein erhältlich), schließlich auf Höfestraße hinauf zum Wieserhof (1386; Gasthaus; ab Verschneid ca. 2 Std.) und der Beschilderung „Gschnoferstall" folgend (Nr. 10, später 12) in ¾ Std. über die Saltenwiesen zur Almschenke Gschnoferstall (1439 m). Nun stets den Wegweisern „Verschneid" folgend zu naher Weggabel, links auf markiertem Waldpfad und schmaler Straße hinunter zu Höfen und bald darauf rechts auf Waldsteig hinunter nach Verschneid (ab Gschnoferstall knapp 1 Std.).

Höhenunterschied: ca. 350 m
Gesamtgehzeit: 3 ½ – 4 Std.
Orientierung und Schwierigkeit: für gehgewohnte Wanderer leicht und problemlos
Wanderkarten: Tappeiner 156, Tschögglberg–Salten, 1:25.000

Der Heidenkopf am Tschaufenhaus

Oberhalb der Eingangstür des Tschaufenhauses befindet sich der sogenannte „Heidenkopf" aus weißem Marmor. Zwar wird dieser Kopf wohl nie sein letztes Geheimnis preisgeben, doch handelt es sich offenbar um einen jener sogenannten „Neidköpfe", wie wir sie auch anderwärts in Südtirol und sogar in ganz Europa antreffen. Während die erwähnte Bezeichnung auf das althochdeutsche „nid" (Hass, Zorn) zurückgeführt wird, sieht die Forschung den Ursprung der Darstellung selbst im alten Griechenland. Und sind die verschiedenen Köpfe auch recht unterschiedlich gestaltet – eines haben sie gemeinsam: Sie sollen Unheil abwehren und Glück bringen.

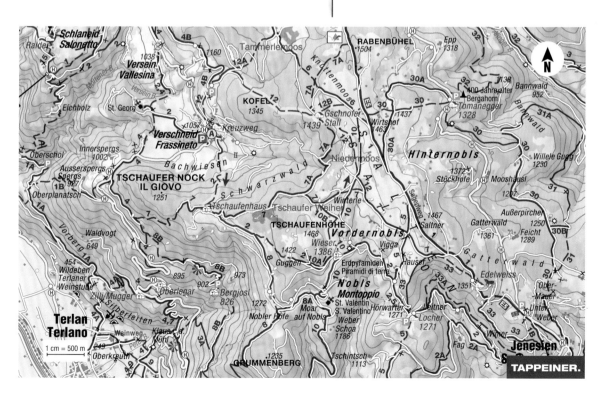

64

Der Wildemannbühel im Raum Eppan

Von den Montiggler Seen durch die gleichnamigen Wälder

*Auf dem Wildenmannbühel:
Rezente Steinmännchen aus den Resten einer Urzeitsiedlung*

Mit der Umrundung des Großen Montiggler Sees endet unsere Wanderung

Diese Wanderung führt uns an einem stillen Spätherbsttag durch die berühmten Montiggler Wälder zum Kleinen Montiggler See und dann auf jene 650 Meter hohe Porphyrkuppe, die als Wildermannbühel bekannt ist und eine große Gesteinshalde trägt.

Archäologische Untersuchungen und Scherbenfunde haben ergeben, dass wir hier das Steintrümmerwerk einer Urzeitstätte aus den letzten vorchristlichen Jahrhunderten vor uns haben. Leider zollen manche Besucher dieser über 2000 Jahre alten Kulturstätte weniger Respekt, als ihr gebührt.

Im 19. Jahrhundert bewohnte ein Einsiedler namens Peter Weth den Hügel und meißelte die Initialen seines Namens und sein Geburtsjahr 1824 in den Fels, und allmählich bildeten sich verschiedene Geschichten und Sagen um den Mann. So berichtet die 1897 erschienene Sagensammlung von J.A. Heyl von der alten Hütte des Einsiedlers, ja sogar von einem Goldschatz dort und von den Untaten des „Montiggler Wilden", der ein furchtbares Ungeheuer gewesen sei.

Von besagter Hütte ist heute nichts mehr zu sehen, dafür wurden kleine Mauerberinge sowie eine Reihe von Steinmännchen errichtet, welch Letztere aber, im Gegensatz zu den schon vor Jahrhunderten schriftlich bezeugten „Stoanernen Mandln" auf dem Tschögglberg, erst wenige Jahre alt sind.

Nachdem wir nun dies kennengelernt haben und auch den Blick bis hinauf zu den Meraner Bergen haben schweifen lassen, kehren wir auf dem begangenen Weg wieder ein Stück zurück und umrunden sowohl den Kleinen als auch den Großen Montiggler See auf deren Ostseite.

Die beiden fischreichen Gewässer zählen zu den größten Seen Südtirols: Der Kleine, der rundherum von Wald umschlossen wird, ist 300 Meter lang, 220 Meter breit und 14 Meter tief, der Große, der südseitig von einem breiten Schilfgürtel und offener Landschaft begrenzt wird, ist sogar 720 Meter lang und 290 Meter breit, aber „nur" zwölf Meter tief.

An den Wegen, die sie umrunden, weisen Informationstafeln auf Flora und Fauna hin, und so lernen wir bei unserer Wanderung nicht nur den Bühel des „Wilden Mannes", sondern auch zwei der bekanntesten Naturseen Südtirols kennen.

Wegverlauf: Anfahrt von Eppan in Richtung Montiggl bis zu den Parkplätzen „Montiggler See" (ca. 530 m). Von dort der Beschilderung „Kleiner Montiggler See" folgend auf dem breiten Waldweg 1A nahezu eben zu Wegkreuzung, links mit Nr. 1 bis zur Wegteilung nahe dem Kleinen Montiggler See, links auf dem breiten Weg weiter, schließlich auf dem Weg 1B rechts abzweigend am Waldhang hinauf und zuletzt kurz über Blockwerk empor auf den Wildenmannbühel (643 m; ab Parkplatz gut 1 Std.). – Rückweg: Bis zum Kleinen See wie Hinweg, dann links ab, auf dem breiten „Rundweg" mit Mark. 16 um den Kleinen See herum, leicht absteigend zum Großen See, auf dessen Ostseite zum Bohlenweg, auf diesem durch Schilf zum Bereich der Gastbetriebe und kurz hinauf zum Parkplatz (ab Wildermannbühel knapp 1 ½ Std.).

Höhenunterschied: ca. 100 m
Gesamtgehzeit: 2 ½ Std.
Orientierung und Schwierigkeit: leichte Rundwanderung, nur ein kurzes Stück etwas steil
Wanderkarten: Tappeiner 108, Weinstraße, 1:30.000

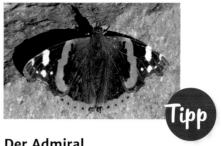

Der Admiral

Ganz oben auf unserem Hügel ließ er sich von den spätherbstlichen Sonnenstrahlen bescheinen, der Admiral, ein prachtvoller Edelfalter. Zwischendurch flog er auf, drehte munter ein paar Runden und suchte sich dann wieder einen Platz an der Sonne auf einem der vielen Porphyrsteine. Wie Trauermantel, Tagpfauenauge, Eisvogel oder Schwalbenschwanz ist auch er nach seinem Aussehen benannt. Denn ein Teil der Flügelzeichnung ähnelt dem Rangabzeichen eines richtigen Admirals, des obersten Befehlshabers der Marine. Zwar ist es nicht das erste Mal, dass ich dem Edelfalter ziemlich spät im Jahr begegne, aber ich bin dennoch immer wieder ebenso überrascht wie erfreut.

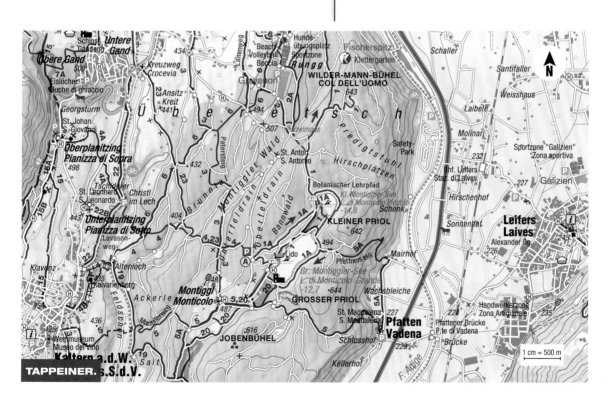

65

Der Kalterer Höhenweg

Rundwanderung durch Weindörfer und Buchenwälder

Unsere Wanderung führt durch schöne, für das Kalterer Gebiet besonders charakteristische Mischwälder

Blick vom Kalterer Höhenweg auf den Kalterer See; im Hintergrund Weiß- und Schwarzhorn

Diese Wanderung führt uns von St. Nikolaus bei Kaltern über die Kalterer Höhe hinauf zum Kalterer Höhenweg, auf diesem lange durch Waldhänge südwärts und schließlich über den Ziegelstadelweg wieder zurück. So lernen wir am Anfang und Ende der Runde das weingesegnete Gebiet westlich von Kaltern mit seinen durch ihre eigenen Kirchen gekennzeichneten Siedlungspunkten St. Anton, Pfuß und St. Nikolaus kennen.

Die hier vorgeschlagene Rundwanderung ist selbstverständlich nur eine von mehreren möglichen Wegkombinationen und kann dank des relativ engmaschigen Wegenetzes je nach Gehfreude und Gehtüchtigkeit beliebig abgekürzt oder auch verlängert werden.

St. Nikolaus, der Ausgangs- und Endpunkt, weist als besondere Charakteristik zwei unterschiedliche Kirchtürme auf und ist seit der ersten Hälfte des 18. Jahrhunderts auch ein gern besuchter Wallfahrtsort. Am Hochaltar befindet sich die „weinende Muttergottes", das Gnadenbild, das ursprünglich in einem Bauernhof verwahrt wurde. Der größere Teil unserer Rundwanderung führt nun nicht durch die Überetscher Kulturlandschaft, sondern durch die oberhalb derselben befindli-

chen und sich gegen die Felsen des Mendelgebietes hinaufziehenden, im Herbst besonders schönen Mischwälder und Buchenbestände.

Nachdem wir über die Felsschulter der Kalterer Höhe, welche das gleichnamige Gasthaus, den Aussichtspunkt „Schöne Aussicht" und ein turmartiges Wohngebäude trägt, den Kalterer Höhenwanderweg erreicht haben, führt dieser teils als breiter Forstweg, teils als schmaler Fußpfad durch die erwähnten Waldungen, und einmal überquert er auch die an der betreffenden Stelle untertunnelte Trasse der bekannten Standseilbahn, die von St. Anton zur Mendel emporführt.

Wir könnten auf dem einheitlich nummerierten Höhenweg bis Tramin wandern, aber um die Begehung zu einer etwas kürzeren Rundwanderung zu gestalten, verlassen wir ihn beim sogenannten Ziegelstadel und kehren auf dem gleichnamigen, ebenfalls durch herrliche Wälder führenden Wanderweg schließlich über St. Anton und Pfuß wieder nach St. Nikolaus zurück.

Wegverlauf: Von St. Nikolaus bei Kaltern (569 m, Parkplatz) unterhalb der Kirche bis zum Dorfrand, dort auf
der Straße kurz hinauf, dann rechts abzweigend und
stets der Nr. 18 folgend auf Fußweg hinauf zur „Kalterer
Höhe" und bergan zum Kalterer Höhenweg (ca. 700 m;
ab St. Nikolaus knapp 1 Std.). Nun auf dem mit Nr. 9 markierten Höhenweg (teils breiter Forstweg, teils einfacher
Fußsteig) in langer Querung der Waldhänge südwärts bis
zur Forsthütte „Ziegelstadel" (732 m; ab Höhenwegbeginn ca. 2 Std.). Hier scharf links ab, mit Markierung 523
über den breiten Ziegelstadelweg durch die Wälder teils
eben, teils leicht absteigend zu den Kulturgründen von
St. Anton, kurz auf der Altenburger Straße und dann auf
schmalen Dorfstraßen hinüber nach Pfuß und zurück nach
St. Nikolaus (ab Ziegelstadel 1½ Std.).

Höhenunterschied: ca. 200 m

Gesamtgehzeit: 4 – 5 Std.

Orientierung und Schwierigkeit: für gehgewohnte
Wanderer leicht und problemlos

Wanderkarten: Tappeiner 108, Weinstraße, 1:30.000

Tipp

Der zweite Turm von St. Nikolaus

Am Beginn unserer Wanderung fällt auf, dass neben
der Nikolauskirche, die einen gotischen Fassadenturm mit gemauertem Helm besitzt, ein im Stil
völlig anderer Turm für sich allein dasteht. Und
man fragt sich: Wozu dieser zweite Turm, wenn die
Kirche doch bereits einen schönen Fassadenturm
besitzt? Des Rätsels Lösung besteht darin, dass
der alte Turm im Lauf der Zeit für das Geläute
nicht mehr stark genug erschien, weshalb dann
der Kurat von St. Nikolaus um 1880 aus massiven
Porphyrsteinen eben diesen zweiten Turm mit seinem hübschen gemusterten Helm errichten ließ;
und seither bildet er das besondere Kennzeichen
des Wallfahrtsortes St. Nikolaus.

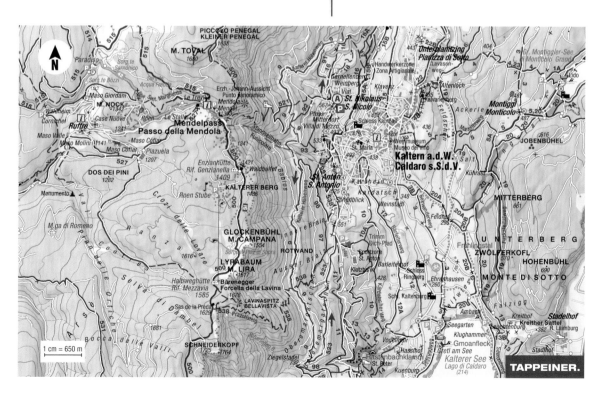

66

Zur Leuchtenburg

Kurzwanderung zwischen Überetsch und Unterland

Sie fällt weithin auf, die auf einem kegelförmigen, mit Laubgehölzen bestandenen und gemeindemäßig zu Pfatten gehörigen Hügel hoch aufragende Leuchtenburg im Kamm des sogenannten Mitterberges, der das Überetsch vom Unterland trennt.

Dabei handelt es sich um eine höchst interessante romanische Burg, die wir in absolut unschwieriger, relativ kurzer und damit der Jahreszeit angepasster Wanderung erreichen.

Die Leuchtenburg besteht im Wesentlichen nur aus dem Hauptbau am höchsten Punkt des Hügels und zwei von Mauerberingen umfassten Vorburgarealen. Doch der zinnenbestückte, nach außen hin ungegliederte, ebenso mächtig wie abweisend wirkende Hauptbau ist eine burgenkundliche Sehenswürdigkeit mit Seltenheitswert. Denn es handelt sich nicht um ein Ensemble mit Palas, Bergfried und Ringmauer, sondern um eine sogenannte „Beringburg", deren Räumlichkeiten innerhalb einer hohen, rundlichen Mauerummantelung liegen.

Dem heute vermauerten Haupteingang auf der Südseite gegenüber befindet sich nordseitig ein kleiner, etwas erhöhter Flachbogeneingang, der den Eingang ins Innere vermittelt. Dieses ist in mehrere Trakte unterteilt, in denen noch verputzte Wandflächen erhalten sind, während die ehemaligen Malereien leider zur Unkenntlichkeit verblasst sind.

Ein Mauerrest in der Südostecke der Burg lässt vermuten, dass hier ursprünglich ein Rundturm stand. Wahrscheinlich im frühen 13. Jahrhundert wurde dann die heutige Burg errichtet, die 1339 in Händen der Tiroler Grafen und an die Herren von Rottenburg verliehen war. Doch schon um 1500 wird die Burg als herabgekommen bezeichnet.

Vor etlichen Jahren wurden umfangreiche Sicherungsmaßnahmen durchgeführt, und so ist die Leuchtenburg heute, auch dank der markierten Wege, an denen Tische und Sitzbänke zum Verweilen einladen, dank der reichhaltigen Vegetation und dank der herrlichen Aussicht über den Süden Südtirols und auf den Kalterer See, ein beliebtes und burgenkundlich interessantes Wanderziel.

Die Leuchtenburg, von unserem Weg aus gesehen

Der Weg zur Leuchtenburg

154

Wegverlauf: Von einem Parkplatz mit Wegweisern an der von Kaltern zum Kreith- oder Kreither Sattel führenden Straße (ca. 300 m; Zufahrt hierher auch von Auer über Laimburg möglich), auf Weg 13A durch den Laubwald hinauf zu einem Forstweg und auf diesem (nun Mark. 13) rechts leicht ansteigend bis zum links abzweigenden, teilweise gepflasterten Burgweg. Nun auf diesem zu einem kleinen Waldsattel mit Wegkreuz, links hinauf (nun wieder 13A) zum östlichen Vorburgareal und schließlich zur Burg selbst (575 m; ab Parkplatz 1 Std.). – Abstieg: am besten über den beschriebenen Aufstiegsweg (ab Burg in etwa ¾ Std.).

Höhenunterschied: ca. 300 m
Gesamtgehzeit: 2 Std.
Orientierung und Schwierigkeit: leichte und problemlose Kurzwanderung
Wanderkarten: Tappeiner 108, Weinstraße, 1:30.000

Die Königskerze

Eine der Blumen, die man im Bereich der Leuchtenburg auch im Herbst noch blühend antrifft, ist die Großblütige Königskerze (*Verbascum thapsiforme*) mit ihren leuchtenden, goldgelben Blüten. Als Heilpflanze gegen verschiedene Leiden ist die Königskerze seit eh und je bekannt, die großen Blüten duften angenehm, und weil die mannshohe Pflanze so kerzengerade und einem königlichen Zepter nicht unähnlich dasteht, hat man ihr den Namen Königskerze gegeben. Wahrlich eine Blume, die trefflich zu einer Burg passt, die einst, wenn auch nicht von Königen, so doch von mächtigen Adelsherren bewohnt war.

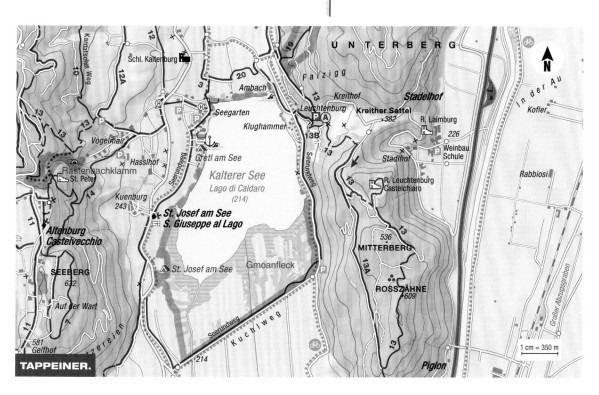

67

Montan, Schloss Enn und Bahnweg

Gemütliche Runde am Osthang des Südtiroler Unterlandes

Rastbank an unserem Weg bei Montan im Südtiroler Unterland; im Hintergrund Überetsch und Mendelkamm

Schloss Enn krönt beherrschend über Montan eine Waldkuppe

Ausgangspunkt für unsere Wanderung ist die Ortschaft Montan, die ostseitig zwischen Auer und Neumarkt erhöht im Bereich einer von Rebanlagen geprägten Hangverflachung liegt und Sitz des ausgedehnten gleichnamigen Gemeindegebietes ist.

Das Dorf mit seinen teilweise historischen Bauten ist sowohl von Auer wie von Neumarkt auf guten Straßen erreichbar, und darüber hinaus bildet der Ort dank markierter Wege auch ein beliebtes Wanderziel. Aber Montan ist auch Ausgangspunkt verschiedener Wanderungen, wobei sich eine Reihe von Kombinationsmöglichkeiten ergeben.

Wir entscheiden uns für eine gemütliche und relativ kurze Herbstrunde, die von gehfreudigeren Wanderern anhand der Karte aber natürlich auch beliebig verlängert oder abgeändert werden kann. Zunächst wandern wir hinauf zum querenden Panoramaweg und machen dabei auch einen Abstecher zum weithin sichtbaren Schloss Enn. Die in gutem Zustand befindliche und zeitweise bewohnte Burganlage reicht in ihren Ursprüngen in das 12. Jahrhundert zurück. Sie wurde seinerzeit von den Herren von Enn erbaut, später vergrößert und schließlich in die heutige Form gebracht. Das

Innere kann leider nicht besichtigt werden, aber die mächtige Anlage beherrscht eindrucksvoll das Gesamtbild von Montan und gilt als dessen Wahrzeichen.

Vom Schloss sind es nur wenige Schritte zu der etwas höher die Hänge durchquerenden Trasse der einstigen, 1916 erbauten und 1963 stillgelegten Fleimser Bahn, die, von Auer ausgehend, das Etschtal mit dem Fleimstal verband und vor etlichen Jahren zu einem beliebten Panorama-Wanderweg umgestaltet wurde.

Da diese Trasse oberhalb von Pinzon, wo sie mit einer weithin sichtbaren Bogenbrücke ein kleines Tal überquert, eine Kehrtwendung macht und damit einen weit ausholenden Bogen beschreibt, bietet sie die Möglichkeit zu einer Rundwanderung mit Tiefblicken auf Castelfeder, das bekannte „Arkadien Tirols", auf das malerische Dorf Pinzon, auf die Weingärten des Unterlandes, aber auch mit der Schau zur gegenüberliegenden Seite des Etschtales und zum Mendelkamm mit seiner höchsten Erhebung, dem Roén.

Wegverlauf: Anfahrt von Auer oder Neumarkt nach Montan (496 m; Parkplätze, Gastbetriebe). Dann zu Fuß von der Ortsmitte über die schmale, gepflasterte Schlossstraße hinauf zu einer Kehre der Fleimstalstraße, auf dem dortigen Fahrweg rechts ab und kurz zu Wegkreuzung im kleinen Schlosstal (591 m; in der Nähe das Schloss Enn; ab Montan knapp ½ Std.). Dann kurz hinauf zum breiten Panorama-Bahnweg (Trasse der ehemaligen Fleimstalbahn) und auf diesem in nahezu ebener Wanderung durch Wald, zwei kurze Tunnels und durch freie Hänge südwärts bis zur großen Rechtswendung; bald darauf über die hohe Bogenbrücke (alles problemlos) und weiterhin durch freie Hänge nordwärts zurück nach Montan (ab Schloss Enn knapp 1 ½ Std.)

Höhenunterschied: ca. 100 m
Gesamtgehzeit: 2 Std.
Orientierung und Schwierigkeit: in jeder Hinsicht leicht und problemlos
Wanderkarten: Tappeiner 108, Weinstraße, 1:30.000

Tipp

Die Buschnelke

Herbst — da ist die hohe Zeit der Blumen und Blüten natürlich vorbei, aber die eine oder andere Pflanze lässt es sich nicht nehmen, auch jetzt noch ihre Schönheit zur Schau zu stellen. So auch die Busch- oder Seguier-Nelke, die mich an unserem Rundwanderweg überraschte. Es handelt sich um eine Blume, die man im Etschtal, im Überetsch und im Unterland an verschiedenen Orten antrifft. Aber im ganzen übrigen Südtirol fehlt sie und gehört auch sonst zu den floristischen Seltenheiten, deren Fortbestand vielerorts sogar gefährdet ist. Umso erfreulicher, dass sie im Gebiet von Montan noch zu finden ist.

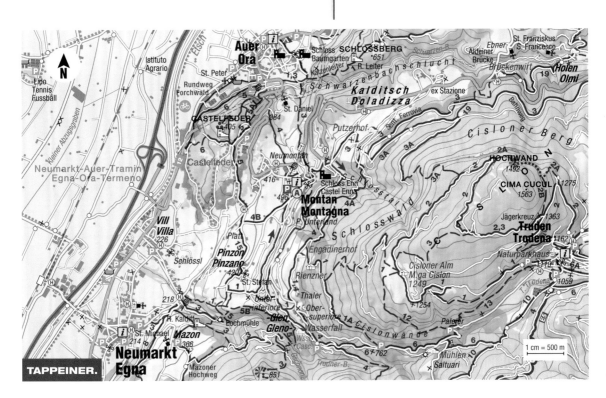

68

Von Kurtatsch nach Graun

Rundwanderung im Südtiroler Unterland

St. Georg, die einsam in einem lichten Hain stehende Kirche von Graun oberhalb Kurtatsch im Unterland

Das „Grauner Loch", die kleine Felsschlucht, durch die unser Weg führt

Oberhalb Kurtatsch, dem bekannten Weindorf im Unterland, entragen den ausgedehnten Gebüschhängen mehrere auffallende Felsgestalten, die zusammen die breite Wandflucht mit dem sogenannten „Sitzkofel" bilden. Und hinter dieser Felsflucht, von der unlängst ein Stück abgebrochen ist, liegt jene freundliche Hangterrasse, an deren bergseitigem Rand die Häuser von Graun liegen, während weiter vorne auf einer kleinen Anhöhe die teils romanische, teils gotische, dem hl. Georg geweihte Grauner Kirche steht – umgeben von einem lichten Baumbestand.

So ist dieses Unterlandler Graun – ein zweites Dorf dieses Namens gibt es bekanntlich im Vinschgau – eine sonnige, weitab vom Lärm der Talniederungen gelegene Höhensiedlung, die einst sogar eine kleine Burg besaß, an die noch der Name des Turnerhofs erinnert.

Graun ist aber auch ein lohnendes Wanderziel. Denn durch die Gebüschhänge, die zu den erwähnten Felsgestalten emporziehen, führt von Kurtatsch ein schöner Wanderweg, der sich in halber Höhe mit dem von Tramin heraufkommenden „Lochweg" verbindet. Und auf diesem gelangt man, nun etwas steiler ansteigend, hinauf zum „Grauner Loch".

Es ist dies eine kleine, schmale und steile, aber problemlos begehbare Felsschlucht, durch die sich der wohl uralte, in Teilen gepflasterte Weg emporwindet, um schließlich in nahezu ebenem Verlauf, vorbei an einem unlängst wiederhergestellten Kalkofen, den Bereich der Kirche und die Siedlung zu erreichen.

Über diesen Weg, der fast das ganze Jahr über begehbar ist, wandern wir also von Kurtatsch hinauf nach Graun, wo zwei Gasthäuser zur Rast einladen. Von dort könnten wir natürlich wieder über den Lochweg absteigen, doch schlagen wir jenes Sträßchen ein, das einst den Hauptweg zwischen Kurtatsch und Graun bildete und eine schöne, heute leider von Asphalt bedeckte Pflasterung aufwies. An diesem von Kreuzwegstationen gesäumten Weg bestaunen wir den bekannten Schalenstein von Graun, wir kommen an einer Felsnische mit einer Barbarastatue vorbei, und schließlich kehren wir über den „Bergweg" durch Gebüschhänge wieder nach Kurtatsch zurück.

Wegverlauf: In Kurtatsch (332 m) über die Andreas-Hofer-Straße und die Obergasse bis zu letzten Häusern und auf dem breiten Weg 5A leicht ansteigend quer durch Gebüschhänge zu dem von Tramin heraufkommenden „Lochweg". Nun auf diesem (Nr. 5) in Kehren durch Buschhänge hinauf zum „Grauner Loch" (kleine Schlucht), durch dieses und im Wald bergan zu Weingütern, diese querend hinüber bis unter die Kirche von Graun und rechts hinan ins Dorf (823 m; Gasthäuser; ab Kurtatsch knapp 2 Std.). – Abstieg: Wieder hinunter bis in die Nähe der Kirche und bei der Weggabel rechts auf dem Sträßchen (Nr. 1) kurz hinunter zum Schalenstein. Dann ein gutes Stück bergab zu dem links abzweigenden „Bergweg" (Wegweiser), auf diesem durch steile Gebüschhänge hinunter zu ersten Häusern und zurück zum Ausgangspunkt (ab Graun ca. 1 – 1 ½ Std.).

Höhenunterschied: 491 m

Gesamtgehzeit: ca. 3 Std.

Orientierung und Schwierigkeit: für gehgewohnte Wanderer mit gutem Schuhwerk problemlos; im Grauner Loch etwas steil, aber unschwierig; auf Steinschlag achten!

Wanderkarten: Tappeiner 108, Weinstraße, 1:30.000

Tipp

Der Bildstein von Graun

Dieser Schieferblock, den die Eiszeitgletscher in ferner Vergangenheit hier irgendwo abgeladen haben und auf dem rund 50 Schalen, zwei schiffsähnliche Figuren, eine Swastika, Kreise und andere Zeichen eingraviert sind, befindet sich heute zusammen mit einer Informationstafel am Sträßchen, über das wir von Graun nach Kurtatsch absteigen. Die landeskundliche Forschung hat sich viel mit dem tischhohen Bildstein beschäftigt, doch ist er nach wie vor voller Rätsel. Jedenfalls ist sehr wahrscheinlich, dass die Grübchen und Gravierungen größtenteils aus prähistorischer Zeit stammen, und keinen Zweifel gibt es, dass er einer der bedeutendsten Schalen- und Bildsteine Südtirols ist.

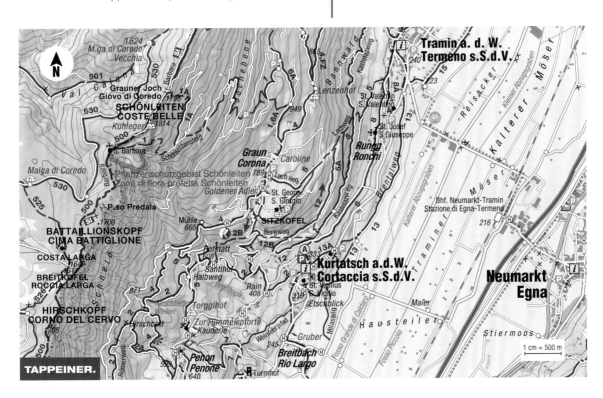

69

Der Sarner Talrundweg
Rundwanderung zwischen Sarnthein und Astfeld

Diese Wanderung unternehmen wir in der geografischen Mitte Südtirols, nämlich im Sarntal. Hier wurde, und zwar im Bereich zwischen Bad Schörgau im Süden und Astfeld im Norden, der Sarner Talrundweg angelegt, dessen Begehung man in Sarnthein, aber auch in Astfeld, in Bad Schörgau oder in Nordheim beginnen und beenden kann.

Die reine Gehzeit für den gesamten Rundweg beträgt fünf bis sechs Stunden, weshalb die Tour doch eine gewisse Gehtüchtigkeit voraussetzt, aber ausdauernden Wanderern durchaus empfohlen werden kann.

Für Wanderer, die eine längere An- und Rückreise zu bewältigen haben und für solche, die sich auch die Zeit nehmen wollen, da und dort eine längere Rast oder Einkehr einzulegen, schlage ich hier nur den nördlichen Teil des Weges vor, der sich – ebenso wie der an anderer Stelle vorgestellte Südteil – gut als geschlossene Runde begehen lässt.

Teilweise führt unsere Wanderung, die wir in Sarnthein beginnen, durch die flache Talsohle, aber auf längeren Strecken auch höher durch die Talhänge, wobei wir zu einem guten Teil die

Unser Weg führt am Schloss Reinegg vorbei, einer der besterhaltenen mittelalterlichen Burgen Südtirols

Blick vom Sarner Talrundweg über die Siedlungslandschaft zwischen Sarnthein und Astfeld

schönen Nadelwälder, zwischendurch aber auch sonnige und aussichtsreiche Wiesen durchqueren. Zunächst geht es bequem im Talboden hinein bis in die Nähe der spitztürmigen Kirche von Nordheim, später auf dem Promenadenweg am bewaldeten Westhang und vorbei am Stoanangerlehof, dann gelangen wir, eventuell nach dem knapp halbstündigen Abstecher zum idyllischen Sauleggbrünnl, uns wieder talaus wendend nach Astfeld, wo die schön restaurierte Kirche zum Innehalten und mehrere Gasthöfe zur Rast einladen.

Von dort steigt der Weg längere Zeit mäßig durch die Waldhänge an, um schließlich zur besonders gut erhaltenen, im 13. Jahrhundert von den Eppaner Grafen errichteten Burg Reinegg abzusteigen, von wo wir entweder über den steilen Fußweg oder teilweise über die schmale, gemütlichere Zufahrtsstraße wieder nach Sarnthein zurückkehren.

Wegverlauf: Vom südwestlichen Bereich von Sarnthein (961 m, Parkplätze) stets der Beschilderung „Talrundweg" folgend nordwärts zwischen den Häusern zum Dorfrand, dann auf Fahrweg im Talboden weiter hinein zum Rand von Nordheim, bald darauf links ab, auf dem Waldweg leicht ansteigend zum Stoanangerlehof, geradeaus auf dem breiten Weg (stets Nr. 18) leicht absteigend hinunter zu Weggabel neben der Talfer und rechts auf dem Talrundweg neben der Straße hinaus nach Astfeld (1024 m; Gastbetriebe; ab Sarnthein gut 1 ½ Std.). Nun ostseitig kurz hinauf, dann in längerer Wanderung die Waldhänge querend südwärts bis zum Geländerücken, auf dem das Schloss Reinegg steht (1098 m) und von da entweder rechts auf Weg 3 oder links über das Zufahrtssträßchen hinunter nach Sarnthein (ab Astfeld ca. 1 Std.).

Höhenunterschied: knapp 150 m
Gesamtgehzeit: 2 ½ – 3 Std.
Orientierung und Schwierigkeit: für gehgewohnte Wanderer leicht und problemlos
Wanderkarten: Kartenset Hufeisentour 153, 1:30.000

Tipp

Das Wald-Weidenröschen

Die eigentliche Blütezeit dieser schönen Blume, die man auch als Schmalblättriges Weidenröschen oder Stauden-Feuerkraut kennt (*Epilobium angustifolium*), ist der Hochsommer. Aber dort, wo der Sarner Talrundweg auf der Ostseite ziemlich hoch oben die Waldungen quert, fand ich sie auch im Herbst noch in voller Blüte. Die stattliche Blume liebt die Waldlichtungen, und wenn man ihre schönen großen Blüten zu einer Zeit antrifft, in der die meisten anderen Vertreter unserer Alpenflora bereits verblüht sind, erfreut sie das Auge ganz besonders.

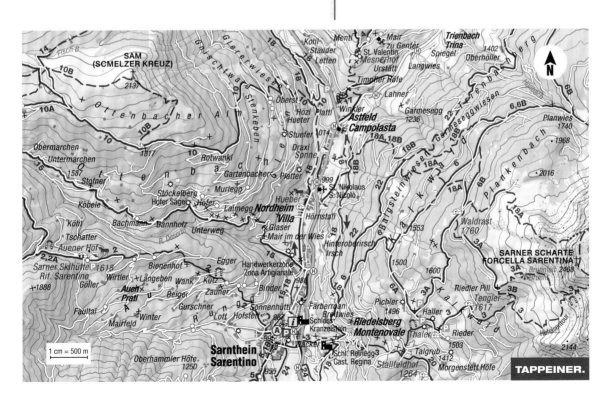

70

Rundwanderung am Ritten
Von Oberbozen nach Kematen und Klobenstein

Mit ihren ausgedehnten Wäldern und Wiesen ist das Rittner Hochplateau wie geschaffen für Herbstwanderungen, bei denen die unberührte Natur, die vom Menschen geschaffene ländliche Kulturlandschaft und der berühmte Dolomitenblick gleichermaßen beeindrucken.

Die von uns ausgewählte Runde ist eine von sehr zahlreichen möglichen Rittner Wanderungen. Sie führt uns vom Dorf Oberbozen, das wir von Bozen herauf am besten mit der Seilbahn erreichen, zuerst nach Kematen, von dort nach Klobenstein und schließlich zurück zum Ausgangspunkt.

Da geht es teils durch Wälder, teils durch Wiesen, und am Weg von Oberbozen nach Kematen durchqueren wir jene ausgedehnten Grasböden, die man die „Kaseracker" nennt. Der Name deutet auf ehemalige Äcker hin, aber hier sollen sich einst auch Bauernhöfe befunden haben; und auch sonst weiß der Volksmund so manches von dieser angeblich unheimlichen Gegend zu erzählen.

Nach den „Kaserackern" kommen wir zum Streuweiler Riggermoos mit einem gotischen Bildstock an der Straße und bald darauf sind wir in Kematen, das in gut 1300 Meter Höhe liegt und mit seinen wenigen Baulichkeiten nach Süden hin ein be-

Unser Wanderziel – Kematen am Ritten

Blick ins Innere der Heiligkreuzkirche von Kematen

sonders malerisches Bild bietet. Örtlichkeiten des Namens Kematen gibt es auch in Pfitsch, im Tauferer Tal und im Oberinntal, und immer geht der Name auf das lateinische „caminata" zurück, was so viel wie beheizter Raum heißt.

Der Hof Oberkematen wird schon im frühen 13. Jahrhundert urkundlich erwähnt und kommt Ende des 19. Jahrhunderts in den Besitz der Bozner Adelsfamilie von Zallinger. Hier finden wir Einkehrmöglichkeit unmittelbar neben dem neugotischen Heiligkreuzkirchlein, das 1896 Franz Zallinger von Stillendorf unweit der früheren Hofkapelle erbauen ließ. In der Umgebung befinden sich die Kemater Weiher, und fast überflüssig zu sagen, dass wir auch hier, wie an vielen anderen Stellen unseres Weges, eine herrliche Aussicht genießen.

Von Kematen geht es dann in nur halbstündigem Abstieg hinunter zum Rittner Hauptort Klobenstein. Und von dort kehren wir über die bequeme Promenade nach Oberbozen zurück, sofern wir nicht die Rittner Schmalspurbahn in Anspruch nehmen – eine durchaus empfehlenswerte Alternative für weniger gehfreudige Wanderer.

Wegverlauf: Von Oberbozen am Ritten (1220 m, hierher ab Bozen am besten mit der Seilbahn) stets der Markierung 6 folgend zuerst zwischen Häusern hinauf, dann auf breitem Weg teils eben, teils leicht auf und ab durch Wald und Wiesen zum Weiler Riggermoos, nun kurz auf der nach Klobenstein führenden Straße und dann bald links abzweigend auf Wiesenweg nach Kematen (1322 m; ab Oberbozen knapp 1 ½ Std.; zum oberen Weiher führt in wenigen Minuten der Waldweg 28). – Dann der Markierung 29 folgend durch Wald teils eben, teils absteigend nach Klobenstein (1188 m; ab Kematen gut ½ Std.) und auf dem Panoramaweg in weitgehend ebener Hangquerung durch Wiesen und Wald zurück nach Oberbozen (ab Klobenstein 1 ½ Std.).

Höhenunterschied: ca. 150 m

Gesamtgehzeit: 3 ½ Std.

Orientierung und Schwierigkeit: leicht und problemlos

Wanderkarten: Tappeiner 132, Ritten und Umgebung 1:25.000

Tipp

Die Gelbe Teichrose

Einige Gehminuten oberhalb von Kematen liegt im Föhrenwald der bekannte Kemater Weiher mit seinen rot-weißen Seerosen. Doch es gibt auch einen Weiher in fast unmittelbarer Nähe der Baulichkeiten, und hier wächst eine Seerose mit gelben Blüten. Genaugenommen ist es keine Seerose, sondern die Gelbe Teichrose. Ihre Blüten sind kleiner als jene der „richtigen" Seerose, und außerdem nicht sternförmig, sondern rundlich. Und doch finde ich sie nicht weniger schön, ja wegen ihrer Leuchtkraft vielleicht sogar noch schöner. Und im Übrigen gehört auch sie zur großen Familie der Seerosengewächse.

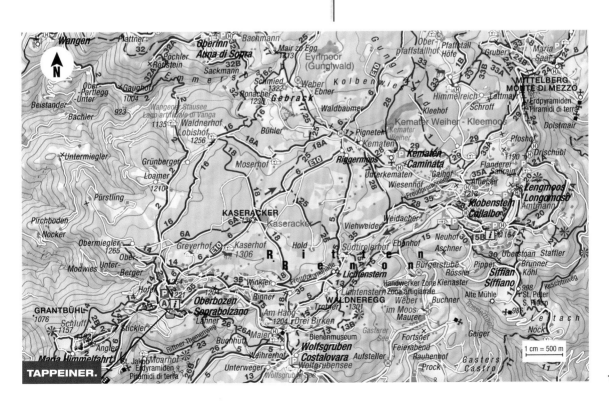

71

Von Tiers nach St. Sebastian

Rundwanderung mit Abstecher nach Völsegg

Unser Weg von Völsegg nach Sankt Sebastian mit dem Blick zum Rosengarten

Unser Ziel oben am Sonnenhang von Tiers: das Höhenheiligtum St. Sebastian

Sankt Sebastian ist eines der vielen Höhenheiligtümer Südtirols und es krönt oberhalb von Tiers – das sonnige Dorf nennt sich zu Recht „Tiers am Rosengarten" – eine kleine Kuppe.

Vom Dorf aus ist es wegen des talseitig bis fast zum Hügel reichenden Waldes zwar nicht zu entdecken, aber wenn man oben ist, reicht der Blick über die waldfreien Grashänge hinweg bis zu den Dreitausendern der Ortlergruppe.

Wer es eilig hat, kann natürlich den direkten Zugang zum Kirchlein wählen, wir aber folgen diesem nur bis zu einer Wegkreuzung oberhalb des Thalerbühels. Von dort wandern wir auf einem schönen Waldweg – nicht zu verwechseln mit der tiefer verlaufenden Völsegger Straße – weitgehend eben hinaus nach Völsegg, wo wir an der Stelle des einstigen Bauern- und Gasthofes Völsegg neue Baulichkeiten samt einem zum Teil rekonstruierten Rest der um 1200 erbauten und später größtenteils in die Tiefe gestürzten Burg Völsegg vorfinden.

Sind wir, um Völsegg zu erreichen, von Ost nach West gewandert, so geht es nun in entgegengesetzter Richtung, und zwar durch Wald, über Lichtungen und Grashänge. Da öffnen sich Ausblicke auf Tiers hinunter, aber vor allem auch zum Latemar und zum Rosengarten.

Und schließlich erreichen wir das am Rand ausgedehnter Grashänge und unweit einer versteckten Waldquelle gelegene Höhenkirchlein St. Sebastian, das – wie auch schon das Patrozinium erahnen lässt – in der heutigen Gestalt auf das Pestjahr 1635 zurückgeht, in jene schreckliche Zeit, in welcher der „schwarze Tod" ganze Familien auslöschte.

Aber hier stand schon früher, und bereits seit dem 13. Jahrhundert, eine der hl. Christina geweihte Kapelle. Diese war eine Gebetsstätte für die Hirten, die hier ihr Vieh hüteten, und sie war wohl auch schon früh, so wie später dann aufgrund von Votivtafeln nachweisbar, eine Wallfahrtsstätte.

Es ist ein stiller, in seiner Ursprünglichkeit gebliebener Platz. Nur eine Sitzbank steht am sonnigen Grashang und lädt zur Rast und zum Nachdenken ein – bevor wir den Abstieg über den alten, mit Kreuzwegstationen versehenen Fußweg antreten.

Wegverlauf: In Tiers (1014 m) den Wegweisern „St. Sebastian" folgend auf der Völsegger Straße kurz hinauf
zur Straßengabel, von da auf dem Fußweg 4 durch Wald
hinauf zum Rand von Wiesen (rechts der Thalerbühel) und
kurz weiter zu Wegkreuzung (ca. 1170 m); nun links auf
Weg 6 die Waldhänge querend zu einem Bildstock und
evtl. links kurz hinaus zu den Baulichkeiten von Völsegg (1208 m; ab Tiers 1 – 1 ½ Std.). Dann zurück zum
Bildstock, nun auf Weg 4 B zunächst im Wald ein Stück
aufwärts, dann weitgehend eben und zuletzt kurz absteigend zum Kirchlein St. Sebastian (1266 m; ab Völsegg
knapp ¾ Std.). – Abstieg: Vom Kirchlein immer auf dem
Waldweg 4 in Serpentinen durch den Wald in knapp ¾ Std.
hinunter nach Tiers.

Höhenunterschied: ca. 300 m
Gesamtgehzeit: 2 ½ – 3 Std.
Orientierung und Schwierigkeit: für etwas geh-
gewohnte Wanderer leicht und problemlos
Wanderkarten: Tappeiner 128, Schlern–Rosengarten–
Seiseralm, 1:25.000

Tipp

Der Thalerbühel

Beim Aufstieg übersieht man den Hügel leicht, der
nach dem unweit davon gelegenen Thalerhof benannt ist. Doch etwas höher, bei einer Wegkreuzung, blickt man gerade hinunter auf die merkwür-
dige, grasbewachsene Kuppe mit ihrer fast völlig
ebenen, kreisrunden Oberfläche, die einst einen
kleinen Acker trug. Tonscherben, Branderde und
eine Balkenhandmühle aus Porphyr belegen, dass
das Gebiet schon um die Mitte des ersten vorchristlichen Jahrtausends besiedelt war und der
Thalerbühel, der auch die Bezeichnung „Tennen"
trägt, ebenso ein Brandopferplatz gewesen ist wie
hoch über uns der Tschafon.

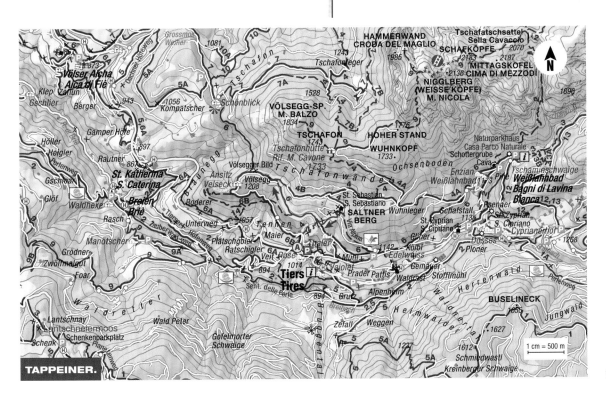

72

Von Völs zum Schloss Prösels

Gemütliche Herbstwanderung unter dem Schlern

Das Gebiet von Ums, das wir durchqueren; darüber der mächtige Schlern

Von herbstlich gefärbten Laubbäumen umrahmt: Schloss Prösels, unser Wanderziel

Diese Wanderung führt uns von Völs am Schlern zum Schloss Prösels, einem der besterhaltenen Schlösser Südtirols. Die Route verläuft weitgehend eben durch Feld und Flur und führt uns mit einem kleinen Umweg auch zum reizenden Dorf Ums. Dass wir in Teilen auch geteerten Hauszufahrten folgen müssen, ist nicht erfreulich, tut der Schönheit des Gebietes aber keinen Abbruch. Wer die Wanderung vor Novemberbeginn durchführt, für den gesellt sich zum Erlebnis der herbstlichen Eisacktaler Siedlungslandschaft mit dem darüber aufragenden Schlern auch jenes der Besichtigung von Schloss Prösels, die im Rahmen regelmäßiger Führungen ermöglicht wird.

Zeigt sich das Schloss nach Norden hin, wo steile Felswände zum Schlernbach abbrechen, als abweisende, sehr exponiert gelegene Burg, so bestimmt südseitig und damit auf der Seite des von einer schönen Ahornallee vermittelten Zugangs, eine breite Fassade über freundlichem Wiesengelände das Bild.

Beim Schloss handelt es sich in seinen Ursprüngen um eine hochmittelalterliche, um 1280 erstmals in schriftlichen Quellen auftauchende Ritterburg der Herren von Völs. Ihre heutige Form erhielt die Anlage im Wesentlichen jedoch erst zu Beginn des 16. Jahrhunderts. Damals ließ nämlich der in der Geschichte Tirols bestens bekannte Landeshauptmann Leonhard von Völs die alte Burg zum ausgedehnten Wohnschloss umbauen, wie wir es heute kennen, auch wenn vieles von der einstigen Innenausstattung dem Zahn der Zeit zum Opfer gefallen ist. Das Schloss war lange Zeit in schlechtem Zustand – bis um die Mitte des 19. Jahrhunderts mit ersten Restaurierungen begonnen wurde, die dann in den letztvergangenen Jahrzehnten von einem eigenen Kuratorium noch wesentlich intensiviert wurden.

Der malerische Innenhof mit dem Sternturm, dem Arkadengang und den Wandmalereien, der prächtige Saal im ersten Stock, der reiche Bestand an hervorragenden Steinmetzarbeiten, die von einer hübschen Aussichtsterrasse zugängliche Schlosskapelle, Fresken da und dort und so manches reizvolle Einrichtungsstück – dies sind nur einige der Elemente, die Schloss Prösels charakterisieren und einen Besuch auf jeden Fall lohnen, bevor der Rückweg nach Völs angetreten wird.

Wegverlauf: Von Völs am Schlern (880 m), unweit der Kirche, stets der Markierung 6 folgend zuerst leicht abwärts zur Völser Zufahrtsstraße und nach deren Überquerung lange durch Wiesenhänge und vorbei an Höfen in nahezu ebener Wanderung südostwärts und dann auf beschildertem Fußweg zunächst ansteigend und dann eben durch Wiesen zum Dörfchen Ums (932 m; ab Völs knapp 1 Std.; wer auf den Besuch von Ums verzichten will, bleibe auf dem ebenen Weg 6). Dann von Ums mit Markierung 3 hinab zum Schlernbach, kurz talwärts, dann links ab, auf breitem, im späteren Verlauf geteertem Weg 3/6 hinüber zum Dörfchen Prösels (857 m; hier der Pulverturm) und kurz hinunter zum gleichnamigen Schloss (ab Völs 1 ½ – 2 Std.). – Die Rückkehr nach Völs erfolgt, ohne aber nach Ums aufzusteigen, über den beschriebenen Weg 6 (ab Prösels knapp 1 ½ Std.).

Höhenunterschied: ca. 150 m

Gesamtgehzeit: 3 – 4 Std.

Orientierung und Schwierigkeit: leicht und problemlos

Wanderkarten: Tappeiner 128, Schlern-Rosengarten-Seiseralm, 1:25.000

Tipp

Der Pulverturm

Dieser stattliche Viereckturm steht nahe der Ortschaft Prösels für sich allein auf einem schmalen Felsrücken und ist vom Dorf auf gutem Weg in kurzem Aufstieg mühelos erreichbar. Der massive, in Sichtsteinmauerwerk aufgeführte Wehrturm stammt aus dem Anfang des 13. Jahrhunderts und gehörte einst wohl zur hochmittelalterlichen Burganlage von Prösels. Heute erlaubt eine interne Treppenanlage die Ersteigung des Turmes, dessen Mauerkrone einen weiten Panoramablick über das Eisacktal und insbesondere über das Gebiet von Völs bietet.

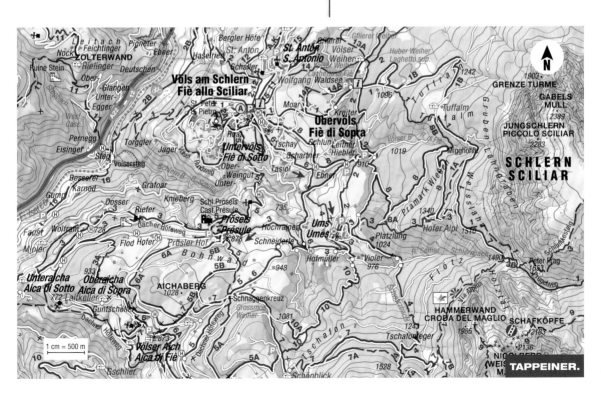

73

Von Brixen auf den Pinatzbühel

Archäologiewege ins Gebiet von Elvas

Zu den Gegenden im Eisacktal, die auch im Herbst zum Wandern einladen, gehören die Hänge, die von Brixen zum Höhendorf Elvas ansteigen. Die hier vorgeschlagene Runde führt uns auf einem der gut markierten Wege hinauf zum markanten Pinatzbühel und auf einem anderen, an Elvas vorbei, wieder herunter.

Wiesen, Föhrenwälder, Obstgärten, Buschzeilen und Weinberge säumen die Wanderroute, und natürlich kommen wir an den für dieses Gebiet so charakteristischen, mit Informationstafeln versehenen Kulturzeugnissen aus grauer Vorzeit vorbei, nämlich an mehreren Schalensteinen, die, wie der berühmte „Bildstein von Elvas", zu den größten und bedeutendsten des ganzen Landes zählen. Hinzu gesellen sich verschiedene Felsrutschbahnen sowie ein Wegstück mit angeblich römischen Radrillen.

Über Alter, Sinn und Zweck der als „Schalen" bezeichneten Grübchen und der Rutschbahnen gibt es nach wie vor kein gesichertes Wissen, doch die meisten Schalensteine werden als prähistorisch angesehen und die Rutschbahnen sollen mit Fruchtbarkeitsriten in Zusammenhang stehen.

Zu den Kulturdenkmälern des Gebietes gehören aber auch so mancher gotische Bildstock und die weithin sichtbare Kirche von Elvas mit ihrem massiven Spitzturm und dem barocken, innen besonders stimmungsvollen Langhaus. Der den Heiligen Petrus und Paulus geweihte Sakralbau soll in seinen Ursprüngen ins 11. Jahrhundert zurückreichen. Doch bevor wir Elvas erreichen, betreten wir den höchsten Punkt unserer Wanderung, nämlich den Pinatzbühel, auf dem ein hohes Wetterkreuz steht. Hier öffnet sich eine besonders weite Aussicht über das mittlere Eisacktal, Rastbänke und ein naher neuer Aussichtsturm laden zum Verweilen und Schauen ein und wohl auch dazu, sich aus dem Rucksack etwas zu stärken. Außerdem finden wir auch hier einen Schalenstein, und einst trug der Hügel sogar eine urzeitliche Siedlung.

Beim Abstieg folgen wir nicht mehr der Aufstiegsroute, sondern schlagen bei der Kirche von Elvas den zweifellos uralten Weg mit dem erwähnten, möglicherweise römischen Straßenstück sowie weiteren Schalensteinen und Felsrutschbahnen ein. Wir durchqueren auch hier Weinberge, Wiesen und Kastanienhaine, und schließlich kehren wir durch die Siedlung Kranebitt und die uralte Brixner Keimzelle Stufels wieder zum Ausgangspunkt zurück.

Das Wetterkreuz auf dem Pinatzkopf

Die Kirche von Elvas

Wegverlauf: Von der Adlerbrücke in Brixen (561 m) stets mit Mark. 1 durch den Stadtteil Stufels hinauf gegen das Schloss Krakofl, weiterhin auf Weg 1 zu einem Schalenstein und zum Südostfuß des Pinatzhügels (Wegteilung). Nun links Absteher zum „Bildstein von Elvas", dann kurz zurück und auf dem bergseitig abzweigenden breiten Weg hinauf auf den Pinatzbühel (853 m; ab Brixen 1 ½ Std.). – Abstieg: Wie im Aufstieg zurück zum Weg 1, auf diesem hinüber nach Elvas, nun stets mit Mark. 2 hinab zum „römischen" Wegstück, weiter hinab zu einem Wegweiser „Hexenrutsche" und rechts Absteher zu Felsplatte mit Rutschbahn und Schalen in Neunerquadraten. Dann zurück zum Weg 2, hinunter nach Kranebitt und zurück nach Brixen (ab Pinatzbühel gut 1 Std.).

Höhenunterschied: 292 m
Gesamtgehzeit: 2 ½ – 3 Std.
Orientierung und Schwierigkeit: in jeder Hinsicht leicht und problemlos
Wanderkarten: Tappeiner 125, Brixen und Umgebung, 1:25.000

Tipp

Schalensteine

Nicht alle Schalensteine wurden vom Menschen geschaffen. Besonders in granitischen und porphyrischen Gesteinen finden sich runde Grübchen, die natürlichen Ursprungs sind. Aber bei vielen anderen, vor allem jenen in Gneis- oder Schiefergesteinen, handelt es sich um Menschenwerk. Wer sich eingehender mit dieser Art von Steindenkmälern beschäftigt und sie selbst eingehender begutachtet, lernt recht bald zwischen künstlichen und natürlichen „Schalen" zu unterscheiden. Und manchmal, wie am abgebildeten Beispiel von einem der Elvaser Schalensteine, beseitigt die Anordnung der Grübchen jeden Zweifel.

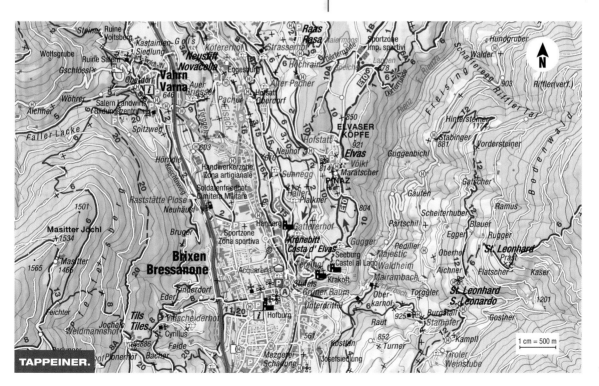

74

Nach Verdings im Eisacktal

Von Klausen über Säben zum sonnigen Höhendorf

Unser Weg mit Blick auf Pardell; die Waldkuppe darüber bezeichnet die Lage von Verdings

Der Herrenturm auf Säben, Teil der hochmittelalterlichen Burganlage

Unser Weg, der uns über Säben und Pardell hinaufführt zum sonnigen und freundlichen Höhendorf Verdings, beginnt in Klausen, dem „Dürerstädtchen" mit seiner einzigartigen historischen Hauptgasse, welche die „Unterstadt" und „Oberstadt" durchquert.

Zunächst steigen wir von einem besonders malerischen Stadtwinkel über alte Steintreppen hinauf zur kleinen Burg Branzoll, und der gepflasterte Pilgerweg bringt uns hinauf zur Burg-, Kloster- und Kirchenanlage von Säben auf ihrem beherrschenden Felspfeiler.

Ausgrabungen am Südhang brachten vor Jahren die Reste dreier einstiger Kirchen zum Vorschein, doch davon sieht man heute nichts mehr, und die heutigen drei Kirchen befinden sich höher oben, wobei wir nacheinander zur Liebfrauenkirche mit der Wallfahrtskapelle, zur Klosterkirche und zur Heiligkreuzkirche mit dem Grab des hl. Ingenuin gelangen.

Säben war schon in vorgeschichtlicher Zeit besiedelt, dann vom 6. Jahrhundert bis um die erste Jahrtausendwende Bischofssitz, später Burg der Herren von Säben, von der noch die Ringmauer, der „Herrenturm" und andere Reste erzählen, und seit 1681 krönt auch das von Matthias von Jenner gegründete Benediktinerinnenstift die „Akropolis Tirols".

Von Säben wandern wir hinüber zum weingesegneten Weiler Pardell, wo es Einkehrmöglichkeit gibt, und dann steigen wir auf einem breiten alten Waldweg hinauf nach Verdings. Kunsthistorisch bedeutend ist hier die dem hl. Valentin geweihte Dorfkirche, die auf einem aussichtsreichen kleinen Hügel steht und mit gotischen Fresken geschmückt ist.

Nach Rast, Kunstgenuss und einem Blick in die Runde, der hinauf zum Latzfonser Kreuz und hinüber zu den Eisacktaler Dolomiten schweift, wählen wir für den Abstieg zuerst den schönen Weg über den ansitzartigen Hof Moar zu Viersch und zuletzt die gemütliche Säbener Promenade. So lernen wir zwei lohnende Varianten kennen und folgen außerdem, wie übrigens auch schon beim Aufstieg, in Teilen dem „Keschtnweg" und dem „Birmehlweg", deren Namen sich auf die vielen Kastanienbäume und auf die althergebrachte Herstellung von Birnenmehl in Verdings beziehen.

Wegverlauf: In Klausen (525 m) der Beschilderung „Säben" folgend über Steinstufen hinauf zur Burg Branzoll und auf dem Pflasterweg weiter zu den Säbener Baulichkeiten (729 m; ¾ Std.). Dann mit mäßigem Höhenverlust und leichtem Gegenanstieg auf breitem Weg hinüber zum Weiler Pardell (770 m; Gasthaus Huberhof), dort links ab, kurz auf der Straße und schließlich auf dem Waldweg 1B hinauf nach Verdings (961 m; Gaststätten; ab Klausen knapp 2 Std.). – Abstieg: Mit Markierung 3 großteils auf schönen Altwegen hinunter zum Hof Moar zu Viersch und rechts auf dem „Keschtnweg" zum Gasthaus Huberhof in Pardell. Nun wie im Aufstieg bis in die Nähe von Säben, links abzweigend über die Säbener Promenade hinunter zur Burg Branzoll und zurück nach Klausen (ab Verdings 1 ½ Std.).

Höhenunterschied: 436 m
Gesamtgehzeit: ca. 3 ½ Std.
Orientierung und Schwierigkeit: für gehgewohnte Wanderer leicht und problemlos
Wanderkarten: Tappeiner 125, Brixen und Umgebung, 1:25.000

Tipp

Die Fresken von Verdings

Es erstaunt immer wieder, welche kunsthistorischen Kostbarkeiten so manche kleine, weit abseits der Hauptverkehrswege liegende Kirche aufweist. Birgt die eine vielleicht einen kostbaren gotischen Schnitzaltar, so sind es in Verdings verschiedene Fresken: außen am Kirchturm St. Christophorus aus dem 15. Jahrhundert und im Kircheninneren reiche, ebenfalls gotische Wandmalereien im Stil des Meisters Hans von Bruneck. Und vor allem volkskundlich beachtenswert ist der aus dem 18. Jahrhundert stammende Bilderzyklus mit einem „Totentanz" in der romanischen Friedhofskapelle.

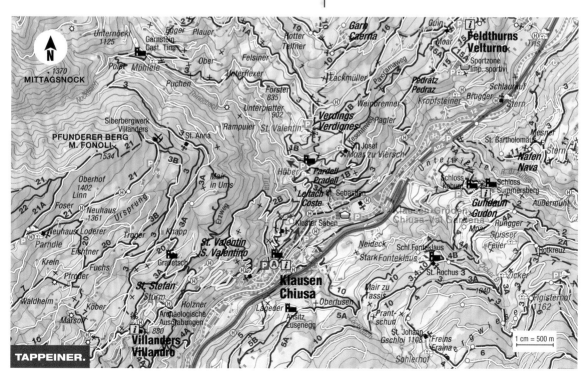

75

Durch die Sonnenhänge des Roßkopfs

Rundwanderung nach Raminges und Thuins bei Sterzing

Vom Nordrand der „Fuggerstadt" Sterzing steigen die südexponierten Hänge zum Roßkopf an, dem bekannten Wipptaler Ski- und Wanderberg. Diese Hänge sind teilweise üppig bewaldet, aber die Wälder wurden im Mittelalter auch zum Teil recht großflächig gerodet und in bäuerliche Kulturlandschaft mit mehreren Dörfern und Weilern umgewandelt. Einer der sonnigen Streuweiler ist Raminges und eines der Dörfer ist Thuins, beide miteinander, aber auch mit Sterzing durch schöne Wege verbunden, und diese Wege ermöglichen unsere Rundwanderung.

Zunächst steigen wir nach Raminges auf und lernen dort nicht nur den aus weiten Wiesen und zahlreichen Höfen bestehenden Weiler kennen, sondern genießen auch bereits den weiten Blick über das Sterzinger Talbecken mit der in ihrem Kern mittelalterlichen Stadt und dem sagenumwobenen Sterzinger Moos. Dieser weite Blick, der auch die Berge rundherum umfasst und sogar bis zum Peitler- und Langkofel reicht, bestimmt auch weiterhin die Eindrücke unserer Wanderung.

Über den schönen, von herbstlichen Laubbäumen gesäumten Mühlweg wandern wir von Unterraminges zum Fallerbach, wo sich noch eine alte Mühle befindet, queren später hochstämmigen Lärchenwald, gehen oberhalb aussichtsreicher Wiesen neben Holzzäunen dahin und erreichen schließlich Thuins, das auf einer ebenen Wiesenterrasse gelegene Dorf mit dem weithin sichtbaren Spitzturm der Jakobuskirche und zwei Gastbetrieben in der Nähe. Wie der ganze Sterzinger Raum blickt auch Thuins auf eine sehr lange Geschichte zurück und wird bereits im frühen 9. Jahrhundert erstmals erwähnt.

Hier legen wir eine Rast ein und besuchen auch die gotische, aber mit reichem Barock ausgeschmückte Kirche, über deren gotischem Portal eine in den weißen Ratschinger gemeißelte Jakobsmuschel prangt.

Was noch folgt, ist der gemütliche Abstieg zur Sterzinger Pfarrkirche über einen schönen alten Weg, der als Jakobsweg mit Bildstöcken versehen wurde. Auch hier wieder bunte Laubgehölze, der Blick über das Sterzinger Moos, und unten dann das Kennenlernen der mächtigen Pfarrkirche und der Gang durch das historische Zentrum von Sterzing zurück zum Ausgangspunkt.

Blick von unserem Weg auf Sterzing und seine Umgebung

Der herbstliche Mühlweg in Raminges

Wegverlauf: Vom Nordparkplatz in Sterzing (Talstation der Roßkopf-Seilbahn, 950 m) der Markierung 19 folgend auf gutem Weg teils am Wiesenrand, teils im Wald hinauf nach Unterraminges (1145 m; ab Ausgangspunkt ¾ Std.). Nun kurz auf der Straße hinan, dann links der Beschilderung „Thuins" folgend auf dem Mühlweg hinein zum Fallerbach, dann weiterhin den genannten Wegweisern folgend auf teils breiten, teils schmalen Wegen quer durch die Waldhänge zum Riesenbachl und durch Wiesen hinaus nach Thuins (1070 m; zwei Gasthöfe; ab Raminges ¾ Std.). Von da den Wegweisern „Besinnungsweg" großteils abseits der Straßen und vorbei am Zollhof hinunter zur Talstraße und links zur Sterzinger Pfarrkirche (948 m). Von da entweder mit dem Citybus oder zu Fuß (½ Std.) durch das historische Stadtzentrum zurück zum Nordparkplatz.

Höhenunterschied: ca. 250 m

Gesamtgehzeit: 2 – 2 ½ Std.

Orientierung und Schwierigkeit: leicht und problemlos

Wanderkarten: Tappeiner 124, Sterzing und Umgebung, 1:35.000

Die Jakobsmuschel von Thuins

Thuins wird schon 827 erstmals erwähnt, die heutige gotische Kirche mit dem mächtigen Spitzturm stammt hingegen aus dem frühen 16. Jahrhundert. Dass es sich um eine Jakobuskirche handelt, zeigt sich schon am marmornen Spitzbogenportal von 1511 mit dem Wappen der Sterzinger Jakobsbruderschaft, die damals Pilgerreisen nach Santiago de Compostela förderte, einen Marmorpfeiler in der Sterzinger Pfarrkirche stiftete und sich eben auch am Bau der Kirche von Thuins beteiligte. Wurde das Kircheninnere später barockisiert, so erinnert die Pilgermuschel noch heute in beredter Sprache an die Blütezeit der Tiroler Gotik.

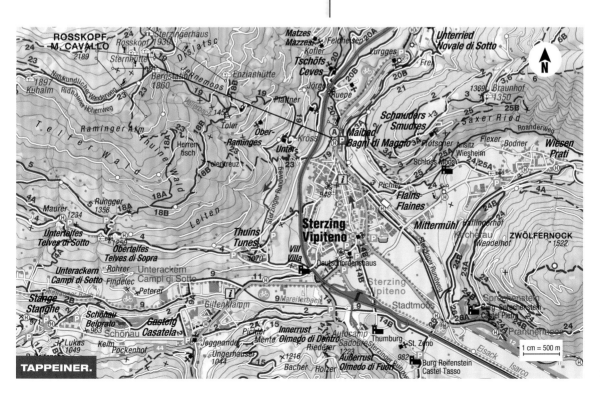

76

Rundwanderung bei Terenten

Erdpyramiden, Kornmühlen und Panoramaweg

Diese Rundwanderung auf der Sonnenterrasse des unteren Pustertals führt uns zunächst zu den Erdpyramiden im Tal des Terenten- oder Ternerbaches, wo die Hofschenke Jennewein Einkehrmöglichkeit bietet, dann wandern wir auf dem Mühlenweg an mehreren Kornmühlen vorbei, wir kommen zum bekannten Flitschhöfl und folgen schließlich dem aussichtsreichen Panoramaweg. Die Erdpyramiden von Terenten stellen zusammen mit jenen von Platten oberhalb Percha die einzigen derartigen Naturgebilde im gesamten Pustertaler Raum dar. In dem hellen, aus der Eiszeit stammenden Geschiebe befinden sich eine ganze Reihe von schlanken Erdpyramiden mit Deckstein, wie wir sie auch vom Ritten her kennen. Schriftliche Berichte und alte Bilder zeigen, dass das Erosionsgelände um 1920 zwar bereits viele bizarre Rippen und Grate, aber erst um 1930 dann die ersten klassischen Pyramiden mit Deckstein aufwies.

Vom blumengeschmückten Jenneweinhof wandern wir auf dem Mühlenweg zu fünf hintereinander liegenden Kornmühlen, die 1983 unter Denkmalschutz gestellt und in der Folge in dankenswerter Weise vor dem Niedergang bewahrt,

Eine von rund einem halben Dutzend Kornmühlen an unserem Weg

Einige der Erdpyramiden von Terenten im Pustertal

mit Namensschildern und aufschlussreichen Informationstafeln versehen wurden und heute eine viel bestaunte kulturhistorische Sehenswürdigkeit darstellen.

Ein Denkmal unserer bäuerlichen Kulturlandschaft ist wenig später auch der kleine alte Flitschhof mit seinem Legschindeldach, seinem Steingewölbe im Inneren und dem bekannten Menschenkopf.

Die zweite Hälfte unserer Rundwanderung bildet der „Panoramaweg". Er verläuft längere Zeit zwischen Wald und Wiesen nahezu eben dahin, um dann, zur Gänze durch ausgedehnte Wiesen und an stattlichen Höfen vorbei, mit leichtem Gefälle bergab zu führen.

Dabei bietet sich wirklich eine weite Aussicht ostwärts bis zu den Sextner Dolomiten und westwärts bis zu den Sarntaler Alpen. Und überdies lernen wir die ausgedehnte ländliche Siedlungslandschaft auf der grünen Sonnenterrasse von Terenten kennen, die sich dank Südexposition, mäßiger Höhenlage und gepflegter Wege sehr gut zum Wandern eignet.

Wegverlauf: Vom Hauptparkplatz in Terenten (1240 m) stets der Beschilderung „Erdpyramiden" bzw. „Mühlenweg" und der Markierung 2 folgend bald durch Wiesen und Wald hinein zum Terentenbach, dort vor der Brücke rechts auf Weg 2 hinan zu weiterer Brücke und zum Jenneweinhof (1330 m; der Hofschenke gegenüber befinden sich die Erdpyramiden). Dann weiterhin auf Weg 2 bergan, nacheinander an fünf Kornmühlen vorbei, schließlich rechts abzweigend und das kleine Tal überquerend hinaus zum Flitschhof (1435 m) und zum bald darauf links abzweigenden Weg 1. Nun stets dieser Markierung und der Beschilderung „Panoramaweg" folgend zwischen Wiesen und Wald eben durch bis zur zweiten Weggabel, dann durch Wiesen hinunter zum Walderhof und zu einer Häusergruppe, schließlich rechts auf Wiesenweg zum Dorfrand und zurück zum Ausgangspunkt.

Höhenunterschied: ca. 200 m
Gesamtgehzeit: ca. 2 ½ Std.
Orientierung und Schwierigkeit: leicht und problemlos
Wanderkarten: Tappeiner 154, Brixen und Umgebung, 1:35.000

Tipp

Der Kopf vom Flitschhof

Wenn wir genau hinsehen, entdecken wir am Flitschhöfl, das leider seinem Verfall entgegen zu gehen scheint, oben in einem Brett über dem Söller ein sorgfältig herausgearbeitetes Gesicht. Dabei handelt es sich offenbar um ein hölzernes Gegenstück zu den in Stein gemeißelten „Neidköpfen", die es an vielen Orten Südtirols und Europas gibt. Mit dem Kopf vom Flitschhof hat sich denn auch die Forschung befasst und sieht darin, so Professor Manfred Tschaikner in Wien, „ein apotropäisches Gesicht, das, ähnlich den steinernen Fratzen an den Portalen gotischer Dome oder auch von Hauseingängen, schädlichen Kräften den Zugang verwehren sollte".

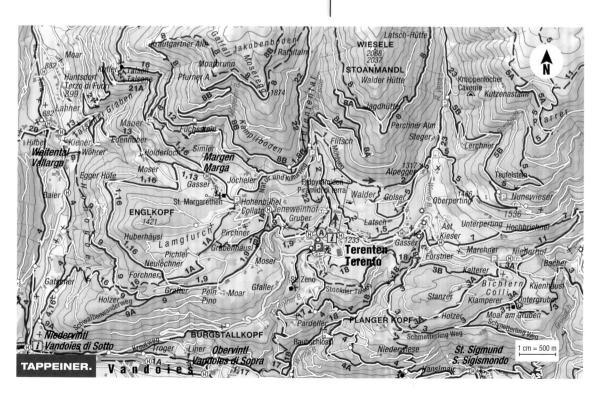

77

Von Kiens nach Hofern

Rundwanderung zur Höhenkirche St. Martin im Pustertal

*Von unserem Weg
schweift der Blick
bis zum Heilig-
kreuzkofel im
Gadertal*

*Unser Wanderziel –
die Martinskirche
im Weiler Hofern
oberhalb von Kiens*

Das kleine Dorf Hofern liegt in gut 1100 Meter Höhe nordwestlich oberhalb Kiens an der Höhenstraße, die Terenten mit Pfalzen verbindet. Während sich der Gasthof des Weilers in der Nähe der übrigen Häuser befindet, krönt die Kirche zusammen mit dem Mesnerhof einen rund fünfzig Meter höheren Hügel, auf dessen Südhang sich schöne Wiesen ausbreiten.

Vor allem diese dem hl. Martin geweihte, weit über das Land schauende Hügelkirche mit ihrem schlanken Spitzturm ist es, die aus Hofern ein beliebtes Wanderziel macht, wobei sich mehrere gut markierte und beschilderte Wege anbieten und verschiedene Kombinationen erlauben.

Diese Wege führen teils durch harzduftende Nadelwälder oder langen, im Herbst bunt gefärbten Buschzeilen entlang, teils durch Wiesen, auf denen das Vieh weidet, und an besonders schön gelegenen Höfen vorbei. Die Ausblicke reichen bis zu den Sextner Dolomiten, zu den Gadertaler Hochgipfeln und zu den Sarntaler Alpen.

Wir beginnen und beenden die Wanderung in Kiens, einem der bedeutenderen Dörfer des unteren Pustertals und Sitz der gleichnamigen, sehr ausgedehnten Gemeinde. Vom Oberdorf, wo die

große barocke Pfarrkirche steht, geht es zuerst großteils durch Wald hinauf zum Nellerhof und dann wandern wir durch Wiesen und Wälder weiter nach Hofern und zur Martinskirche.

Wer das Innere und insbesondere den kostbaren Schnitzaltar besichtigen will, wende sich an den unweit des Gasthofs Waldruhe gelegenen Moserhof oder melde sich dort fernmündlich an, um dann in Begleitung des Moserbauern zur Kirche aufzusteigen. Die Kirche selbst, heute ein spätgotischer Bau aus der zweiten Hälfte des 15. Jahrhunderts, geht wahrscheinlich auf romanische Ursprünge zurück, und es wurde sogar die nicht von der Hand zu weisende Vermutung ausgesprochen, sie könnte an der Stelle einer vorchristlichen Kult- oder Siedelstätte stehen.

Für die Rückkehr nach Kiens steigen wir zuerst über die Höfe Hitthal und Decker ein gutes Stück in Richtung St. Sigmund ab, um dann aber auf einem hübschen Hangweg in weitgehend ebener Waldwanderung wieder den Ausgangspunkt zu erreichen. So ergibt sich eine ebenso lohnende wie unschwierige Rundwanderung.

Wegverlauf: Von Kiens (835 m) der Markierung 7 A und der Beschilderung „St. Martin" folgend zuerst auf einer Höfestraße und später auf altem Waldweg hinauf zum Nellerhof (1015 m), mit Markierung 7A auf Straße und Fußweg weiter zur Kreuzung mit Weg 6, auf diesem zum Weiler Hofern (ca. 1125 m; hier der Gasthof Waldruhe und unweit davon der Moserhof) und auf dem Wander- oder Kreuzweg in 10 Minuten hinauf zur Martinskirche (1173 m; ab Kiens gut 1 ½ Std.). – Abstieg: Von der Kirche wieder hinab zu den Häusern von Hofern, nun stets auf Weg 6 durch Wiesen und Wald zum Hitthalhof, weiter mit Nr. 6 (teils Höfestraße, teils Fußwege) über den Deckerhof hinunter zum Weg 2, auf diesem links ab und die Waldhänge querend zurück nach Kiens (ab Hofern knapp 1 ½ Std.).

Höhenunterschied: 285 m
Gesamtgehzeit: ca. 3 Std.
Orientierung und Schwierigkeit: für gehgewohnte Wanderer leicht und problemlos
Wanderkarten: Wanderkarten: Tappeiner 130, Bruneck und Umgebung, 1:25.000

Der gotische Altar von St. Martin

Wer sich beim Moserhof in Hofern (dieser liegt im Bereich der anderen Häuser und ist nicht der Mesnerhof bei der Kirche) meldet, erhält die Möglichkeit, den schönen Schnitzaltar zu besichtigen, ein der Brunecker Pacherschule zugeschriebenes Juwel aus der Zeit um 1520. Der Altar umfasst neben gemalten Bildern an der kleinen, aber beachtenswerten Predella eine Reihe kostbarer Statuen, von denen Maria mit dem Kinde zwischen den Heiligen Martin und Silvester im Hauptschrein besonders hervorstechen. So steht Hofern in der Reihe jener Orte, deren Kirchen seinerzeit nicht barockisiert wurden und heute noch ihre gotischen Altäre besitzen.

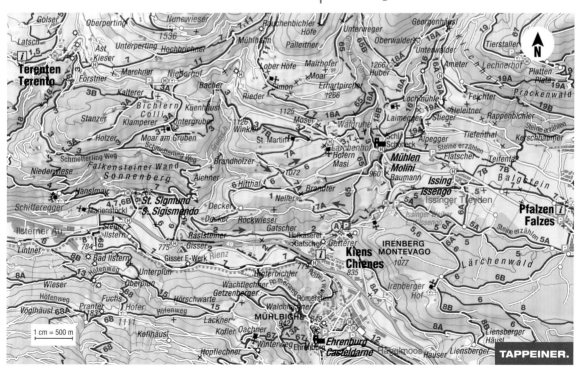

78

Zum Wengsee bei Mühlwald

Idyllischer Waldsee im Tauferer-Ahrntal

Der Wengsee im Mühlwalder Tal

Die Wengalm am Weg zum gleichnamigen See

Der Wengsee gehört zu den besonders schönen, idyllischen und einsamen Waldseen Südtirols. Er ist 160 Meter lang, 90 Meter breit und, wie vor Jahren ermittelt wurde, an seiner tiefsten Stelle immerhin neun Meter tief – also durchaus recht stattlich. Der bekannte Atlas Tyrolensis des Peter Anich aus der Zeit um 1770 verzeichnet das Gewässer als Donnerschlagsee – wohl nach der über ihm aufragenden Donnerschlagspitze –, doch heute kennt man ihn nur noch unter dem Namen, den er nach der nahen Alm bzw. nach dem gleichnamigen Hof unten im Tal trägt.

Dieses „Weng" entspricht all den anderen so oder ähnlich lautenden Orts- und Flurnamen – zum Beispiel Wengen im Gadertal, Wangen am Ritten oder Atzwang im Eisacktal – und stammt vom mittelhochdeutschen „wanc", was so viel wie Grasfläche bedeutet.

Grasfläche gibt es im unmittelbaren Bereich des Sees keine – der Name ist ja vom Tal herauf „gewandert" –, und der aus Fichten, Zirben und Lärchen bestehende Wald, der den See umgibt, beeinträchtigt etwas die Aussicht. Aber wenn man am Südhang ein Stück hinaufsteigt, sieht man nicht nur die Ahrntaler Berge, sondern sogar den Hochfeiler drüben in Pfitsch.

Der See befindet sich zwar auf der Schattenseite des Mühlwalder Tales, aber wenn man ihn nicht allzu spät im Herbst besucht, scheint die Sonne nicht nur zu Mittag, eben wenn sie am höchsten steht, sondern auch noch den ganzen Nachmittag über. Wer diese Wanderung hingegen im Sommer durchführen möchte, sollte dies bereits gegen Ende Juni tun, wenn nämlich die Alpenrosen blühen.

Der Aufstieg zum See ist zwar sehr steil und erfordert daher schon eine gewisse Gehtüchtigkeit; aber er ist nicht übermäßig lang, und man hat den größten Teil des Aufstiegs bei der gleichnamigen Alm, die sich seit vielen Jahren kaum verändert hat, hinter sich; denn der Weg zwischen Alm und See steigt nur noch leicht an. Im Übrigen haben fleißige Hände den Weg nicht nur bestens markiert, sondern auch noch da und dort ausgebessert und vor allem mit unzähligen, teils aus Steinen, teils aus Rundhölzern hergestellten Stufen versehen, sodass seine Begehung heute doch etwas weniger anstrengend ist als sie dies früher war.

Wegverlauf: Nahe der Häusergruppe Mairhöfe im Mühlwalder Tal kurz vor der Ortschaft Mühlwald (ca. 1100 m) den Wegweisern „Wengalm" und „Wengsee" folgend und die Talstraße südwärts verlassend auf breiter Brücke über den Talbach, auf schmaler Straße neben dem Bach ein Stück talaus bis in die Nähe des Stockerhofs und rechts auf dem Fußweg 66 durch den felsdurchsetzten Wald und über eine größere steile Lichtung durchwegs steil bis sehr steil empor zur Wengalm (1769 m; nicht bewirtschaftet). Von der Hütte weiterhin der Markierung 66 folgend hinauf zum Rand der Wiese und schließlich fast eben den Wald querend in 20 Minuten zum See (1881 m; ab Ausgangspunkt ca. 2 ½ Std.). – Der Abstieg erfolgt über die beschriebene Aufstiegsroute.

Höhenunterschied: 780 m
Gesamtgehzeit: 3 ½ – 4 Std.
Orientierung und Schwierigkeit: für gehtüchtige Wanderer unschwierig, allerdings steil und anstrengend
Wanderkarten: Tabacco, Blatt 036 (Sand in Taufers), 1:25.000

Tipp

Der Distelfalter

Oben auf der Lichtung der Wengalm ließ er sich von den warmen Sonnenstrahlen der Herbstsonne bescheinen, und dann und wann schwebte er auch zur einen oder anderen der wenigen noch vorhandenen Blumen. Denn er heißt zwar Distelfalter, aber es müssen nicht immer Disteln sein, denen sein Besuch gilt. Wie das prächtige Tagpfauenauge oder der kaum weniger schöne Admiral gehört auch der Distelfalter zu jenen wenigen Tagfaltern, denen man auf dieser oder jener Alm oder sogar noch höher oben begegnet. So saß ich lange auf der Lichtung der Wengalm und erfreute mich am Anblick des schönen Falters, der gleich mir den warmen Herbsttag genoss.

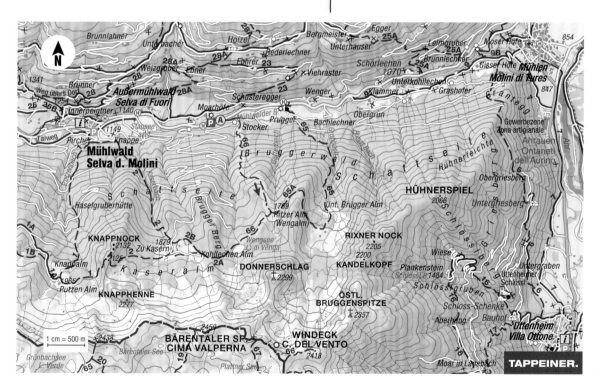

79

Nach St. Walburg in Taufers

Rundwanderung bei Kematen im Tauferer Tal

Unser Wanderziel, das Höhenkirchlein St. Walburg unweit von Kematen in Taufers

Ein Wegstück unserer schönen Rundwanderung

Wer durch den Tauferer Talboden fährt, sieht auf der Ostseite oben inmitten der bewaldeten Steilhänge ein einsames Kirchlein. Dies ist das Höhenheiligtum St. Walburg und soll unser Wanderziel sein.

Als Ausgangspunkt für die Wanderung wählen wir das Dorf Kematen südlich von Sand in Taufers, ein ruhiges Dorf am Ostrand des Tauferer Talbodens und damit abseits der viel befahrenen Hauptverkehrswege. Außer der spitztürmigen Nikolauskirche fällt in Kematen bei genauerem Hinsehen rückwärts an einem Haus mit Marienbild ein mittelalterlicher Wohnturm auf, ein alter Adelssitz, auf dem im 13. Jahrhundert die Herren von Kematen saßen, Dienstleute der mächtigen Edlen von Taufers.

Von Kematen wandern wir in gemütlicher Wanderung zumindest zu einem guten Teil auf einem schönen alten Waldweg zur Spitze jenes Schwemmkegels, den der manchmal sehr wilde Walburgenbach geschaffen hat, und schließlich steigen wir durch die Grashänge des Kirchhügels auf dem guten Weg empor zu dem von seinem spitzen Hügel weit über das Land blickenden, gut instand gehaltenen Kirchlein.

Das im frühen 15. Jahrhundert errichtete Höhenheiligtum enthält einen schlichten Schnitzaltar, eine Statue der hl. Walburga und mehrere Wandmalereien; an der südlichen Außenwand prangt eine Sonnenuhr.

Die Sagen, die von Schätzen und von einem einstigen Ritterschloss berichten, haben insofern einen wahren Kern, als es, wie Mörtelmauern beweisen, auf dem Kirchhügel einst wirklich eine Burg gab, deren Geschichte freilich weitgehend verschollen ist.

So gehört St. Walburg in Taufers mit dem Johanniskofel in der Sarner Schlucht, dem Peterköfele bei Leifers und Katharinaberg in Schnals zu jenen Kirchhügeln, auf denen einstmals Burgen standen.

Nachdem wir das Kirchlein besichtigt haben, treten wir den Abstieg an; und zwar folgen wir dem Weg, der uns zuerst hinunter zum Prennhof bzw. zur nahen Gaststätte Thara und dann wieder zurück nach Kematen führt – eine Route, die sich durch besondere Schönheit und Unberührtheit auszeichnet.

Wegverlauf: Von Kematen (857 m) stets den Wegweisern „St. Walburg" und der Markierung 8 folgend zum südlichen Dorfrand, dann großteils auf altem Wanderweg durch Wald und am Rand von Wiesen südwärts hinauf zur Brücke über den Graben des Walburgenbaches und zu einer kleinen Waldschulter mit Wegweisern; hier links ab und weiterhin mit Markierung 8 anfangs über Stufen und dann auf dem guten Fußweg hinauf zum Kirchlein (1010 m; ab Kematen knapp 1 Std.). – Abstieg: Wieder zurück zur Waldschulter, nun der Beschilderung „Prennhof" folgend auf Waldweg in leichtem Abstieg hinunter zu ausgedehnten Wiesen und zum Prennhof (848 m, in der Nähe die neue Gaststätte Thara; ab Kirchlein ½ Std.); hier nun scharf rechts ab, dem Wegweiser „Kematen" folgend auf dem breiten Weg 8 B nordwärts und zuletzt wieder auf der Straße zurück nach Kematen; ab St. Walburg knapp 1 ½ Std.

Höhenunterschied: 162 m
Gesamtgehzeit: 2 ½ Std.
Orientierung und Schwierigkeit: leicht und problemlos
Wanderkarten: Tabacco, Blatt 036 (Sand in Taufers), 1:25.000

Tipp

Burgmauern

Die Grashänge des Walburgenhügels werden von alten Steinmauern durchzogen. Bei genauerem Hinsehen fällt auf, dass die Steine mancher dieser Mauern schön rechteckig behauen und besonders sorgfältig verlegt wurden und dass diese Mauern mit gutem, heute noch erstaunlich festem Kalkmörtel errichtet wurden. Hier haben wir somit keine gewöhnlichen Feldmauern vor uns, sondern die Reste jener Burg, die im Hochmittelalter den Hügel krönte und Dienstmannen der mächtigen Herren von Taufers gehörte. Die Sage meint, der Turm des Kirchleins sei der Bergfried jener Burg gewesen. Das trifft zwar nicht zu, aber manche Forscher sehen im kleinen Gotteshaus die einstige Burgkapelle.

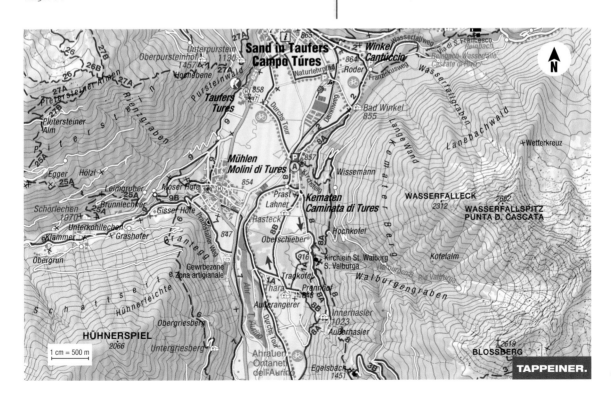

80

Nach Aschbach und Redensberg

Höfewanderung bei Nasen im oberen Pustertal

Blick von Redensberg zum Streuweiler Aschbach; links der Niedrist

Beim Abstieg Blick zurück – alte „Gasse" mit herbstlich gefärbten Bäumen und dem Futterhaus des Niedristhofs

Diese Herbstwanderung hat einige Berghöfe zum Ziel, die oben an den sonnenseitigen Hängen zwischen dem Brunecker Becken im Westen und der Antholzer Mündung im Osten liegen.

Als Ausgangspunkt wählen wir das östlich von Percha auf einer freien Wiesenterrasse hingebreitete Dorf Nasen. Von dort steigen wir, teilweise durch einen steilen Hohlweg und schließlich über einen breiten Forstweg, durch Wald hinauf zu den in einer ausgedehnten Wiesenrodung liegenden Redensberghöfen.

Dieses Doppelgehöft scheint urkundlich 1142 als „Rodeneperch" und 1322 als „Rodensperch" auf. Diese Nennungen zeigen, dass es sich um einen typischen Rodungsnamen handelt, weshalb es nicht, wie manchmal anzutreffen, „Regensberg", sondern eben „Redensberg" heißt.

Die Wiesenrodung von Redensberg grenzt an einen Geländesattel, von dem man ostseitig zur Burgruine Neurasen queren oder nach Rasen absteigen könnte. Wir aber wandern auf breitem Forstweg und zuletzt auf der Höfestraße gemütlich durch Wiesen und Wälder westwärts hinaus zu den sonnigen Wiesen des ursprünglich aus acht verstreuten Berghöfen bestehenden Bergweilers Aschbach.

Bereits im fernen Jahr 1250 scheint der Weiler erstmals schriftlich auf, und zwar als „Aschpach". Und hier zeigt die alte Schreibform, dass der Name mit keinem Bach zusammenhängt, sondern einer der nicht so seltenen Namen mit der Endung -ach ist, wie z.B. Steinach. Wobei hier keine Steine, sondern die auch noch heute vorhandenen Aspen, also die Zitterpappeln, zur Bildung des Namens geführt haben.

Am Weberhof mit seinem schönen Wohnhaus vorbei gelangen wir zu den untersten Aschbacher Höfen, nämlich zum Huber und Niedrist. Der erstgenannte fällt durch unveränderte Architektur und Mariendarstellungen an der Hauswand auf, der letztere, ein Erbhof, durch seine Stattlichkeit und seinen schönen Blumenschmuck. Hier ist die Landwirtschaft mit einer bekannten Hofschenke verbunden und bietet uns so willkommene Rast- und Einkehrmöglichkeit in prächtiger Lage mit dem Blick zu den Dolomiten einerseits und bis zu den Pfunderer und Sarntaler Bergen andererseits – bevor wir teils über den alten Weg, teils über die Straße wieder nach Nasen absteigen.

182

Wegverlauf: Von Nasen im oberen Pustertal (1027 m, begrenzte Parkmöglichkeit; unser Weg beginnt bei der Brücke am Ostrand des Weilers) der Beschilderung „Redensberg" und der Markierung 19 folgend zuerst auf schmaler Straße hinauf zu Weggabel und links (geradeaus) teils auf steilem Hohlweg, teils auf weniger steilem Forstweg durch Wald in gut 1 Std. hinauf zum Doppelgehöft Redensberg (1379 m). Von da auf breitem Forstweg mit Markierung 1 Wiesen und Wald querend westwärts zu den Wiesen von Aschbach, auf dem Sträßchen links zum Weberhof und zuletzt kurz hinunter zur Hofschenke Niedrist (1336 m; ab Redensberg ca. 1 Std.). – Vom Niedrist schließlich der Markierung 22 folgend teils auf dem alten Weg, teils auf der Höfezufahrt durch Wiesen und Wald in ¾ Std. hinunter nach Nasen.

Höhenunterschied: ca. 400 m

Gesamtgehzeit: ca. 3 Std.

Orientierung und Schwierigkeit: für etwas gehegewohnte Wanderer mit festem Schuhwerk leicht und problemlos

Wanderkarten: Wanderkarten: Tappeiner 130, Bruneck und Umgebung, 1:25.000

Tipp

Die Fresken von Nasen

Kurz vor dem Ende der Wanderung kommen wir an der gotischen, frei in den Wiesen stehenden Jakobskirche von Nasen vorbei. Sie birgt in ihrem Inneren gotische Fresken, die Simon von Taisten zugeschrieben werden. Von demselben Maler stammt aber auch das große Christophorusbild auf der südlichen Außenseite der Kirche, an dem die ausdrucksstarke Darstellung des Heiligen auffällt. Nicht weniger erregt freilich auch das recht eigenwillig gemalte, fast drollige Antlitz des Jesuskindes unsere Aufmerksamkeit, das sich hoch oben im Schatten des Dachvorsprungs befindet und daher besonders gut erhalten ist.

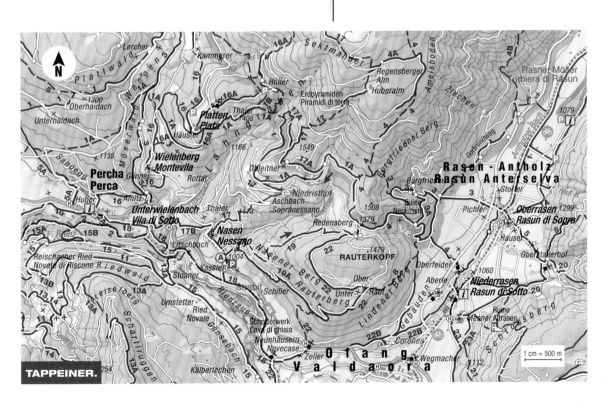

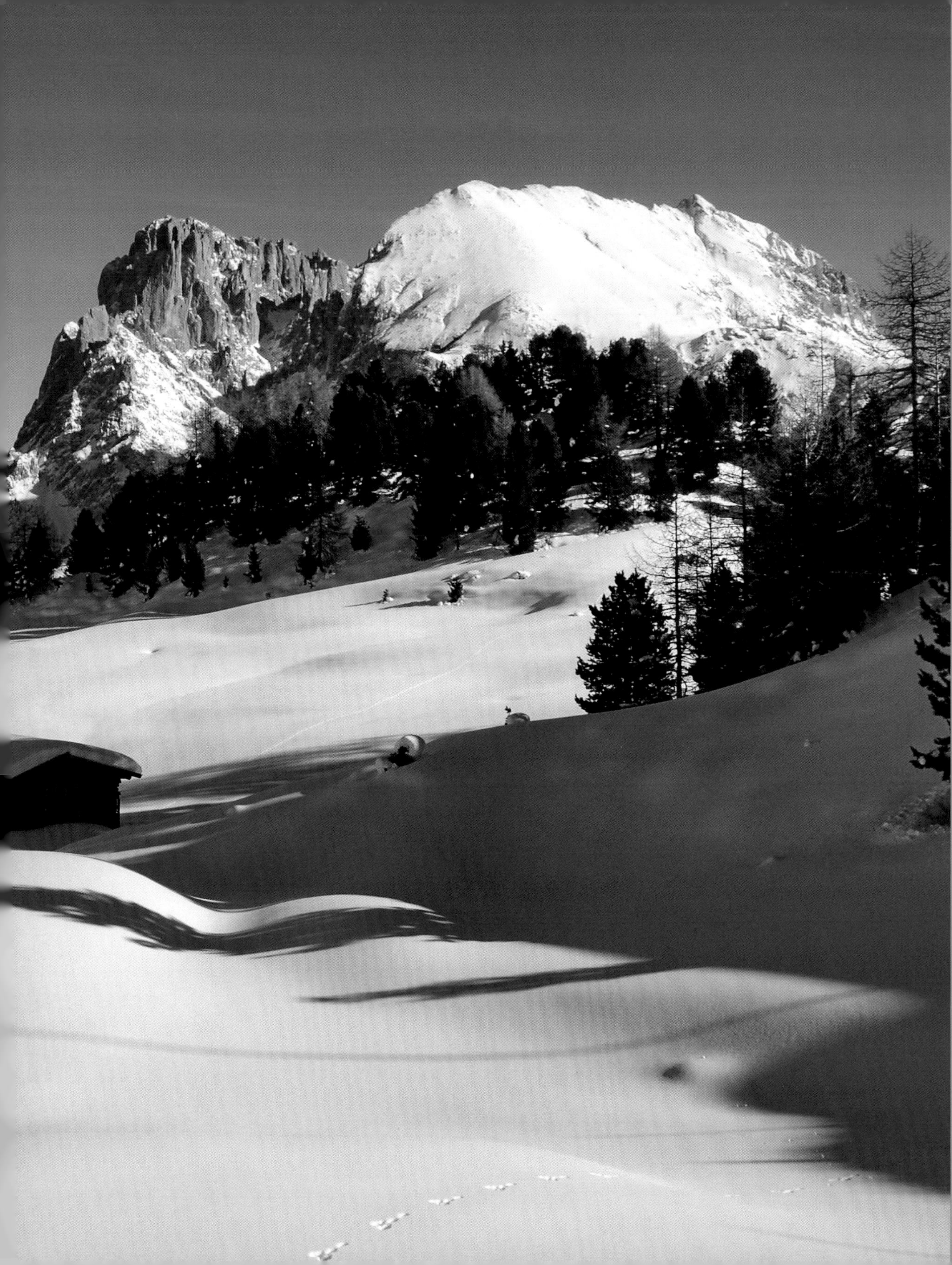

81

Höferalm und Plantapatsch
Leichte Schneewanderung bei Prämajur im Vinschgau

*Die Höferalm mit
den Blick über
den Vinschgau und
seine Berge*

*Unser gebahnter
Winterwander-
weg zwischen der
Höferalm und der
Plantapatsch-
Hütte*

Diese Wanderung führt uns in das Gebiet von Burgeis im Vinschgau. Die nahe Fürstenburg und das höher am Hang befindliche Kloster Marienberg, die höchstgelegene Benediktinerabtei der Welt, verleihen Burgeis in kunst- und kulturgeschichtlicher Hinsicht besondere Bedeutung. Noch höher liegt dann der Streuweiler Amberg mit ein paar Einzelhöfen und der malerischen Häusergruppe Prämajur, und von da steigen die Waldhänge hinauf zu den Almen und zum Berg Watles, der für den Skilauf erschlossen ist.

Doch Prämajur und Watles sind im Winter nicht nur für den Skifahrer attraktiv, sondern auch für den Winterwanderer. Denn von Prämajur bzw. von der nahen Talstation der Sesselbahnen führt ein überaus schöner, bei jeder Schneelage gebahnter Winterwanderweg mit nur mäßiger Steigung durch lichte Lärchenwälder hinauf zur Höferalm. Die Gasthütte der Höferalm, die sich auch „Skihütte" nennt, bietet sowohl dem Skifahrer wie dem Wanderer Einkehrmöglichkeit in aussichtsreicher Lage. Zwar liegt die Hütte noch unterhalb der Baumgrenze, aber die sie umgebende Hangverflachung, der sogenannte Plantapatsch-Boden, ist baumfrei und bietet ein umfassendes Panorama, das von den westlichen Ötztaler Alpen über die Laaser Berge und die zentrale Ortlergruppe bis zu den näheren Gipfeln der Münstertaler Alpen reicht, zu denen auch unser Wandergebiet gehört. Haben wir auf dem erwähnten Winterwanderweg in rund ein- bis eineinhalbstündigem Aufstieg die Höferalm erreicht, könnten wir hier Rast und Einkehr halten und dann wieder auf dem genannten Weg absteigen.

Der gebahnte Winterwanderweg führt aber noch etwa 20 Gehminuten weiter bergan bis zur Gasthütte Plantapatsch, die bereits ein gutes Stück oberhalb der letzten Lärchen steht und natürlich eine noch umfassendere Aussicht bereithält und daher den kurzen Aufstieg durchaus lohnt.

Hier oben besteht für jene Wanderer, die den Abstieg nicht zu Fuß zurücklegen möchten, die Möglichkeit, mit der Sesselbahn bequem zum Ausgangspunkt zurückzukehren. Und das bedeutet, dass man das Ganze auch in umgekehrtem Sinn durchführen kann: Auffahrt mit dem Sessellift und Abstieg zu Fuß. Doch diese Entscheidung sei jedem selbst überlassen.

Wegverlauf: Vom Parkplatz bei der Talstation der Watles-Sesselbahn oberhalb Burgeis (1750 m, Einkehrmöglichkeit) der Beschilderung „Höferalm" folgend auf dem breiten gebahnten Winterwanderweg (Forstweg) in leichtem Anstieg in einer weit aushohlenden Kehre durch lichte Lärchenbestände hinauf zur Höferalm (2066 m; auch im Winter geöffnete Gaststätte; ab Ausgangspunkt knapp 1 ½ Std.). Schließlich auf dem breiten gebahnten Schneeweg wieder durch schönen Lärchenwald mittelsteil hinauf zur Plantapatsch-Hütte (Restaurant nahe der Bergstation des Sessellifts, 2150 m; ab Höferalm 20 Min.). – Abstieg: Entweder zu Fuß über den beschriebenen Aufstiegsweg in insgesamt gut 1 Std. oder mit der Sesselbahn.

Höhenunterschied: 400 m
Gesamtgehzeit: 2 ½ – 3 Std.
Orientierung und Schwierigkeit: für gehgewohnte Wanderer leicht und problemlos; gebahnter Schneewanderweg
Wanderkarten: Tappeiner 115, Münstertal und Umgebung, 1:35.000

Tipp

Der Kolkrabe

Mancherorts gehört er zu den bedrohten Tierarten, bei uns gottlob noch nicht. Am Fennberger Klettersteig habe ich ihn ebenso erlebt wie am Hochfeiler, am Toblacher Pfannhorn ebenso wie hier am Watles. Nein, in Südtirol ist er, wie im übrigen Alpenraum, nicht selten. Und doch wird er nur unscharf wahrgenommen. Denn er wird – verständlicherweise – oft mit der Rabenkrähe verwechselt. Aber wenn er sein unverkennbares „Klock" hören lässt, wenn er sich vom Horizontalflug wie ein Kunstflieger mit einer „halben Rolle" in den Sturzflug wirft, dann wissen wir: Das ist keine Krähe, sondern er, der Kolkrabe.

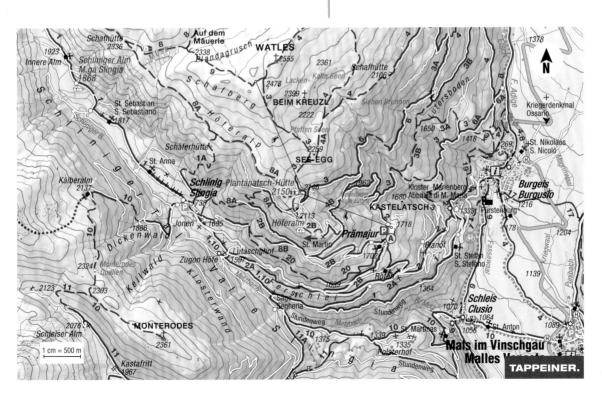

82

Zur Schliniger Alm

Gemütliche Schneewanderung im oberen Vinschgau

*Die Äußere Schli-
niger Alm mit dem
Zugangsweg*

*Wanderer auf dem
Weg zur Schliniger
Alm; darüber der
2878 Meter hohe,
aus Dolomit aufge-
baute Föllakopf*

Diese gemütliche Wanderung im Westen Südtirols führt uns ins innere Schlinigtal, einen der
schönsten Seitenäste des Vinschgaus.

Doch schon die Anfahrt bietet viele landschaftliche und kulturelle Glanzpunkte. Bei Burgeis kommen wir an der mächtigen Fürstenburg, am Kloster Marienberg und an den nebenan erwähnten
Mammutbäumen beim Kirchlein St. Stefan vorbei,
und dann gelangen wir hinein nach Schlinig, das
sich in alpintouristischer Hinsicht im Sommer als
Ausgangspunkt für zahlreiche Bergtouren und im
Winter als Nordisches Skizentrum einen Namen
gemacht hat.

Abgesehen von den Langlaufloipen führt aber auch
ein lohnender, gut gebahnter Winterwanderweg
durch die weiten freien Schneehänge teils eben,
teils ganz leicht ansteigend hinein bis zur äußeren
Schliniger Alm, deren Gaststätte den alten Namen
„Alp Planbell" trägt. Sie ist auch im Winter geöffnet
und somit ein beliebtes Wanderziel.

Schneeschuhwanderer und Skitourengeher brechen von da aus zu winterlichen Gipfeltouren auf,
wir aber begnügen uns mit der Wanderung hierher, wobei die Gehzeit einschließlich des Rück-
weges in etwa zwei Stunden beträgt.

Rätoromanisch „Planbell" bedeutet so viel wie
„schöne Ebene", und der Name könnte nicht
treffender gewählt sein. Aber so sanft geformt
die ausgedehnten Wiesen der Schliniger Almen
sind, so markant ist der Kranz der Höhen und
Gipfel, der das Tal umschließt. Manche haben
so klingende Namen wie Muntpitschen oder Piz
Sesvenna oder sind so ausgeprägt wie der gezackte Föllakopf. Talauswärts aber erblickt man
mit den mächtigen, bis über 3500 Meter hohen
Laaser Bergen den östlichen Teil der zentralen
Ortlergruppe.

Diese landschaftliche Vielfalt ist es, die das Gebiet
von Schlinig und insbesondere unsere Wanderung so reizvoll macht, und hinzu gesellt sich der
Umstand, dass das Tal durch seinen Verlauf nach
Südosten von morgens bis in den Nachmittag hinein voll in der Sonne liegt.

Wegverlauf: Von Schlinig (1738 m, hierher Straße von Burgeis im oberen Vinschgau, Gastbetriebe, große Parkplätze) dem Wegweiser „Wanderweg" folgend auf breitem, gewalztem Schneeweg in ganz leicht ansteigender Wanderung durch freie Schneehänge talein zur Kapelle St. Anna, bald darauf kurz unter hohen Lärchen durch, dann durch ebene Böden und zuletzt wieder ganz leicht ansteigend (stets breiter gewalzter Schneewanderweg) talein zur Äußeren Schliniger Alm mit der Jausenstation „Alp Planbell" (1868 m; ab Schlinig gut 1 Std.; die Gaststätte hat bis Ostern Winterbetrieb). – Rückkehr: auf dem beschriebenen Talweg; Gehzeit etwas kürzer.

Höhenunterschied: 185 m
Gesamtgehzeit: knapp 2 Std.
Orientierung und Schwierigkeit: leicht und problemlos
Wanderkarten: Tappeiner 115, Münstertal und Umgebung, 1:35.000

Die Marienberger Mammutbäume

Auf den weiten Schneefeldern der Schliniger Almen konnte ich keine Besonderheiten entdecken, wohl aber bei der Fahrt nach Schlinig oberhalb des Klosters Marienberg; und zwar zwei Mammutbäume unweit des Planöfhofes bzw. des Kirchleins St. Stefan. Diese Bäume, die natürlich unter Naturschutz stehen, sind im Jahr 1908 von den Marienberger Benediktinermönchen anlässlich eines Kaiserjubiläums gepflanzt worden. Zwar bilden sie keine so berühmte Baumgruppe wie jene am Fennberg im Unterland, dafür aber gelten sie – und zu ihnen darf ein weiteres Exemplar bei Mals gezählt werden – immerhin als die höchstgelegenen Mammutbäume Europas.

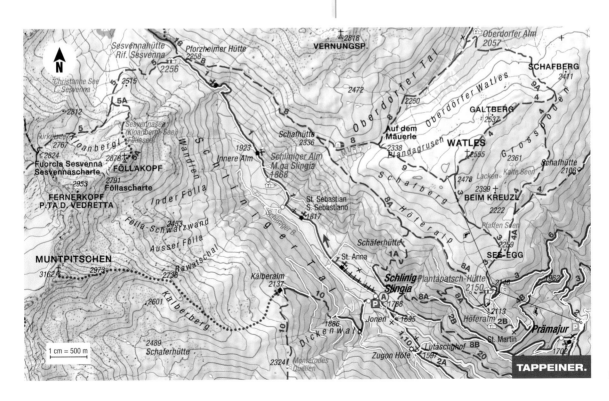

83

Von Pfelders nach Lazins

Gemütliche Winterwanderung im Passeiertal

Das Dorf Pfelders im gleichnamigen, bei Moos abzweigenden Passeirer Seitental ist im Sommer als Talort für prächtige Bergtouren und im Winter als Skigebiet bekannt. Hier lässt es sich im Winter dank gebahnter Wege aber auch gut wandern, und zwar in dem kaum besiedelten Talbereich, der sich vom Dorf noch ein gutes Stück hineinzieht bis zum eigentlichen Talschluss.

In diesem Bereich liegt unser Ziel, der Lazinshof, die letzte, innerste Dauersiedlung. Von Pfelders ausgehend wandern wir auf der Sonnenseite durch Wiesen zunächst zum Weiler Zeppichl, der mit mehreren Häusern, Höfen und zwei Gastbetrieben einen flachen Hügel krönt. Wie urkundliche Erwähnungen belegen (zum Beispiel 1369 Zetpuhler und 1394 Zetpühel), bedeutet der Name nicht „ze Bühel", sondern „Zetnbühel", also Hügel mit Heidelbeersträuchern, den sogenannten „Zetn".

Von Zeppichl geht es noch ein Stück leicht aufwärts, wir durchqueren einen kleinen Lärchenhain und nach einem Bildstock führt der breite Weg gemütlich am Fuß der mächtigen Hochgebirgswelt durch sonniges Wiesengelände hinein nach Lazins.

Mit einer Seehöhe von rund 1780 Metern ist der Lazinshof der höchstgelegene alte Bauernhof des Passeiertales. Ursprünglich handelte es sich dabei sogar um zwei Anwesen, die bereits 1285 als brixnerische Lehen erstmals urkundlich erwähnt werden. Damals mussten die „zwo Swaige von Lutzinse" der Grundherrschaft insgesamt 600 Käselaibe als jährlichen Zins abliefern.

Heute besteht Lazins nur noch aus einem Hof, aber mit seinem im ursprünglichen Zustand erhaltenen Wohnhaus, der hübschen Antoniuskapelle und mehreren anderen Baulichkeiten zu Füßen eines erhabenen Bergkranzes bietet die Baugruppe ein wirklich einzigartiges Bild.

Für die Rückkehr empfiehlt sich ein ebenfalls breiter Schneeweg auf der orografisch rechten Talseite. Er führt zwar großteils durch mehr oder weniger bewaldetes Gebiet und ist auch lagemäßig weniger sonnig als der Hinweg, aber dafür bietet er die Möglichkeit, den Besuch von Lazins zu einer lohnenden Rundwanderung zu gestalten.

Unser Wanderziel, der einzigartige Lazinshof im inneren Pfelderer Tal

Unser Wanderweg gegen die fast 3500 Meter hohe Hochwilde; links der Lazinshof

Wegverlauf: Von Pfelders im gleichnamigen Tal (1628 m; Gasthöfe, Parkplätze) dem Wegweiser „Zwickauer Hütte" folgend auf Brücke über den Talbach, gleich darauf links ab und der Beschilderung „Lazins" folgend auf dem breiten geräumten Fahrweg durch sonnige Wiesenhänge eben und leicht ansteigend zur Häusergruppe Zeppichl (1676 m, Gastbetriebe). Von da auf dem weiterhin gebahnten Weg bald durch einen Lärchenbestand leicht ansteigend zu einem Bildstock und dann durch die Wiesenhänge talein nach Lazins (1782 m; Gasthaus; ab Pfelders knapp 1 Std.). – Rückweg: Von Lazins auf einem Fußpfad oder auf dem breiten Schneeweg hinüber auf die gegenüberliegende Seite und auf dem breiten gebahnten Weg durch Lärchenbestände und freies Gelände teils eben, teils leicht abwärts hinaus nach Pfelders (ab Lazins ¾ Std.).

Höhenunterschied: 154 m
Gesamtgehzeit: ca. 2 Std.
Orientierung und Schwierigkeit: leichte Wanderung auf gebahnten Schneewegen
Wanderkarten: Tappeiner 144, Passeiertal, 1:30.000

Tipp

Das Kirchlein von Lazins

Wie manch anderes Gehöft so besitzt auch Lazins sein eigenes kleines Gotteshaus. Es ist dem heiligen Antonius, dem Patron gegen Viehseuchen, geweiht und bildet den Vordergrund für die tief verschneite Hochgebirgskulisse des Talschlusses. Der kleine Sakralbau zählt zu den höchstgelegenen Kirchen des Passeiertales und steht, was das Gesamtbild betrifft, auch in edlem Wettstreit mit den Gebetsstätten etwa in den Talschlüssen von Ratschings, Prettau oder Tiers, um nur einige zu nennen. Anders als diese besitzt es jedoch keinen Turm, sondern eine Glockenmauer und das verleiht ihm eine gewisse bauliche Sonderstellung.

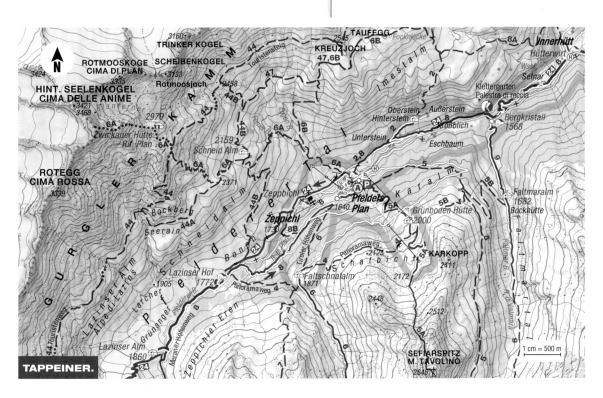

84

Zu den Almen von Stuls

Auf der Sonnenseite des inneren Passeiertals

Hoch über jenem Abschnitt des Passeiertals, der zwischen den Dörfern St. Leonhard und Moos tief eingeschnitten ist und auf der orografisch linken Seite teilweise von hohen senkrechten Felswänden gesäumt wird, liegt wie auf einem Balkon das sonnige Höhendorf Stuls, dessen Kirche, Häuser und Gastbetriebe auf der einen Seite hinein ins Pfelderer Tal und auf der anderen hinaus bis ins Etschtal schauen.

Von dort führt unser Weg, auf dem wir die Bergwiesen von Stuls und die dortige Egger-Grub-Alm anpeilen, zuerst durch Wald hinauf zu den Höfen von Untereggen und Hocheggen. Dort, in der sogenannten „Morx-Puite", befindet sich seit einiger Zeit auch ein Gasthaus, welches – gute Straßenverhältnisse vorausgesetzt – auch mit dem Auto erreicht werden kann.

Ob wir nun zu Fuß oder auf vier Rädern hierher gelangt sind – hier beginnt der eigentliche winterliche Wander- und Rodelweg, der uns mit ein paar bequemen Kehren durch die Waldhänge hinaufführt zur Egger-Grub-Alm (oder Eggergrubalm), deren Name vom Eggerhof unten in Stuls und von einem längst abgekommenen, aber

Unser Wanderziel, die Egger-Grub-Alm hoch über Stuls im Passeiertal

Der schöne Winterwanderweg zur Egger-Grub-Alm

im Steuerkataster von 1777 noch verzeichneten Grubhof stammt.

Die genannte, herrlich gelegene Alm war viele Jahre lang auch im Winter als Almschenke bewirtschaftet und ein beliebtes Wanderziel und soll dies nach vorübergehender Schließung und nach einem geplanten Neubau auch künftig wieder sein. Das großartige Panorama umfasst den eindrucksvollen Gipfelkranz des Tales, in dem einerseits die Dreitausender über dem Pfelderer Tal und andererseits das aus weißem Marmor aufgebaute, gerade über der Egger-Grub-Alm aufragende Massiv der Hohen Kreuzspitze ganz besonders zu erwähnen sind.

Der Weg zur Alm soll – so ist es geplant – ab 2015 bei jeder Schneelage wieder gut gebahnt sein und sich sowohl zum Wandern wie zum Rodeln eignen. Und falls man die Wanderung unten im Dorf begonnen hat und der teilweise freilich recht steile und schmale „Stuller Waldweg" ausgetreten ist, kann man ihn einschlagen, um zumindest im Abstieg das Höfesträßchen zwischen Stuls und Hocheggen zu umgehen.

Wegverlauf: Von Stuls in Passeier (1315 m, Zufahrt von Moos herauf: kurz über die Timmelsjochstraße und bald von dieser rechts abzweigend auf guter Straße bergan) der Beschilderung „Egger-Grub-Alm" folgend auf der schmalen Höfestraße (Mark. 14) zuerst an einigen Häusern vorbei und dann durch die Waldhänge mäßig ansteigend in ¾ Std. hinauf zum Gasthaus Morx Puite (1570 m, ab Stuls ¾ Std.; hierher auch mit dem Auto möglich; Parkmöglichkeit). Dann weiter zu den Hochegghöfen (1640 m) und auf dem gebahnten Wander- und Rodelweg (stets Nr. 14) in Kehren durch Wald hinauf zur Baumgrenze und zur Egger-Grub-Alm (1929 m; ab Stuls ca. 2 Std.). – Der Abstieg erfolgt am besten über den Aufstiegsweg in knapp 1 ½ Std.

Höhenunterschied: ca. 600 m

Gesamtgezeit: ca. 3 ½ Std.

Orientierung und Schwierigkeit: unschwierige Winterwanderung auf gebahnten Wegen

Wanderkarten: Tappeiner 144, Passeiertal, 1:30.000

Tipp

Archäologischer Wanderweg

Im Bereich von Stuls weisen Informationsstelen unseren Weg als „archäologischen Wanderweg" aus und machen die urgeschichtliche Bedeutung dieser sonnigen Gegend deutlich. Denn nicht nur rätselhafte und schwer datierbare Schalensteine wurden da und dort gefunden – beispielsweise oben auf der Stuller Mut und auf der bekannten Silberhütthöhe –, sondern auch so beweiskräftige und datierbare Hinterlassenschaften wie eisenzeitliche Mühlsteine, römische Münzen, eine Bronzespitze und dergleichen mehr. So führt uns unsere Wanderung nicht nur durch eine schöne sonnige Landschaft, sondern auch weit zurück in die Frühgeschichte von Stuls und des Passeiertales.

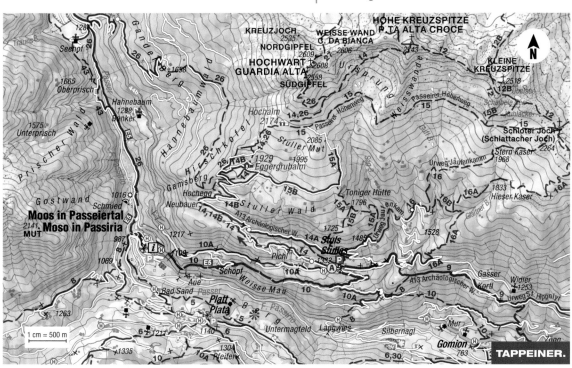

85

Zur Felixer Alm

Rundwanderung auf den Deutschnonsberger Höhen

Es ist erfreulich, dass manche Almen im Winter als Gastschenken geöffnet sind und ihre Zugänge gebahnt werden, sodass auch Wanderer, die nicht mit Skiern oder Schneeschuhen ausgerüstet sind, auch die verschneite Bergwelt oberhalb der Siedlungsgrenze erleben können.

Unser Wanderziel ist eine solche Alm am östlichen Deutschnonsberg, nämlich die Felixer Alm oberhalb der gleichnamigen Ortschaft. Der gebahnte Forstweg dorthin bietet sich für eine nicht allzu lange Winterwanderung an, bei der man lichtdurchflutete Lärchenwiesen, auch dichtere Waldbestände und offenes Wiesengelände durchwandert, wobei sich immer wieder prächtige Ausblicke zu den Höhen und Kämmen des Nonsberges bieten. Überdies ist auch eine abseits des Wanderweges verlaufende Rodelbahn vorhanden.

Unser Wanderziel: die romantisch am Rand einer Waldlichtung gelegene Hütte der Felixer Alm

Blick auf den tief zugeschneiten Felixer Weiher

Die romantisch am Rand einer von Wald umrahmten Wiese gelegene Hütte wird im Winter an den Wochenenden als Gaststätte bewirtschaftet und bildet damit zu dieser Jahreszeit unser eigentliches Wanderziel, das zum Einkehren einlädt.

Doch etwa 10 Gehminuten von der Alm entfernt befindet sich der Felixer Weiher, im Sommer einer der besonders hübschen Waldseen Südtirols. Ich habe mir sagen lassen, dass man auf dem zugefrorenen Felixer Weiher dem lustigen Sport des Eisstockschießens frönt, aber bei meinem Besuch zeigte sich der mehr vermutbare als sichtbare See als weite unberührte Schneefläche, und über der Landschaft lag die große Stille eines kalten, aber sonnigen Wintertages.

Ich habe den Felixer Weiher und seine Zugänge in der Blütenpracht des Frühsommers und in den leuchtenden Farben des Herbstes erlebt, aber nicht weniger schön erschien mir die Landschaft im Zauber der gleißenden Schneedecke, die selbst den Wasserspiegel zudeckte. Daher empfehle ich als Abstiegsvariante von der Alm den Umweg über den See, sofern der entsprechende Weg ausgetreten ist, worüber man in der Almschenke gern Auskunft gibt. Dadurch erlebt man den See auch im Winter und dehnt den oberen Teil der Wanderung zu einer schönen Runde aus.

Wegverlauf: Anfahrt von Lana über den Gampenpass zum Gasthaus Rose bei St. Felix am Deutschnonsberg und bald darauf links auf schmaler Höfestraße hinauf zu einem Parkplatz (ca. 1400 m). Von da den Wegweisern „Felixer Alm" folgend auf dem gebahnten Forstweg durch Wald und Lichtungen in mäßig ansteigender Wanderung hinauf zur Felixer Alm (1630 m; knapp 1 Std.; die Gastschenke ist während der Weihnachtsferien durchgehend und dann an den Wochenenden und Feiertagen geöffnet). − Abstieg: Entweder über den Aufstiegsweg oder, falls der Weg ausgetreten ist, auf folgender Route: Der Markierung 50 folgend durch ein Waldtälchen zum zugeschneiten See, dann auf dem Fußweg 9 durch Wald hinunter zu dem im Aufstieg begangenen Forstweg und auf diesem zurück zum Ausgangspunkt (ab Alm knapp 1 Std.).

Höhenunterschied: ca. 230 m
Gesamtgehzeit: knapp 2 Std.
Orientierung und Schwierigkeit: für gehgewohnte Wanderer leicht und problemlos
Wanderkarten: Tabacco, Blatt 046 (Lana − Etschtal), 1:25.000

Tipp

Das Eichhörnchen

Als ich einmal stehenblieb, um einige Grünlinge auf einer hohen Lärche zu beobachten, vernahm ich im dichten Geäst einer nahen Fichtengruppe ein kratzendes Geräusch, dessen Urheber kein anderes Tier sein konnte als ein Eichhörnchen. Einige Zeit suchten meine Augen vergeblich danach, aber als sich das Tierchen kurz bewegte und dabei seine helle Unterseite zeigte, konnte ich es erspähen. Unzählige Fichtenzapfen boten ihm eine leckere Mahlzeit, und so musste es nicht auf die sicherlich irgendwo gehorteten Wintervorräte zurückgreifen.

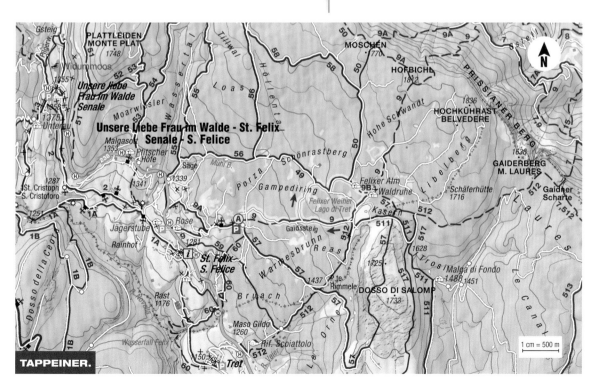

86

Panoramaweg am Rittner Horn

Gemütliche Rundwanderung hoch über den Tälern

Bei dieser Wanderung geht es nicht steil bergauf und bergab, sondern größtenteils mehr oder weniger eben dahin. Dabei befinden wir uns aber nicht im Grund eines Tales, sondern hoch oben auf den weiten Höhen des Rittens und damit in einem der aussichtsreichsten Gebiete Südtirols.

So verwundert es nicht, dass unsere Route die Bezeichnung „Panoramaweg" erhalten hat und zu den sogenannten „Prämiumwegen" Europas gehört. Dieser breite gebahnte Weg ermöglicht eine aussichtsmäßig herrliche, einstündige Rundwanderung in 2000 Meter Höhe auf der Südseite des Rittner Horns. Der Weg umrundet, ausgehend von der Bergstation der Umlaufbahn, die dem Rittner Horn vorgelagerte Schwarzseespitze.

Dabei führt der Weg durch mit Latschen und Zirben bewachsene Hänge und eröffnet immer wieder neue Ausblicke. Denn je nachdem, wo wir uns gerade befinden, erfasst die Schau die Zillertaler Alpen im Nordosten, die Dolomiten im Südosten, die Trentiner Berge im Süden, die Ortlerberge im Westen oder die Ötztaler Alpen im Nordwesten. Es ist dies ein Rundpanorama, wie es sich in vergleichbarer Höhenlage – und dazu noch auf bequem dahinführendem Weg – kaum anderswo

Der Rittner Panoramaweg mit Blick zur Langkofelgruppe

Der Panoramaweg gegen das Rittner Horn

bietet, wobei natürlich die bekanntesten Berggruppen der Südtiroler Dolomiten, wie Geisler, Langkofel, Schlern, Rosengarten und Latemar, den Blick ganz besonders auf sich ziehen.

Dabei spielt es keine Rolle, ob man die Rundwanderung im Uhrzeigersinn durchführt, oder, wie hier vorgeschlagen, in der entgegengesetzten Richtung – der Panoramaweg macht seinem Namen in jedem Fall alle Ehre.

Nachdem wir, vorbei an einem Wetterkreuz, am „Runden Tisch" sowie an der Aussichtsplattform mit dem „Dolomitoskop", die Süd- und Osthänge der Schwarzseespitze durchquert und eine Senke am Südfuß des Rittner Horns erreicht haben, machen wir noch einen Abstecher zum nahen Unterhornhaus, das wie die nahe Feltunerhütte Einkehrmöglichkeit bietet. Und schließlich kehren wir über den letzten Teil des Panoramaweges, der hier die Bezeichnung „Klangweg" erhalten hat, zur Schwarzseespitze zurück, um uns von der Kabinenbahn wieder talwärts tragen zu lassen.

Wegverlauf: Von Pemmern am Ritten mit der Umlaufbahn hinauf zur Schwarzseespitze (2071 m; Gaststätte). Nun zu Fuß gleich rechts, südostwärts, dem Schild „Panoramaweg" folgend neben der Skipiste kurz hinunter zum auffallenden Wetterkreuz, kurz weiter zum Runden Tisch (2045 m) und auf dem breiten gebahnten Panoramaweg in teils ebener, teils leicht absteigender Wanderung durch die süd- und ostseitigen Latschenhänge bis zur Scharte zwischen der Schwarzseespitze und dem Rittner Horn (2022 m; von da evtl. Abstecher zum nahen Unterhornhaus bzw. zur Feltunerhütte; ca. 2040 m); schließlich von der genannten Scharte auf dem Panoramaweg leicht ansteigend zurück zur Schwarzseespitze. – Talfahrt wieder mit der Umlaufbahn.

Höhenunterschied: ca. 50 m

Gesamtgehzeit: 1 – 1 ½ Std.

Orientierung und Schwierigkeit: leicht und problemlos

Wanderkarten: Tappeiner 132, Ritten und Umgebung 1:25.000

Tipp

Der Runde Tisch

Schon bald nach dem Beginn unserer Wanderung kommen wir an einem markanten Aussichtspunkt zum „Runden Tisch". Es hängt im Winter natürlich von der Witterung ab, ob man hier – wie etwas später am „Dolomitoskop" – der Einladung zu längerem Verweilen folgt oder lieber nicht. Doch die Aufmerksamkeit des Wanderer zieht der vom Rittner Künstler Franz Messner geschaffene Tisch mit seinem Orientierungsrondell zu jeder Jahreszeit auf sich, und wenn nicht gerade klirrende Kälte herrscht, wird man vielleicht auch an einem Wintertag hier halt machen, um die Aussicht zu genießen.

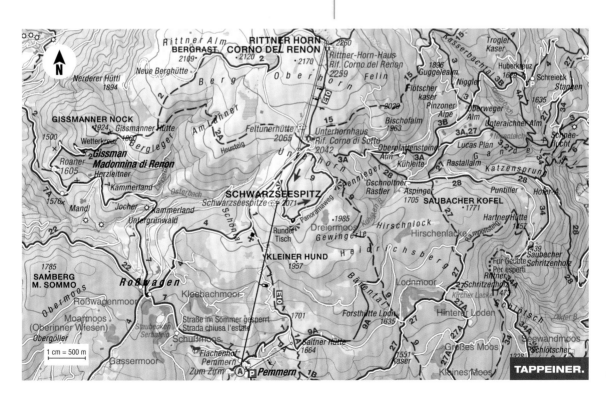

87

Zur Getrumalm im Sarntal

Sonnige Schneewanderung von Reinswald aus

Das Bergdorf Reinswald im Sarntal ist mit seiner Umlaufbahn und seinen Skipisten im Winter ein beliebter Anziehungspunkt für den alpinen Skiläufer. Aber es gibt hier auch schöne gebahnte Wege für den Wanderer. So den vor allem im Sommer beliebten „Urlesteig" und den hier vorgeschlagenen Winterwanderweg von Reinswald hinauf zur Getrumalm, die auch im Winter Einkehrmöglichkeit bietet.

Der breite gebahnte Schneeweg verläuft bald nur leicht ansteigend, einmal auch mittelsteil und streckenweise sogar eben durch südexponierte Wiesenhänge und Waldzonen, wobei wir einmal auch mit der nötigen Vorsicht die Rodelbahn berühren. Auf Getrum (auch Gedrum oder Getrumm geschrieben) haben wir unser Ziel erreicht, während Skitourengeher und Schneeschuhwanderer wohl „Höheres" anpeilen.

Wie das Aufstiegsgelände, so liegt auch die Alm schön und sonnig. Heute wird sie im Sommer wie im Winter gern als Wanderziel besucht, aber sie liegt auch am wichtigen alten Übergangsweg, der zum Latzfonser Kreuz und von dort hinunter ins Eisacktal führt.

Die Getrumalm bei Reinswald im Sarntal gegen die Kassiansspitze

Unser Schneewanderweg von Reinswald zur Getrumalm

Doch nicht nur der Weg weist ins Eisacktal, sondern auch die ältere Geschichte der Alm. Denn einst gehörte sie zum Hof Moar zu Viersch bei Klausen, und die urkundliche Namensform „Albm Gadrun" könnte andeuten, dass sie ursprünglich im Besitz des Lajener Hofes Gadrun war. Im Jahr 1662 wurde sie jedenfalls von 18 Bauern aus Reinswald erworben, und damit hat sie sich für immer von der Eisacktaler Zugehörigkeit gelöst.

Dass der Mensch auch schon vor Jahrtausenden diese Höhen aufgesucht hat, haben mittelsteinzeitliche Feuersteinfunde bewiesen, und Sagen berichten von den Spukgestalten, denen die Getrumalm früher den ganzen Winter über allein gehörte. Heute machen nun wir Wanderer den Almgeistern den Platz streitig – zumindest bis es Zeit wird, den Abstieg anzutreten. Dabei kann man bald den „Urlesteig" einschlagen, der einige Zeit im Grund des tief eingeschnittenen Getrumtales verläuft. Wir aber geben doch den weiten Sonnenhängen den Vorzug und bleiben auf dem bereits bekannten Aufstiegsweg.

Wegverlauf: Anfahrt von Astfeld im Sarntal in Richtung Durnholz, rechts abzweigend hinauf zum Höhendorf Reinswald und kurz weiter zu den nahen Parkplätzen und Gastbetrieben an der Talstation der Umlaufbahn (ca. 1600 m). Von da nun zu Fuß stets dem gebahnten, nicht zu verfehlenden Schneewanderweg folgend auf der Sonnenseite des Getrumtales teils durch die bewaldeten Hänge, teils durch waldfreies Wiesengelände in mäßigem bis stärkerem Anstieg hinauf zur Almzone und auf dem gebahnten Wanderweg wieder durch Wiesen und Wald ostwärts hinein zur Getrumalm (2094 m; Gastschenke; Winterbetrieb meist bis Ende März; ab Reinswald 2 – 2 ½ Std.). – Abstieg: am sichersten über den beschriebenen Weg (ca. 1 ½ Std.).

Höhenunterschied: ca. 500 m
Gesamtgehzeit: 3 ½ – 4 Std.
Orientierung und Schwierigkeit: für geh- und schneegewohnte Wanderer problemlos
Wanderkarten: Kartenset Hufeisentour 153, 1:30.000

Tipp

Die Blaumeise

Am Berg macht die weiße Schneedecke den Wildtieren das Leben schwer. Doch jene Vertreter der Vogelwelt, die den Winter hier und nicht weit im Süden verbringen, bewältigen die kalte Jahreszeit offenbar leichter als manche Säugetiere, wie etwa das Reh. Wenn Wind und Sonne die Bäume vom Schnee befreit haben, herrscht am Weg zur Getrumalm beim kleinen Federvieh oft recht reges Treiben, und so zeigt sich auch eine Blaumeise, die bunteste in der Meisenfamilie und daher wohl auch die hübscheste, quicklebendig. Dennoch bleibt, wie für die anderen Wald- und Bergtiere, auch für unsere Blaumeise zu wünschen, dass der Winter nicht allzu lang dauert.

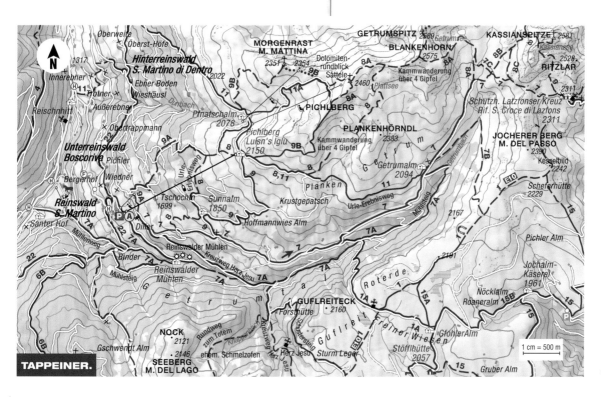

88

Auf breitem Schneeweg zur Liegalm

Beliebtes Winterwanderziel bei Deutschnofen

Die Liegalm bei Deutschnofen gegen die Rosengartengruppe

Unser Weg durch das verschneite Schwarzenbachtal

Unser Wanderziel, die Liegalm, befindet sich auf einem relativ flachen Waldrücken im Südosten von Deutschnofen, dem bekannten Regglberger Höhendorf mit seiner schönen gotischen Kirche – also bereits im Süden Südtirols, aber doch in einer Höhenlage von 1750 Metern. Sie bildet ein beliebtes Winterwanderziel, das auf Langlaufloipe und Wanderweg auch von Lavazè her erreichbar ist und sowohl im Winter wie im Sommer Einkehrmöglichkeit bietet. Begrenzt wird besagter Höhenrücken, der sich gegen das oberste Eggental vorschiebt, im Westen vom Schwarzenbach und im Osten vom Liegbach bzw. deren Taleinschnitten. Und durch das letztgenannte Tal führt zur Liegalm ein gebahnter und auch zum Rodeln geeigneter Winterwanderweg, der an der Straße nach Deutschnofen unweit des Hotels „Schwarzenbach" beginnt.

Großteils nur leicht und gleichmäßig ansteigend geht es neben dem Bach, der teilweise unter dicken Schneepolstern abfließt, durch das waldreiche Schwarzenbachtal zur Lichtung der ehemaligen Bajerlsäge, dann durch Wald und über Lichtungen hinauf, und nach einer Linkswendung treten wir schließlich aus dem Wald hinaus auf die ausgedehnte Bergwiese mit ihren Almhütten auf der weiten freien Anhöhe.

Drehen wir uns im letzten Wegstück um, blicken wir zum Schwarz- und Weißhorn, doch der ganz besondere Blickfang liegt auf der Ostseite, wo die Rosengarten- und die Latemargruppe in ihrer ganzen Breite und mit ihren unzähligen Gipfeln, Spitzen, Türmen und Zacken aufragen.

Den auch anderwärts vorkommenden Flurnamen „Lieg" (gesprochen Li-eg, nicht Lig) bringt die Sprachforschung mit „Lueg" in Zusammenhang, womit ein Ausguck oder auch die Liegestatt eines Tieres zu verstehen ist.

An manch schönem Sonntag sind es gar nicht wenige, die die Alm besuchen und das herrliche Panorama genießen, und nach der Rast leihen sich viele eine Rodel aus und fahren damit zu Tal. Andere gehen auch zu Fuß, und in jedem Fall ist es wieder das wald- und oft auch schneereiche Schwarzenbachtal, das zum Ausgangspunkt zurückbringt und zusammen mit der Alm in schöner Erinnerung bleibt.

Wegverlauf: Anfahrt durch das Eggental in Richtung Deutschnofen zum Hotel „Schwarzenbach" und kurz weiter zur scharfen Rechtskurve der Straße, wo der gebahnte, mit Nr. 9 markierte Forstweg abzweigt (1271 m, Parkmöglichkeit). Auf diesem nun leicht ansteigend dem Schwarzenbach entlang hinein zu einer größeren Lichtung, dann zwischen den Waldhängen und über Lichtungen durch das Tal weiterhin mäßig ansteigend hinauf zu einer Linkskehre und bald darauf zu den freien Wiesen der Liegalm und zu den Hütten (1751 m; knapp 2 Std.; Einkehrmöglichkeit). – Abstieg: über den beschriebenen Aufstiegsweg (1 ½ Std.).

Höhenunterschied: 480 m
Gesamtgehzeit: 3 – 3 ½ Std. (bei Rodelbenützung entsprechend weniger)
Orientierung und Schwierigkeit: leicht und problemlos
Wanderkarten: Tappeiner 120, Rosengarten–Latemar, 1:25.000

Knospen des Huflattichs

Tief verschneiter Wald rundherum, auf den kleinen Fichten dicke weiße Hüte. Doch was ist das? Am Rand eines Bächleins, das den Waldhang herunter läuft, sprießt zwischen Eis, Schnee, kaltem Wasser und morschen Zweigen etwas Hellgrünes. Und bei genauerem Hinschauen erkenne ich, dass es eine Knospe des Huflattichs ist, jener Pflanze, die zu den ersten und hübschesten Frühlingsblumen gehört. Jetzt lassen sich ihre goldenen Blütensterne zwar noch nicht erahnen, aber die kleine Knospe ist hier, mitten in der tief winterlichen Welt, ein beeindruckendes Symbol für die unbändige Kraft des Lebens.

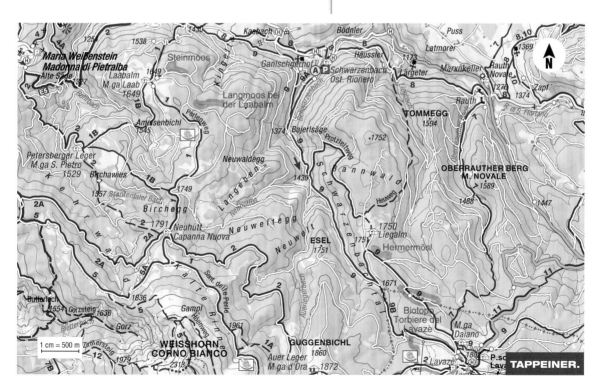

89

Über die Seiser Alm

Prachtwanderung zwischen Schlern und Langkofel

Die Seiser Alm, mit einer Ausdehnung von gut 50 Quadratkilometern Europas größte Hochalm, ist als Eldorado für Skifahrer und Langläufer bekannt. Aber breite, bestens gebahnte Schneewanderwege machen sie auch zu einem Paradies für den Winterwanderer. Das Landschaftsbild wird von Mulden, Tälchen und Hügeln geprägt, aber auch von Waldzonen, die immerhin rund ein Fünftel des Gesamtgebietes ausmachen.

Bei der hier vorgeschlagenen Schneewanderung durchqueren wir in rund 2000 Meter Höhe den westlichen Teil der Seiser Alm, wobei der Blick aber stets das gesamte Almgebiet umfasst. Von der Hotelsiedlung Compatsch (oder Kompatsch), die wir von Seis herauf mit der Umlaufbahn erreicht haben, wandern wir über die Almböden zur bekannten Mahlknechthütte, steigen – oder rodeln – von dort hinunter nach Saltria und kehren mit dem Bus nach Compatsch zurück.

Zunächst geht es auf dem gut gebahnten Schneeweg in leicht ansteigenden Kehren hinauf zum „Joch", wobei die berühmte Silhouette des Schlerns das Bild dominiert. Am Joch haben wir dann das riesige Gebiet der Seiser Alm vor uns. Wir überschauen den Weiterweg, blicken hinü-

Unser Wanderweg über die Seiser Alm gegen den Schlern

Blick von unserem Weg zur Langkofel-gruppe

ber zur Geisler-Puez-Gruppe und sind fortan vor allem gefesselt von der über 3000 Meter hohen Langkofelgruppe.

Der gut ausgeschilderte und breit gebahnte Wanderweg führt teilweise in mäßigem Auf und Ab durch die ausgedehnten Schneeflächen und wir erreichen in einem Tälchen die Almrosenhütte, eine rustikale Almschenke. Der Weiterweg führt uns nach kurzem Auf- und Abstieg in einem weiteren Tälchen zur erwähnten Mahlknecht-hütte, einem stattlichen Berggasthaus, dessen Schutzhüttentradition bis ins 19. Jahrhundert zurückreicht.

Hier endet die eigentliche Höhenwanderung und nun geht es nur noch bergab nach Saltria (oder Saltrie), der großen Mulde im Herzen der Alm. Man kann den Abstieg in sausender Rodelfahrt zurücklegen, landschaftlich schöner ist aber der Abstieg zu Fuß. Wir gelangen zu den malerischen Hütten der Tanezza-Alm und schließlich hinaus zu den Gastbetrieben in der großen Senke von Saltria. Hier endet unsere Fußwanderung und was folgt, ist wie eingangs erwähnt die Rückkehr nach Compatsch mit dem Linienbus.

Wegverlauf: Von Seis mit der Umlaufbahn hinauf zur Bergstation und kurz hinunter zur Hotelkolonie Compatsch (1844 m). Nun stets der Beschilderung „Mahlknechthütte" folgend auf gebahntem Winterwanderweg (Weg 7) in gut 30 Minuten hinauf zum Höhenrücken „Joch" (ca. 2000 m; etwas höher das Hotel „Panorama"), dann weiterhin den genannten Wegweisern folgend auf dem breiten Schneeweg über die Seiser Alm südwärts zur Almrosenhütte (2015 m; Gastschenke) und weiter zur Mahlknechthütte (2053 m; Almgasthaus; ab Compatsch knapp 2 Std.). – Nun auf dem gebahnten Weg hinunter zur Tanezza-Alm und vorbei am Almgasthof Tirler hinaus nach Saltria (1670 m, Gastbetriebe; ab Mahlknechthütte gut 1 Std.). – Von dort mit dem Bus hinauf nach Compatsch und mit der Umlaufbahn zurück nach Seis.

Höhenunterschied: ca. 400 m
Gesamtgehzeit: ca. 3 Std.
Orientierung und Schwierigkeit: für Gehgewohnte leicht und problemlos
Wanderkarten: Tappeiner 136, Gröden und Umgebung, 1:25.000

Tipp

Der Erlenzeisig

Beim Aufstieg zum „Joch" sehe ich im filigranen Gezweig eines aus Ebereschen und Grünerlen zusammengesetzten Gebüsches einen wirr durcheinander zwitschernden Trupp kleiner grünlicher Vögel. Langsam nähere ich mich den Sträuchern und kann erkennen, dass es sich bei den quirligen Federbällen um Erlenzeisige handelt. Das in Liedern besungene und früher oft auch in Käfige gesperrte „Zeisele" ist ein hübscher kleiner Vogel, der sich im Winter mit seinen Artgenossen zu größeren Schwärmen zusammenschließt, gern über offenes Gelände fliegt, sich deutlich hörbar auf Sträucher und Lärchen niederlässt und dadurch trotz seiner Kleinheit weithin auffällt.

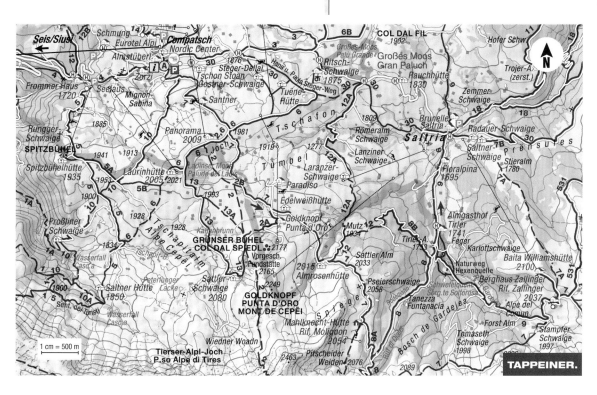

90

Zur Rossalm auf der Plose

Sonnige Schneewanderung hoch über dem Brixner Raum

Unser Weg zur Rossalm gegen Aferer und Villnösser Geislerspitzen

Die Rossalm an den Sonnenhängen der Plose; im Hintergrund der Peitlerkofel

Mit der Wanderung von Kreuztal zur Ross- oder Roßalm an den Südhängen der Plose wählen wir einen gemütlichen, bei jeder Schneelage gebahnten Winterwanderweg.

Ausgangspunkt der Wanderung ist der erwähnte Kammsattel im Südwestrücken der Plose, der die Bezeichnung Kreuztal trägt. Und das heißt, dass die Anfahrt zuerst von Brixen über Milland zum Höhendorf St. Andrä führt, von wo wir wahlweise entweder mit dem Auto oder aber – ratsamer – mit der Umlaufbahn bis Kreuztal und damit bis in eine Höhe von gut 2000 Meter Höhe gelangen, wo sich Gastbetriebe, Bergkapelle, Seilbahnstationen und Parkplätze befinden.

Unweit der Senke Kreuztal erhebt sich ein Hügel namens Rosskrippe. Wie es zum seltsamen Namen kam, erzählt die Sage: Als der Brixner Ritter Heinrich von Greifenburg einst im Heiligen Land in Gefangenschaft geriet, gelobte er für den Fall seiner glücklichen Heimkehr den Bau einer Kapelle. Da entkam er auf wundersame Weise und sein Pferd trug ihn in Windeseile nach Hause, wo er sein Gelübde einlöste und eine Kapelle erbaute. Auf besagtem Hügel aber fand man später das

Gerippe des treuen Pferdes, und deshalb heißt er noch heute „Rosskrippe"...

Auf Kreuztal herrscht reger Skibetrieb, aber wer nur auf Schusters Rappen unterwegs sein will, dem bietet sich der gebahnte Wanderweg zur Rossalm an, deren Gaststätte Einkehrmöglichkeit am Sonnenhang jener großen Mulde des Plosestocks bietet, die den alten Namen Plosach trägt. Der Schneewanderweg, der Teil des „Dolomiten-Panoramaweges" ist, verläuft insgesamt zwar mehr oder weniger waagrecht, aber er steigt längere Zeit doch auch ganz leicht an und zuletzt kurz leicht ab, weshalb er sich vor allem für Kinder auch als völlig ungefährlicher Rodelweg eignet.

Haben wir die Rossalm erreicht und den Prachtblick zu den Aferer und Villnösser Geislerspitzen genossen, kehren wir auf dem Herweg wieder in gemütlicher Schneewanderung zum Ausgangspunkt zurück – mit der Nachmittagssonne vor uns und mit einer geradezu unendlichen Fernsicht nach Süden und Westen.

Wegverlauf: Anfahrt von Brixen/Milland auf der Plose-straße hinauf nach St. Andrä und von da entweder mit der Umlaufbahn (Talstation etwas oberhalb St. Andrä) oder auf der kurvenreichen Bergstraße hinauf zum Kamm-sattel Kreuztal (2040 m, Gastbetriebe, Parkplätze). Von da nun zu Fuß den Schildern „Wanderweg" und „Ross-alm" folgend (Wegbeginn etliche Schritte unterhalb der Seilbahn-Bergstation) auf dem gebahnten Weg teils eben, teils ganz leicht an- oder absteigend quer durch die Schneehänge ohne jegliche Orientierungsprobleme ostwärts bis zu der schon von Weitem sichtbaren Hütte der Rossalm (ca. 2150 m, Gasthaus; ab Kreuztal knapp 1½ Std.). – Die Rückkehr zum Ausgangspunkt erfolgt auf dem beschriebenen Weg (Gehzeit etwas kürzer).

Höhenunterschied: ca. 100 m

Gesamtgehzeit: 2 – 2½ Std.

Orientierung und Schwierigkeit: leicht und problem-los

Wanderkarten: Tappeiner 125, Brixen und Umgebung, 1:25.000

Tipp

Die Schneeheide

Dort, wo unser Weg noch im Bereich der Wald-grenze verläuft und von letzten Bergfichten ge-säumt wird, macht sie ihrem Namen alle Ehre – die Schneeheide, die in Anlehnung an den botanisch-wissenschaftlichen Namen (*Erica carnea*) auch Erika oder, um sie bzgl. der Blütezeit von der im Spät-sommer blühenden Besenheide zu unterscheiden, auch Frühlingsheide genannt wird. Aber meist findet sich die wohl zutreffendste Bezeichnung Schneeheide, denn die Blütezeit beginnt wirklich schon, wenn, zumindest in höheren Lagen, noch Schnee liegt. Und so ist sie mit Winterjasmin, Schneerose, Huflattich und Pestwurz eine der we-nigen „Winterblüherinnen".

91

Wanderung zur Stöfflhütte

Auf gebahntem Schneeweg über die Villanderer Almen

Unser tief verschneites Wandergebiet auf den Villanderer und Latzfonser Almen; links im Hintergrund die Stöfflhütte, unser Wanderziel, rechts die Kassiansspitze

Blick von unserem Weg zur Geislergruppe

Sehr ausgedehnt und landschaftlich überaus schön erstrecken sich die Höhen der Barbianer, Villanderer und Latzfonser Almen auf der Westseite des unteren Eisacktals vom Rittner Horn im Süden bis zur Königsangerspitze im Norden.

Sind diese Almhöhen im Sommer ein lohnendes Wandergebiet, so sind sie das im Winter kaum weniger. Besonders beliebt ist in dieser Hinsicht das Gebiet der Villanderer Almen, zumal die mit dem Auto erreichbare Gasserhütte einen relativ hoch gelegenen Ausgangspunkt bildet und die dort beginnenden gebahnten Schneewege, die zu aussichtsreichen bewirtschafteten Almgaststätten führen, ein problemloses Winterwandern ermöglichen.

Unsere Wanderung, die uns bis zu der bereits auf Latzfonser Gebiet in 2057 Meter Höhe gelegenen Stöfflhütte führt, beginnt bei den von Klausen über Villanders herauf erreichbaren Parkplätzen bei der besagten Gasserhütte, einer nahe der Waldgrenze in 1750 Meter Höhe gelegenen Berggaststätte. Die Stöfflhütte ist meist vom 26. Dezember bis Anfang März durchgehend geöffnet, und Ähnliches gilt für manch andere Hütte hier heroben.

Somit haben wir nur einen Höhenunterschied von 300 Metern zu bewältigen, und da unser Weg gut gebahnt ist und überdies größtenteils nur leicht ansteigt, muss man für die Tour kein besonders tüchtiger Geher sein.

Zunächst kommen wir an den Almgaststätten Rinderplatz und Moar in Plun vorbei, wir wandern durch kleine Waldbestände oder ausgedehnte Latschenfelder, aber auch durch offenes und aussichtsreiches Gelände. So erreichen wir schließlich das genannte Schutzhaus, das einst zum Stöfflhof in Villanders gehörte und daher seinen Namen trägt. Das Haus befindet sich an einem leicht geneigten Südhang und zeichnet sich daher einerseits durch die sonnige und freie Lage und zum anderen durch den herrlichen Dolomitenblick aus.

Gehfreudige Schneeschuhwanderer können den Besuch der Stöfflhütte zu einer Rundtour ausdehnen, wir bleiben hingegen lieber auf dem sicheren Wanderweg und schlagen für die Rückkehr zur Gasserhütte wieder die begangene Zugangsroute ein.

Wegverlauf: Anfahrt von Klausen nach Villanders und über das Hotel Sambergerhof hinauf zu den Parkplätzen beim Almgasthaus Gasserhütte (1744 m). Von da zu Fuß kurz in Richtung Moar-in-Plun-Alm, dann rechts nahezu eben zur Gaststätte Am Rinderplatz (1799 m), nun auf breitem, beschildertem Weg durch Wald bis in die Nähe der genannten Moar-in-Plun-Hütte (ebenfalls Ausschank) und dann rechts teils leicht ansteigend, teils eben durch Wald, Latschenfelder und freies Almgelände zur weithin sichtbaren Stöfflhütte (2057 m; Winter- und Sommerbewirtschaftung); ab Ausgangspunkt 1 ½ – 2 Std. – Die Rückkehr zum Ausgangspunkt erfolgt über den beschriebenen Hinweg (ab Stöfflhütte knapp 1 ½ Std.).

Höhenunterschied: 313 m
Gesamtgehzeit: 3 – 3 ½ Std.
Orientierung und Schwierigkeit: leicht und problemlos
Wanderkarten: Tabacco, Blatt 040 (Sarntaler Alpen)

Tipp

Marterlen

Dass der Tod nicht nur im steilen Fels, sondern auch auf den freundlichen Almhöhen unerwartet zuschlägt, das beweist auch an unserem Weg so manches „Marterle", wie derartige Bildstöcke genannt werden. Den einen ereilte der Tod auf der Pirsch, den anderen beim Mähen, ein andermal erfahren wir über den Unfallhergang zwar nichts, wohl aber, dass der Verunglückte erst 20 Jahre alt war. So erinnern uns diese Marterlen wohl an die Verstorbenen, für die sie errichtet wurden, aber sie gemahnen auch die Lebenden sehr eindringlich, dass jeder Augenblick des Lebens ganz unverhofft der letzte sein kann.

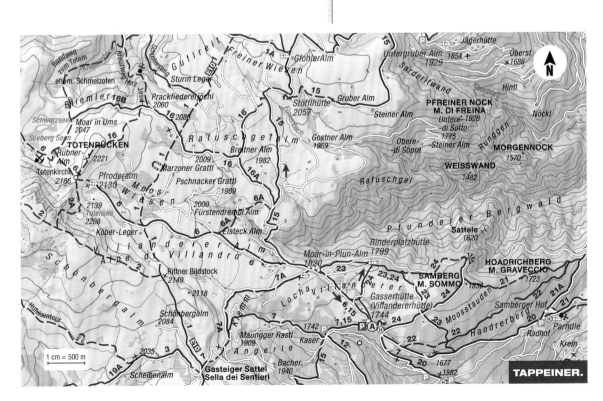

92

Von Bichl nach Flading

Schneewanderung im inneren Ratschingstal

Diese Winterwanderung führt uns im inneren Ratschingstal, einem Seitenast des Ridnauntales, durch eine glitzernde, teilweise flache Schneelandschaft. Dieser Bereich ist einer jener schönen Südtiroler Talschlüsse, die nur schwach besiedelt und weitgehend in ihrem ursprünglichen Zustand erhalten geblieben sind. Von der Talsohle steigen teils bewaldete, teils felsige Hänge an, zahlreiche Gipfel, von denen die Hohe Kreuzspitze und die Zermaidspitze besonders auffallen, bilden einen beeindruckenden Bergkranz.

Hier begegnet man nur noch wenigen Einzelhöfen, doch im Talschluss scharen sich in fast 1500 Meter Höhe mehrere Häuser und Höfe samt Kirchlein zum Weiler Flading im engeren Sinne zusammen. Urkundlich ist schon 1252 der Ganderhof nachweisbar, und ab 1288 scheinen auch weitere Höfe in „Marflaide", das im 16. Jahrhundert dann schon nur mehr „Fladig" heißt, in schriftlichen Quellen auf.

Flading besitzt eine hübsche Marienkapelle und mit dem Schölzhornhof auch ein Gasthaus, und gerade über den Häusern ragt die aus dem weißen Ratschinger Marmor aufgebaute Hohe Wand empor.

Für die Winterwanderung zum Weiler bietet sich eine gut gebahnte Wander- und Langlaufloipe an, die teilweise ausgedehnte Wiesen durchquert, teilweise auch durch Wald dem Bachverlauf folgt und am einen oder anderen Bauernhof vorbeiführt.

Wir beginnen diese Wanderung in Bichl, dem Ratschinger Hauptort. Zunächst geht es auf einer Häuserzufahrt am Sonnenhang hinein, dann betreten wir den gebahnten Schneeweg neben der Loipe, und dieser führt in gemütlicher Wanderung hinein nach Flading. Hier können wir wie gesagt einkehren, wir statten dem Kirchlein einen Besuch ab und schauen hinüber zu einer alten Bauruine, die das Geburtshaus des berüchtigten Hexenmeisters Pfeifer Huisele gewesen sein soll.

Und schließlich kehren wir auf dem gebahnten Schneeweg wieder zurück nach Bichl, wo reger Skibetrieb herrscht und wir Abschied nehmen vom stillen inneren Talbereich und dem oft tief verschneiten Weiler Flading.

Das innere Ratschingstal mit seinen Bergen

Winter im Ratschinger Weiler Flading

Wegverlauf: Vom Kirchdorf Bichl in Ratschings (1280 m; hierher von Sterzing über Stange gute Straße) zunächst auf dem am Sonnenhang zuerst leicht ansteigend und dann weitgehend eben talein führenden Höfesträßchen von Hof zu Hof, dann auf dem gebahnten Winterwanderweg neben der Langlaufloipe leicht absteigend durch Wiesenhänge zum Larchhof (1356, Gasthaus) und von dort wieder auf dem gebahnten Schneeweg in ebener Wanderung durch Wiesen talein zum Pulvererhof. Bald darauf Bachüberquerung auf breiter Brücke, am bewaldeten Hang dem Bachverlauf folgend zu den Wiesen von Flading und zu den Höfen (1482 m, Gasthaus; ab Bichl 1½ Std.). – Rückweg: wie Hinweg in ähnlicher Gehzeit.

Höhenunterschied: 202 m

Gesamtgehzeit: ca. 3 Std.

Orientierung und Schwierigkeit: leichte Winterwanderung

Wanderkarten: Tappeiner 124, Sterzing und Umgebung, 1:35.000

Tipp

Die Kapelle von Flading

Beim Kirchlein von Flading handelt es sich um ein wertvolles Kleinod der ländlichen Kulturlandschaft Südtirols, vergleichbar etwa mit dem Lazinser Kirchlein in Pfelders oder Heiliggeist im Ahrntal. Das 1745 errichtete Marienheiligtum ist zwar nur eine der Kapellen, die sich in Ratschings in der Nähe von Höfen befinden, aber als letzte, innerste Gebetsstätte des Tales und als Kirchlein des ganzen Weilers ist es doch mehr als nur eine Hofkapelle. Und dies umso mehr, als es sich auch um eine Wallfahrtsstätte handelt. Die zahlreichen Votivtafeln bezeugen, dass das ausdrucksstarke Gnadenbild in verschiedenen Anliegen angerufen wird.

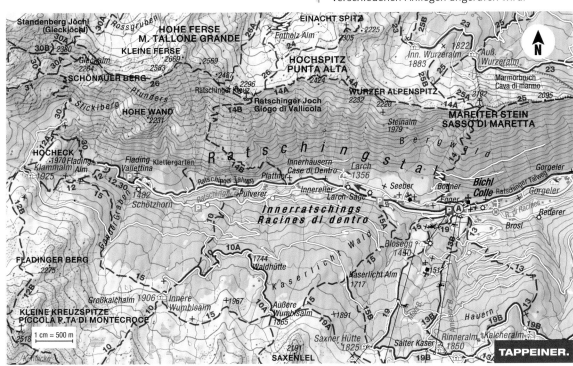

93

Zu den Höhen von Zirog

Schneewanderung zur Enzianhütte im Brennergebiet

*Die Enzianhütte
auf den Höhen
der Ziroger Almen
oberhalb Bren-
nerbad*

*Unser Weg zwi-
schen Zirog und der
Enzianhütte*

Bei der Schneewanderung nach Zirog geht es zwar nicht besonders steil und teilweise auch fast eben, aber insgesamt doch entschieden bergauf: Nämlich vom Bereich von Brennerbad im obersten Eisacktal hinauf zur Ziroger Alm und dann noch ein Stück weiter zur bewirtschafteten Enzianhütte.

Doch der Reihe nach. Zwischen Gossensaß und Brennerbad zweigt ein Stück oberhalb der beiden Kehren von Pontigl von der Staatsstraße ein eher unauffälliges Sträßchen ab, unterquert die Autobahn und führt zunächst kurz hinauf zu den Wiesen des Kreithofes, bis wo man auch fahren kann. Von da führt dann der Winterwanderweg in weit ausholenden Serpentinen durch die Nadelwälder zu dem von ausgedehnten Bergwiesen umgebenen Hüttendorf der Ziroger Alm und von da noch ein Stück weiter, nämlich hinauf zur Enzianhütte.

Diese steht bereits im Bereich der Baumgrenze auf einem zur Flatschspitze ansteigenden Bergrücken und bietet eine herrliche Aussicht, die in geringerer Entfernung vor allem die Stubaier Alpen umfasst, aber im Westen auch bis zu den Ötztaler Alpen und im Norden bis zu den Innsbrucker Bergen reicht. Im Nahbereich erhebt sich die helle Felspyramide der Kalkwandstange, und am Grat der Daxspitze ragen die markanten, von mancherlei Geschichten umrankten Felszacken der „Herren" und der „Kapuziner" auf.

Da Zirog und insbesondere der Bereich der Enzianhütte relativ ausgiebigen Sonnenschein genießen, bilden diese Höhen auch im Winter ein lohnendes Wanderziel. Die Enzianhütte bietet Einkehrmöglichkeit und der Zugang wird bei jeder Schneelage gebahnt. Und wer will, kann von der Enzianhütte natürlich auch die Skitour auf die genannte Flatschspitze unternehmen oder mit den Schneeschuhen beliebig weit bergwärts steigen. Doch uns genügt der immerhin mindestens zweistündige Aufstieg bis zur Hütte. Und abschließend noch ein Hinweis: Wer sich den Abstieg erheblich verkürzen und erleichtern will, kann ihn mit der selbst mitgebrachten Rodel zurücklegen.

Wegverlauf: Rund 1,5 km südlich von Brennerbad (1310 m) zweigt von der Brennerstraße ein Fahrweg ab (Wegweiser „Enzianhütte"), dem wir fortan bis zur Enzianhütte folgen. Nach Unterquerung der Autobahn (bei der ersten Weggabel bleiben wir links) durch Wald in ca. 15 Minuten hinauf zu den Wiesen des nahen Kreithofes (1391 m; bis hierher auch mit dem Auto möglich), dann weiterhin nur leicht ansteigend in weit ausholenden Kehren durch die Waldhänge hinauf zu den Hütten der Ziroger Alm (1762 m) und auf dem gebahnten Weg durch die teils freien, teils schütter bewaldeten Hänge weiter zur Enzianhütte (1894 m; bewirtschaftete Schutzhütte; ab Ausgangspunkt 2 – 2 ½ Std.). – Abstieg: über den beschriebenen Aufstiegsweg (ca. 1 ½ Std.).

Höhenunterschied: 584 m

Gesamtgehzeit: 3 ½ – 4 Std. (bei Talfahrt mit der Rodel entsprechend kürzer)

Orientierung und Schwierigkeit: für gehgewohnte Winterwanderer leicht und problemlos

Wanderkarten: Tappeiner 124, Sterzing und Umgebung, 1:35.000

Tipp

Zauberbäume

Die Gemeine Fichte (*Picea abies*), ein immergrüner Nadelbaum, erfährt meist nicht jene Wertschätzung wie die verwandte „edle" Weißtanne (*Picea alba*). Ihre Nadeln sind nicht so weich und glatt, ihre Zweige duften nicht so angenehm, ihr Wuchs ist nicht so regelmäßig, die Rinde nicht so glatt. Aber in vielen Bergwäldern ist sie der verbreitetste Baum und in mancherlei Hinsicht auch ein bedeutender. Und wenn die Äste und Zweige die weiße Pracht des Winters tragen – wie an unserem Aufstieg zur Enzianhütte –, dann verwandeln sich die Fichten in herrliche weiße Zaubergebilde und in die schönsten Bäume, die man sich vorstellen kann.

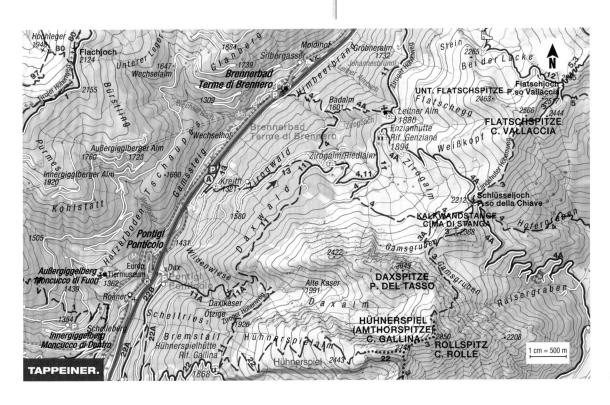

94

Von Vals zur Fane-Alm

Gemütliche Winterwanderung in den Pfunderer Bergen

Diese Wanderung führt uns in das Valser oder Valler Tal, das bei Mühlbach vom unteren Pustertal abzweigt und zunächst ziemlich schmal, später aber breit und freundlich nordwärts streicht. Das Dorf Vals mit seiner spitztürmigen Kirche ist die einzige größere Siedlung im Tal, sie erfreut sich einer sonnigen Lage inmitten ausgedehnter Wiesenhänge.

Hinter dem Dorf ziehen sich ebene Böden mit ihren Langlaufloipen hin, und vom Talschluss führt die schmale Straße hinauf zur Fane-Alm und bildet im Winter mit ihrem Schneebelag einen breiten Wanderweg, der sich streckenweise auch zum Rodeln eignet.

Die große Berg-mulde mit dem Almdorf Fane

Auf diesem gebahnten Schneeweg wandern wir also zunächst hinein zur Kurzkofelhütte, die auch im Winter Einkehrmöglichkeit bietet, und dann geht es noch ein Stück weiter talein, bevor der Weg stärker anzusteigen beginnt und den steilen Hang, der das Tal gleichsam quer abriegelt, in mehreren Kehren erklimmt.

Wanderer auf der Fane-Alm

Hohe Nadelbäume säumen zuerst unseren Weg, später auch steile Felsen, an denen herabrieselndes Wasser glitzernde Eiszapfen gebildet hat. Und beim sogenannten Ochsensprung blicken wir hinab in eine tiefe Schlucht, die der Bach in Jahrmillionen ins Gestein genagt hat.

Dann noch eine scharfe Rechtsbiegung, und das Almgebiet der Fane liegt weit und offen vor uns, ein ausgedehntes Gebirgsbecken mit sanft ansteigenden Schneehängen, die von steilen, bis zu den Dreitausendern Wilde Kreuzspitze und Wurmaulspitze ansteigenden Bergflanken umschlossen werden. Und mittendrin in der sonnigen Bergmulde liegt unser Ziel, das bekannte Almdorf mit seinen drei Dutzend Hütten, seiner Kapelle und den beiden auch im Winter geöffneten Einkehrstätten.

Falls wir draußen im Dorf losmarschiert sind, haben wir für den Aufstieg knapp zwei Stunden benötigt. Und wenn man den Rückweg nicht teilweise mit der Rodel abkürzt, kann man für die gesamte Wanderung etwa dreieinhalb Stunden veranschlagen. Aber man kann die Gehzeit auch fühlbar verkürzen, indem man nicht das Dorf, sondern den innersten Parkplatz als Ausgangs- und Endpunkt wählt.

Wegverlauf: Vom Dorf Vals (1354 m, gute Talstraße von Mühlbach herein) auf gutem Schneewanderweg neben der Talstraße eben hinein zu einem großen Parkplatz 2,5 km innerhalb des Dorfes (1396 m, hierher auch mit dem Auto möglich), auf dem breiten gebahnten Schneeweg der Markierung 17 folgend zur Kurzkofelhütte (Almschenke, 1422 m), nun etwas stärker ansteigend weiter talein, dann am Steilhang in mehreren Kehren empor zu einer Ebene und zuletzt mit kurzem Abstieg und Gegenanstieg zum Almdorf Fane (1739 m; zwei Almschenken; ab Vals knapp 2 Std.). – Der Abstieg erfolgt über den beschriebenen Aufstiegsweg (1 ½ Std.; ab Parkplatz bzw. Talfahrt mit der Rodel entsprechend weniger).

Höhenunterschied: 385 m
Gesamtgehzeit: 3 – 3 ½ Std.
Orientierung und Schwierigkeit: für gehgewohnte Wanderer leicht und problemlos
Wanderkarten: Tappeiner 154, Brixen und Umgebung, 1:35.000

Tipp

Die Kapelle in der Fane

So wie auf manch anderer größeren Alm finden wir auch auf der Fane ein eigenes Kirchlein vor. Mit seiner rechteckigen Tür, den rundbogigen Fenstern und dem hölzernen Türmchen handelt es sich um ein zwar einfaches, aber dennoch ansprechendes kleines Gotteshaus, das seine Wunderkraft einmal sogar sehr auffällig unter Beweis gestellt haben soll. Es wird erzählt, dass dereinst ein verstorbener Hirte, der zu Lebzeiten die Rinder mutwillig in den Tod gehetzt hatte, als klagender Geist umgehen musste. Erst als im Jahre 1898 das Marienkirchlein erbaut wurde, fand die arme Seele ihre Ruhe und damit sind auch die unheimlichen Klagerufe verstummt ...

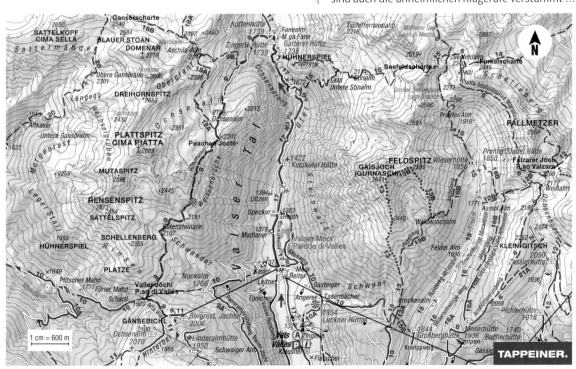

95

Über die Lüsner und Rodenecker Almen

Gemütliche Schneewanderung hoch über den Tälern

Die Weiten des Lüsner Almkammes mit seinen Wegen, Zäunen und Hütten

Der Blick schweift von unserem Weg über Eisack- und Etschtal hinweg bis zur Ortlergruppe

Zwischen dem Brixner Raum, dem unteren Pustertal und dem Lüsental erhebt sich jener sanfte Höhenzug, der die ausgedehnten Lüsner und Rodenecker Almen trägt und als Lüsner Kamm bekannt ist. Das Gebiet ist eine zauberhafte, verträumte Schneelandschaft mit Baumgruppen, Alm- und Heuhütten, Holzzäunen und Wegkreuzen. Im Winter führt über diese Höhen ein breiter gebahnter Schneewanderweg, und gleich mehrere Almhütten laden zur Einkehr ein.

Ausgangspunkt für unsere Wanderung, die uns über die Roneralm und die Pianer Kapelle bis ins Gebiet der Rastner- und der Starkenfeldhütte führt, ist der Zumis-Parkplatz, der sowohl von Mühlbach wie von Lüsen herauf auf geräumten Straßen erreicht werden kann. Von dort wandern wir fast mühelos auf großteils eben verlaufenden Schneewegen durch Waldzonen, vor allem aber über freie Almhöhen, die im gleißenden Winterkleid ganz besonders schön sind.

Nach rund einstündiger Wanderung erreichen wir die erwähnte Ronerhütte, wo Einkehrmöglichkeit besteht. Wer will, kann sich hier bereits mit dem Erreichten zufrieden geben, wir aber steigen kurz durch Wald bis zu dem vor etlichen Jahren errich-

teten Kirchlein in der Flur Pians an, und von dort setzen wir die Wanderung über die freie ebene Almlandschaft fort.

Auf dieser Strecke zeigen sich wieder stimmungsvolle Landschaftsbilder, wobei die vielen Alm- und Heuhütten sowie die kreuz und quer laufenden Holzzäune einen besonders reizvollen Gegensatz zu den gleißenden Schneeflächen ergeben.

Durch die zentrale und freie Lage genießen wir eine großartige Rundsicht, die von der gipfelreichen Linie der Sarntaler Alpen über Ötztaler, Stubaier und Zillertaler Alpen, über Pfunderer Berge und Dolomiten bis hin zur Ortlergruppe reicht.

Schließlich kommt unser Ziel in Sicht, das Gebiet mit der Rastnerhütte und der Starkenfeldhütte. Nach rund zweistündigem Gang über die verschneiten Höhen halten wir hier natürlich gern Rast und Einkehr, bevor wir, im Glanz der sich allmählich dem Horizont nähernden Sonne, wieder zurück zur Ronerhütte und zum Ausgangspunkt wandern.

Wegverlauf: Anfahrt entweder von Brixen über Lüsen oder von Mühlbach über Nauders zum Zumis-Parkplatz am Beginn des Lüsner Almkammes (1725 m). Von da auf dem gebahnten breiten Weg ohne nennenswerte Höhenunterschiede durch Wald und über freie Böden nordostwärts zur Ronerhütte (1832 m; bewirtschaftete Almschenke; ab Zumis-Parkplatz knapp 1 Std.). Nun von der nahen Wegteilung auf dem weiterhin gebahnten Waldweg mäßig ansteigend zur Pianer Kapelle und schließlich über die ausgedehnten Almböden weitgehend eben bis zur Weggabel, von der aus links mit wenigen Schritten die Rastnerhütte und geradeaus die nahe Starkenfeldhütte erreicht wird (1900 m, beide bewirtschaftet; ab Roneralm 1 Std.). – Rückweg: auf dem Zugangsweg; Gehzeit etwas kürzer.

Höhenunterschied: 175 m

Gesamtgehzeit: 3 ¹/₂ Std.

Orientierung und Schwierigkeit: leicht und problemlos

Wanderkarten: Tappeiner 125, Brixen und Umgebung, 1:25.000

Tipp

Der Peitlerkofel

Entlang unserer Wanderung zieht, neben dem übrigen umfassenden Panorama, immer wieder ein einzelner Berg, der frei und weithin sichtbar in den Himmel ragt, unsere Blicke auf sich. Es ist der Peitlerkofel, einer der markantesten und schönsten Gipfel Südtirols. Er ist 2875 m hoch und bildet den nordwestlichen Eckpfeiler der Dolomiten. Was er uns zeigt, ist seine über 500 m hohe, nur von sehr tüchtigen Kletterern ersteigbare Nordwand. Doch der Peitlerkofel ist auch ein begehrtes Tourenziel für Normalbergsteiger. Denn auf der von uns nicht einsehbaren Südseite führt eine weit weniger schwierige Route zum Gipfel.

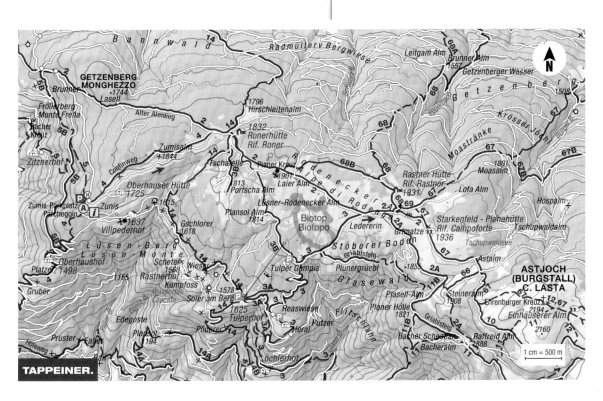

96

Zur Senesalm im Gadertal

Von Pederü über Fodara Vedla zum Ziel

Senes, unser Wanderziel, mit seinen Hütten und dem bewirtschafteten Almgasthof

An unserem Weg liegt die Alm Fodara Vedla

Die Almgebiete von Fodara Vedla und Senes (oder Sennes), die wir bei unserer diesmaligen Winterwanderung besuchen, liegen auf den ostseitigen Höhen des von hohen Felsflanken gesäumten Rautales, das von St. Vigil in Enneberg südwärts streicht. Durch dieses sagenumwobene Felsental führt die Autostraße bis zum Gasthof Pederü im Talschluss.

Hier beginnen zwei im Sommer wie im Winter beliebte Wege: links, ostseitig, führt der eine zu den Höhen von Fodara und Senes, rechts ins Almgebiet von Fanes. Wir schlagen die erstgenannte Route ein. An einem Steilhang windet sich der breite Weg in vielen kurzen Kehren relativ steil empor zu einem Waldgebiet, und wenig später öffnet sich vor uns das Becken mit der Alm Fodara Vedla, einem kleinen Hüttendorf mit einer hübschen, 1947 vom Besitzer des im Winter geschlossenen Almgasthauses erbauten Antoniuskapelle.

Wir erfreuen uns hier am Anblick der malerischen Gegend, über der sich, neben anderen Bergen, mit dem Col Pera Maura ein bereits im fernen Jahr 1002 schriftlich erwähnter Grenzberg erhebt, doch dann wandern wir auf dem gebahnten Weg zügig weiter. Wir verlassen die letzten Bäume und erreichen schließlich, flache Böden durchquerend, unser Ziel, das malerische kleine Almdorf Senes mit dem auch im Winter geöffneten Almgasthaus.

Das Ganze liegt in einer großen windgeschützten Geländemulde, die von teilweise latschenbewachsenen rundlichen Kuppen umfasst wird, nach Süden aber den Blick zu den Dreitausendern der Pragser und Ampezzaner Dolomiten offenlässt. Links beherrscht der mächtige Bergstock der Hohen Gaisl das Bild, während sich rechts im Hintergrund der Cristallo und die Sorapis erheben, und westwärts schließen sich die Gipfel der Fanesgruppe an.

So lernen wir bei dieser Tour – der Abstieg von Senes nach Pederü erfolgt wieder über den Aufstiegsweg – eine winterliche Dolomitenwelt kennen, die von senkrechten Felswänden und mächtigen Hochgipfeln, aber auch von den weichen Linien ausgedehnter Almböden und Hochflächen geprägt wird und damit viel Abwechslung bietet.

Wegverlauf: Anfahrt durch das Gadertal nach St. Vigil und weiter zum Gasthaus Pederü im Rautal (1545 m). Von da auf dem breiten gebahnten Schneeweg (Mark. 9/7, später 7) in steilen Kehren ostwärts am felsbegrenzten Steilhang empor und dann eben und kurz absteigend zur Alm Fodara Vedla (1966 m; das Almgasthaus im Winter geschlossen). Nun auf dem weiterhin gebahnten Weg (Mark. 7) teilweise durch lichten Wald hinauf und schließlich durch flache Schneeböden zum Hüttendorf der Senesalm (2116 m; ab Pederü knapp 2 ½ Std.; der Berggasthof ist im Winter meist bis um Ostern geöffnet). – Der Abstieg erfolgt über die beschriebene Aufstiegsroute (ca. 1 ½ Std.).

Höhenunterschied: 571 m
Gesamtgehzeit: 3 ½ – 4 Std.
Orientierung und Schwierigkeit: für erfahrene Winterwanderer bei guten Schneeverhältnissen problemlos, Auf- und Abstieg allerdings teilweise steil
Wanderkarten: Tappeiner 158, St. Vigil und St. Martin in Enneberg, 1:30.000

Tipp

Der Tannenhäher

Den deutschen Artnamen hat er davon, dass er dort vorkommt, wo es Tannen gibt. Doch er ist nicht wählerisch. Denn der stattliche Vogel mit dem dunklen, weiß gesprenkelten Gefieder und dem langen spitzen Schnabel, mit dem er aus den Zapfen der Nadelbäume die schmackhaften Samen und Nüsschen holt, bewohnt genauso Fichtenwälder und Zirbenbestände. Und weil er weder besonders selten noch übermäßig scheu ist, bekommt man ihn entlang unseres Weges, der von Lärchen, Fichten und Zirben gesäumt wird, mit etwas Glück aus nicht allzu großer Entfernung zu Gesicht und lernt so einen der ansehnlichsten und unverwechselbarsten Vögel der Alpen kennen.

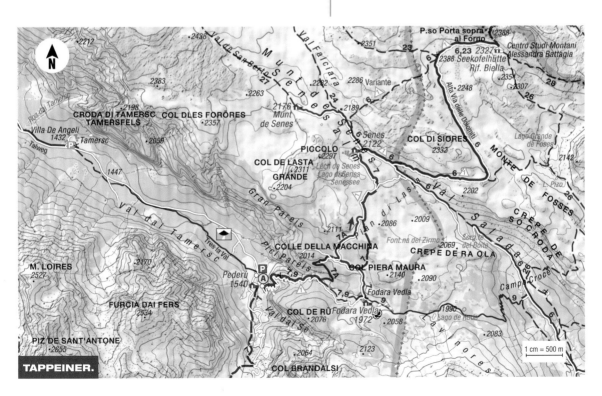

97

Von Rein zur Knuttenalm

Schneewanderung durch ein unberührtes Hochtal

Unser Wanderziel, das Hüttendorf der Knuttenalm; links darüber die gut 3000 Meter hohe Gabelspitze

Die dem hl. Wolfgang geweihte Kirche des Höhendorfes Rein, in dessen Nähe unsere Wanderung erfolgt

Bei Sand in Taufers zweigt ostseitig das Reintal ab, und dieses wiederum verzweigt sich bei der Ortschaft Rein, die über eine gut ausgebaute Straße erreicht wird, in zwei letzte Taläste. Rechts ist unter dem mächtigen Hochgall das Bachertal eingeschnitten, während weiter links unser Knuttental nordostwärts hinaufzieht zur Knuttenalm, die auch im Winter Einkehrmöglichkeit bietet.

Die landschaftlich überaus schöne Wanderung zur Alm beginnt bei einem großen Touristenparkplatz etwa anderthalb Kilometer innerhalb der Kirche von Rein. Normalerweise ist die Wanderroute gut gebahnt, es kann aber vorkommen, dass sie wegen Lawinengefahr vorübergehend gesperrt werden muss, weshalb man sich vor Antritt der Wanderung entsprechende Erkundigung einholen sollte.

Der Weg steigt, begleitet vom rauschenden Knuttentalbach, anfangs zwischen Lärchenbeständen und Latschenfeldern leicht an, dann aber geht es durch freie, tief verschneite und von neuzeitlichen Eingriffen verschont gebliebene Hänge und teilweise über ebene Böden weiter talein. Und zuletzt etwas stärker ansteigend erreichen wir schließlich das schon von weitem sichtbare Ziel.

Bei der Alm, wo die Sonne im Winter zwar spät aufgeht, aber dafür ziemlich lange in den Nachmittag hinein ihre warmen Strahlen zu uns herunterschickt, handelt es sich um ein malerisches kleines Almdorf mit einer Reihe von Hütten und einer gut in die Almlandschaft passenden Almschenke. In der Nähe stehen noch etliche letzte Zirbelkiefern, und darüber ragt die gut 3000 Meter hohe Gabelspitze, die schon ab dem Eingang ins Knuttental das Landschaftsbild beherrscht, in den tiefblauen Winterhimmel.

Was den Namen des Tales und der Alm betrifft, so geht er auf mundartlich „Knutten" (je nach Gebiet auch „Knotten" oder „Knoten") zurück, worunter die hier überall reichlich vorhandenen Felsen zu verstehen sind.

Wegverlauf: Anfahrt von Bruneck bis fast nach Sand in Taufers, rechts abzweigend durch das Reintal hinauf nach Rein und von der Kirche 1,5 km weiter zu einem großen gebührenfreien Parkplatz im äußersten Knuttental (1690 m). Von da auf dem breiten Talweg anfangs durch lichten Wald leicht ansteigend, dann durch freies Gelände ein gutes Stück völlig eben und zuletzt wieder leicht ansteigend hinein zur Knuttenalm mit dem kleinen Hüttendorf und der Almgaststätte (1869 m; ab Ausgangspunkt gut 1 Std.). – Die Rückkehr zum Ausgangspunkt, die zumindest teilweise auch mit der Rodel zurückgelegt werden kann, erfolgt über den beschriebenen Hinweg in knapp 1 Std.

Höhenunterschied: 179 m

Gesamtgehzeit: knapp 2 Std.

Orientierung und Schwierigkeit: im Normalfall leicht und problemlos

Wanderkarten: Tabacco, Blatt 035 (Ahrntal – Rieserfernergruppe)

Tipp

Die Wasseramsel

Wenn man Glück hat und entlang des Weges die Augen offenhält, kann man die am Knuttenbach hausenden Wasseramseln erspähen. Mir war jedenfalls das besagte Glück hold und so sah ich längere Zeit einem der hübschen Vögel, die sich hauptsächlich durch den weißen Brustfleck von den Kohlamseln unterscheiden, bei der Nahrungsbeschaffung zu. Obwohl die Sonne bereits das Tal verlassen hatte und die Temperaturen rasch sanken, tauchte die Amsel, den Begriff „Kälte" offenbar nicht kennend, unverdrossen nach Essbarem, das der eiskalte, von Eisgebilden gesäumte Bergbach selbst jetzt mitten im Winter für sie bereithielt.

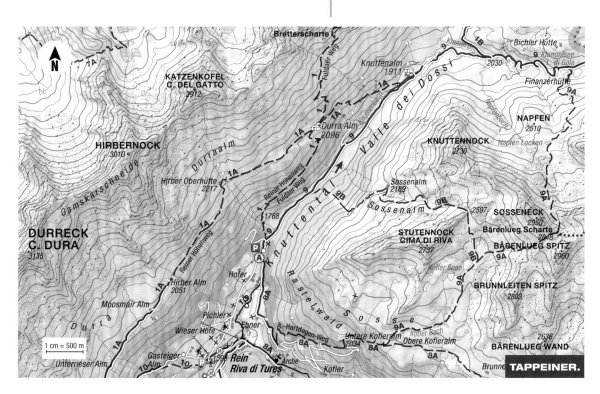

98

Zur Taistner Vorderalm

Winterwanderung auf der Pustertaler Sonnenseite

Die Taistner Vorderalm, unser Wanderziel im oberen Pustertal

Blick von unserem Weg zu den Sextner Dolomiten

Viele Almen halten unter der Schneedecke zwar ihren Winterschlaf, manche sind aber als Gastschenken auch im Winter bewirtschaftet und bieten sich dank der Einkehrmöglichkeit als lohnende und beliebte Wanderziele an. Zu diesen gehört auch die Taistner Vorderalm, die im Normalfall vom Wochenende vor Weihnachten bis in den März hinein ihre Tore geöffnet hat.

Der Weg zu dieser Alm, die auch oft einfach nur Taistner Alm genannt wird, weil die Taistner Hinteralm ziemlich weit entfernt liegt und bereits dem Antholzer Tal zugewandt ist, ist auf gebahntem Wander- und Rodelweg gut zu erreichen und eignet sich für Familien mit Kindern wie für nicht allzu gehtüchtige Wanderer. Die Gehzeit hält sich mit anderthalb Stunden nämlich in angenehmen Grenzen.

Ausgangspunkt ist ein Touristenparkplatz etwas oberhalb des bekannten, inmitten aussichtsreicher Wiesenhänge liegenden Mudlerhofes. Unser Weg führt größtenteils durch den Wald, dessen immergrüne Fichten auch im Winter ein Bild voller Schönheit bieten, doch ab und zu durchqueren wir auch Lichtungen, und dort genießen wir die Schau zu den Östlichen Dolomiten und durch das Pragser Tal hinein bis zum Monte Cristallo.

Hinzu kommt, dass wir beim Aufstieg auch das markante Rudlhorn vor uns haben. Haben wir dann die Alm erreicht, sind wir wohl über die ausgedehnten Bergwiesen überrascht, die sich hinter den Hütten ausbreiten, und so mancher Schneeschuhwanderer oder Skitourengeher zieht vielleicht seine Spur durch die Schneehänge hinauf zum Durakopf, dessen Gipfelkreuz zu uns herunter grüßt.

Wir aber begnügen uns einfach mit dem Erreichen der Alm, gehört der Gang hier herauf und vielleicht auch eine lustige Rodelabfahrt doch zu den besonders lohnenden Wandermöglichkeiten des Pustertals.

Wegverlauf: Anfahrt von Welsberg nach Taisten und weiter hinauf zum Mudlerhof (Jausenstation, 1584 m) bzw. zum nahen Parkplatz. Von dort auf dem breiten, bei jeder Schneelage gebahnten Fahrweg in durchwegs nur leicht ansteigender Wanderung großteils durch Wald, aber zwischendurch auch über Lichtungen mit schönen Ausblicken hinauf zur Taistner Vorderalm (1992 m; Jausenstation; ab Mudlerhof knapp 1 ½ Std.). – Die Rückkehr zum Mudlerhof erfolgt über den beschriebenen Aufstiegsweg (1 Std.), der auch ein beliebter Rodelweg ist.

Höhenunterschied: 408 m
Gesamtgehzeiten: 2 – 2 ½ Std.
Orientierung und Schwierigkeit: in jeder Hinsicht leicht und problemlos
Wanderkarten: Tappeiner 111, Rasen–Antholz, 1:35.000

Tipp

Das Rudlhorn

Beim Aufstieg zieht plötzlich ein besonders formschöner Berg den Blick auf sich, in gleißendem Weiß ragt die Pyramide über dem dunkelgrünen Fichtenwald in den blauen Winterhimmel, und die Form erinnert uns fast ein wenig an das berühmte Matterhorn. Es ist dies das 2448 Meter hohe Rudlhorn. Nur wenige Gipfel treten auf der Nordseite des Pusterer Haupttales so markant hervor und so nahe an das Tal heran wie unser Berg mit seinen scharf geschnittenen Graten und der äußerst steilen Südflanke. Der Name hat übrigens mit einem Rudolf (Kurzform Rudl) nichts zu tun, sondern stammt von den Bachgräben am Südosthang, die von den Einheimischen als „Rudl" bezeichnet werden.

99

Zur Aschtalm in Gsies

Gemütliche Wanderung im Hochpustertal

Wir begeben uns diesmal ins Hochpustertal, oder genauer, ins Gsieser Tal, das bekanntlich bei Welsberg nordseitig abzweigt und eine Reihe von Almen besitzt, die auch im Winter bewirtschaftet sind und auf gebahnten Schneewegen problemlos erwandert werden können.

Eine davon ist die Aschtalm, die im innersten Talbereich nordwestlich hoch über St. Magdalena, dem innersten Gsieser Kirchdorf, in rund 1950 Meter Höhe liegt. Die Almschenke ist eine von mehreren über die Schneehänge verstreuten Blockhütten. Sie bietet wie erwähnt auch im Winter Einkehrmöglichkeit und ist daher einerseits ein lohnendes Winterwanderziel und andererseits für Skitourengeher und Schneeschuhwanderer ein geschätzter Stützpunkt.

Bei unserer Aschtalm – der anderwärts auch als Ast, Aste oder Asten begegnende Name stammt vom althochdeutschen „ouwist" (Schafhürde) und wird meist für „Niederalm" gebraucht – handelt es sich um große Bergwiesen mit zahlreichen wettergebräunten Heuhütten auf der Westseite des inneren Gsieser Tales. Die windgeschützte, ost- und südexponierte Almmulde bietet den Blick sowohl auf den gegenüberliegenden Gsieser

Die Aschtalm mit Blick zu den ostseitigen Gsieser Bergen

Unser gebahnter Schneewanderweg zur Aschtalm in Gsies

Ostkamm, der eine Reihe prächtiger und markanter Gipfel trägt, als auch nach Süden über das Gsieser Tal hinweg bis zu den Felsgipfeln der Pragser und Gadertaler Dolomiten.

Der Weg zur Alm ist ein breiter, in weit ausholenden Kehren nur mäßig ansteigender Forstweg, der prächtige Fichtenwälder durchquert, aber zwischendurch auch Ausblicke über das Tal freigibt. Er wird bei jeder Schneelage gebahnt und eignet sich daher bestens zum Wandern, wobei sich die Gehzeit für den Aufstieg mit rund einer Stunde in angenehmen Grenzen hält.

Wer sich auf der Alm eine Rodel ausleiht, kann den Abstieg bei passender Schneelage durch eine fröhliche Schlittenfahrt ersetzen, und bei Schneeschuhwanderern ist auch der Weg durch das Pfinntal beliebt.

Wegverlauf: Anfahrt nach St. Magdalena in Gsies und kurz vor der Kirche (verschiedene Wegweiser) links abzweigend auf schmaler Höfestraße hinauf bis zu einem Touristenparkplatz zwischen den Weilern Huben und Ampfertal (ca. 1560 m). Von da nun zu Fuß stets den Wegweisern „Aschtalm" folgend zuerst kurz auf der Straße zu den letzten Höfen und dann auf dem gebahnten Forstweg, vorbei am Jagglhöfl, mit Markierung 10 durch die Waldhänge großteils nur leicht ansteigend in Kehren hinauf zu den Bergwiesen und zur Almschenke (1950 m; ab Ausgangspunkt 1 – 1 ½ Std.). – Abstieg: auf dem beschriebenen Anstiegsweg (knapp 1 Std.); auch mit der Rodel möglich oder mit Schneeschuhen durch das Pfinntal (Auskunft erteilen die Wirtsleute).

Höhenunterschied: ca. 390 m
Gesamtgehzeit: 2 – 2 ½ Std. (bei Rodelbenützung entsprechend weniger)
Orientierung und Schwierigkeit: leicht und problemlos
Wanderkarten: Tappeiner 111, Rasen–Antholz, 1:35.000

Tipp

Die Ampfertalkapelle

Die an unserem Weg liegende Höfegruppe Ampfertal ist die höchstgelegene Siedlung des Gsieser Tales, und wie andere Hofgruppen besitzt auch sie ihre eigene Gebetsstätte. Das barocke, schön ausgemalte Kirchlein, das der „Mutter der immerwährenden Hilfe" geweiht ist, enthält ein kostbares Altarbild von Josef Renzler. Wie ich auf dem Ampfertalhof erfuhr, soll das kleine Gotteshaus einst erbaut worden sein, nachdem das Wasser des Hofbrunnens der Ampfertalbäuerin auf wundersame Weise ein Marienbild zugetragen hatte. So bereichert das kleine Kulturdenkmal das Gesamtbild des Weilers, und es besitzt sogar seine eigene Entstehungslegende.

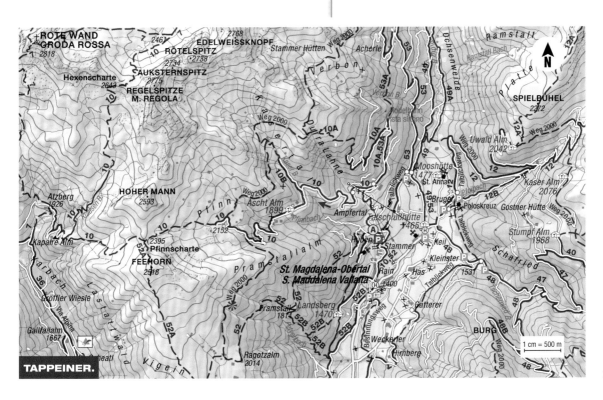

Zur Dreischusterhütte

Kurze Schneewanderung ins Sextner Innerfeldtal

Das Zielgebiet unserer Wanderung im Sextner Innerfeldtal; links die Dreischusterhütte, rechts die Innerfeldkapelle

Unser Wanderweg ins Innerfeldtal mit Blick zum fast 2500 Meter hohen Morgenkopf

Wer diese Wanderung unternimmt, muss zwar – sofern er nicht im Pustertal daheim ist – eine etwas längere Anfahrt auf sich nehmen, dafür aber erfolgt die Wanderung in den Sextner Dolomiten und damit in einem der großartigsten Berggebiete Südtirols. Und überdies besucht man mit dem Innerfeldtal eines der ursprünglichsten Dolomitentäler.

Unseren Weg, der im Talboden leicht ansteigt, säumt bald dichter, bald nur schütterer Bergwald, doch darüber steigen hohe Felsflanken empor zu den prächtigen Felsgestalten Dreischusterspitze, Haunold und Birkenkofel. Und dann, nachdem wir auf dem gebahnten Schneeweg oder auf dem abseits davon verlaufenden und oft ausgetretenen Fußweg das Ende des Waldes erreicht haben, liegt eine große ebene Fläche vor uns, das „innere Feld", nach dem das Tal den Namen hat.

Das war zweifellos einst ein See, und moorig ist der Boden auch heute noch – so moorig, dass die erste Dreischusterhütte kurz vor dem Ersten Weltkrieg auf Piloten errichtet werden musste. Dem teilweise unterirdisch abfließenden Bach hat das innere Feld allerdings seinen Namen nicht gegeben, er trägt nämlich die alte Bezeichnung Ixenbach.

Zur genannten Bergkulisse gesellt sich im Talinneren auch der Morgenkopf, ein mit breiter Nordwand frei aufragender Berg, während im Vordergrund ein malerisches, aus Holz errichtetes Kirchlein steht, das zur früheren, bereits erwähnten Dreischusterhütte gehörte. Diese, ebenfalls in Holz errichtet, brannte später ab, wurde daraufhin in Mauerwerk errichtet, musste aber schließlich wegen Baufälligkeit abgetragen werden.

Um 1975 errichtete dann der Südtiroler Alpenverein etwas höher am Hang das heutige Schutzhaus, das auch im Winter bewirtschaftet wird und ein lohnendes Wanderziel darstellt, zumal sich dafür die erwähnten beiden Wege bei guter Beschaffenheit zu einer hübschen Runde schließen lassen. Allerdings sollte man die Wanderung erst im Spätwinter unternehmen, wenn der Sonnenschein das Innerfeldtal bereits ein paar Stunden lang in sein wärmendes Licht taucht.

Wegverlauf: Anfahrt von Innichen in Richtung Sexten, bald aber rechts ab und auf der Innerfeldtalstraße hinein bis zum ersten Parkplatz (1334 m, ab da im Winter Fahrverbot). Nun zu Fuß entweder auf dem breiten Fahr- und Rodelweg oder großteils abseits davon auf dem meist ausgetretenen Fußweg durch das bewaldete Innerfeldtal teils leicht, teils etwas stärker ansteigend hinein zum großen Boden im Talschluss und links wenige Schritte hinauf zur Dreischusterhütte (1626 m; auch im Winter bewirtschaftet). Ab Ausgangspunkt gut 1 Std. – Abstieg: wieder durch das Tal hinaus, wobei einer der beiden genannten Wege als Alternative zum Aufstiegsweg benützt werden kann.

Höhenunterschied: 292 m

Gesamtgehzeit: 2 Std.

Orientierung und Schwierigkeit: leicht und problemlos

Wanderkarten: Tappeiner 138, Sextner und Pragser Dolomiten, 1:35.000

Tipp

Die Dreischusterspitze

Die 3152 m hohe Dreischusterspitze hat nicht nur der Schutzhütte ihren Namen gegeben, sie beherrscht auch unsere Wanderung. Im Atlas Tyrolensis von 1774 ist der Gipfel als „Drey Schuster B." verzeichnet. Und dem Wiener Bergsteiger Paul Grohmann gelang 1869 mit drei Führern die erste nachweisbare Besteigung. Der Namensursprung ist unklar, und an der manchmal behaupteten Erstersteigung durch drei Schustergesellen – die Tour müsste irgendwann vor 1774 erfolgt sein –, darf gezweifelt werden. Aber dass er der höchste Gipfel der Sextner Dolomiten und einer der mächtigsten der Ostalpen ist, darüber gibt es keinen Zweifel.

Ortsregister